Der braune Koffer

Autorinnen-Info

Zwei Frauen erzählen vom Leben der Anneliese Grosse. Beide tragen auf ihre Art zur Entstehung dieses Buches bei.

Annegret Eggers lieferte stichwortartig die Ereignisse aus dem Leben ihrer Mutter. Dann tippte sie die alten Briefe ab.

Christel Riepe formulierte daraus die Lebensgeschichte der Anneliese Grosse. Ohne die Briefe und ohne die alten Erzählungen, an die sich Annegret Eggers noch gut erinnerte, hätte dieses Buch nicht entstehen können.

CHRISTEL RIEPE U. ANNEGRET EGGERS

Der braune Koffer

Das Leben der Anneliese Grosse

1913 – 1995

Bibliografische Information der Deutschen Nationalbibliothek
Die Deutsche Nationalbibliothek verzeichnet diese Publikation
in der Deutschen Nationalbibliografie; detaillierte bibliografische
Daten sind im Internet über http://dnb.d-nb.de abrufbar.

© 2016 Christel Riepe u. Annegret Eggers
Umschlagdesign, Satz, Herstellung und Verlag:
BoD – Books on Demand
ISBN 978-3-7431-4545-0

Inhalt

Vorwort
    Der braune Koffer   7

Erster Teil
    Annelieses Eltern und Großeltern   16
    Kindheit   24
    Rügen   35
    Krankheit und Tod   38
    Die Jahre in Droyßig   47
    Krankenschwester   58
    Fräulein Hermann   64
    Die Halbschwester   73
    Dr. Meyer   78

Zweiter Teil
    Die Zeit in Frankreich   88
    Cherbourg   88
    La Rochelle   93
    Heirat   99
    Liegnitz   103
    Liegnitzer Briefe   107
    November 1944 – 27.1.1945   107
    Flucht   148
    Hamburger Briefe   158
    16.2.45 – 22.4.45   158
        In der neuen Unterkunft
        Alte und neue Kontakte   176
        Wangerooge   195

Versorgungslage	209
Das Ende des Krieges naht	213
Briefe, die nicht abgeschickt wurden:	226
3.5.1945 – 29.6.1945	226
Annelieses Briefe	226
Arndts Briefe	243

Dritter Teil

Nachkriegszeit	254
Das Leben normalisiert sich – Es geht aufwärts!	291
Ausklang	318
Danksagungen	329

Vorwort

Der braune Koffer

»Guck mal, was ich hier habe!«
Jutta hielt einen alten braunen Koffer hoch.
»Den werfen wir weg,« meinte sie. »Der wird aussortiert und kommt auf den Müll. Was sollen wir mit dem alten Ding!? Der ist so schäbig, den kann niemand mehr gebrauchen.«
Jutta und Annegret waren dabei, den Nachlass ihrer verstorbenen Mutter durchzusehen.
»Und was ist mit dem Inhalt? Der Koffer ist doch voller Briefe!« wandte Annegret ein. »Sollten wir sie nicht vorher ansehen?«
»Ach was! Weg damit! Wozu soll der alte Kram gut sein! Wer soll die alten Dinge denn heute noch lesen? Das interessiert doch keinen.«
Wenn es nach Jutta gegangen wäre, dann hätte sie den Koffer zu den Sachen gestellt, die zum Müll gebracht werden sollten, ohne auch nur einen Blick auf den Inhalt zu werfen.
Aber Annegret mochte ihrer Schwester nicht so schnell zustimmen. Irgend etwas hielt sie davon ab, den alten braunen Koffer einfach sang- und klanglos zu entsorgen. Sie dachte daran, wie ihre Mutter das alte Teil mitsamt seinem Inhalt all die Jahre hindurch aufbewahrt und gehütet hatte. Für ihre Mutter hatten der Koffer und sein Inhalt eine große Bedeutung gehabt.
Annegret erinnerte sich daran, dass sie ihre Mutter einmal gefragt hatte, was denn in dem Koffer enthalten sei, ob es wichtige Dinge wären.
Ihre Mutter hatte gelächelt und winkte ab:
»Ach, das sind nur alte Briefe und ein paar alte Papiere. Wenn ich eines Tages nicht mehr da bin, kannst du sie ja einmal lesen – falls du das möchtest.«
Daran musste Annegret denken, und für sie stand es fest, dass der Koffer mit seinem Inhalt nicht auf dem Müll landen sollte. Sie öffnete die alten

Schlösser und warf einen kurzen Blick in den Koffer. Er war randvoll mit Briefen und Schriftstücken, die völlig ungeordnet durcheinander lagen.

Es wäre ihr unangenehm gewesen, jetzt in den alten Briefen zu lesen. Der Tod ihrer Mutter lag erst einige Tage zurück, und es wäre ihr wie die Verletzung der Privatsphäre ihrer Mutter vorgekommen, wenn sie jetzt ihre Briefe gelesen hätte.

Schnell schloss sie den Koffer wieder und brachte ihn erst einmal in ihre Abstellkammer. Um den Inhalt würde sie sich später kümmern.

Das Haus ihrer Eltern wurde leergeräumt. Es sollte für die nächsten Jahre vermietet werden.

Nach einigen Jahren beschlossen Annegret und ihr Mann Jan, ihr Haus in Barsbüttel zu verkaufen und in Annegrets Elternhaus nach Hamburg-Volksdorf zu ziehen.

Bei den Vorbereitungen für den Umzug fiel Annegret der alte braune Koffer in die Hände. Sie hatte in all den Jahren nicht mehr an ihn und an die Briefe gedacht.

Selbstverständlich machte der Koffer den Umzug mit; er zog zurück in das Haus, das ihr Vater damals für seine Familie gebaut hatte, und in dem ihre Eltern mit ihren Kindern gelebt hatten.

Aber der alte Koffer wurde wieder in einer Abstellkammer untergebracht, ohne geöffnet zu werden. Er war aus dem Blickfeld verschwunden und geriet in Vergessenheit.

Es dauerte weitere drei Jahre, bis sich Annegret dazu entschloss, den Koffer zu öffnen und sich den Inhalt genauer anzusehen. Den Anstoß dazu gab eine alte Nachbarin, die mit ihrer Mutter befreundet gewesen war.

Bei einem zufälligen Treffen erzählte die Nachbarin von alten Briefen, die seit Jahren auf ihrem Hausboden gelegen hatten.

Daraufhin fiel Annegret der braune Koffer ein. Sie erzählte ihrer Nachbarin von dem alten Koffer, der voller Briefe war.

»Die Briefe sollten Sie unbedingt lesen!« riet ihr die Nachbarin. »Das hätte Ihre Mutter bestimmt auch gewollt!«

Seit dem Tod ihrer Mutter waren mittlerweile achtzehn Jahre vergangen.

Dieses Mal hatte Annegret kein ungutes Gefühl, als sie den Koffer öffnete, um nach den Briefen zu sehen. Sie dachte dabei auch an die Worte ihrer Mutter:

»Wenn du möchtest, kannst du sie ja später einmal lesen.«

Darin lag die Erlaubnis, ja, vielleicht sogar der Wunsch, dass jemand die alten Briefe lesen möge, und so noch einmal Einblick erhielt in Anneliese Grosses Leben.

Für Annegret stand es fest: Die Briefe sollten auf keinen Fall in Vergessenheit geraten und womöglich ungelesen entsorgt werden. Sie hatten zum Leben ihrer Mutter gehört, sie waren ihr so wichtig gewesen, dass sie sie durch die Wirren der Flucht und durch die schwere Nachkriegszeit gerettet hatte. Andere Flüchtlinge hatten vielleicht das Tafelsilber eingepackt – für ihre Mutter waren neben einigen praktischen Sachen ein Stapel Briefe und ein paar Fotos am wichtigsten gewesen.

Annegret war überrascht davon, wie viele Schriftstücke der Koffer enthielt: Die Briefe ihrer Mutter Anneliese, die Briefe ihres Vaters Arndt und andere Papiere lagen ungeordnet durcheinander. Annegrets Interesse an den alten Briefen war geweckt, aber das Lesen verschob sie vorläufig auf einen späteren Zeitpunkt.

Der Gedanke, die Lebensgeschichte ihrer Mutter aufzuschreiben, kam bei einer Unterhaltung mit einer Freundin. Die beiden Frauen sprachen über vergangene Zeiten und darüber, dass viele Leute ihre Erinnerungen aufschrieben.

Dabei dachte Annegret an die Ereignisse, die ihre Mutter ihr im Laufe der Jahre erzählt hatte.

»Das sind Erlebnisse, die könnte man auch einmal aufschreiben!« äußerte sie spontan. »Schade, dass mir so etwas nicht liegt«, fügte sie noch hinzu.

Dann erzählte sie ein paar Begebenheiten aus dem Leben ihrer Mutter.

»Das hört sich ja interessant an. Wenn du möchtest, schreibe ich dir die alten Geschichten auf. Du müsstest mir nur die Informationen geben«, meinte ihre Freundin.

Das wollte Annegret gerne tun.

So entstand die Idee, die Lebensgeschichte ihrer Mutter Anneliese Grosse aufzuschreiben. Der Plan begeisterte Annegret und ihre Freundin immer mehr. Es würde viel zu tun geben, um den großen Stapel der Briefe zu sichten und aufzuarbeiten. Aber die beiden Frauen waren zuversichtlich, dass sie es schaffen würden. Sie hatten keinen Termindruck und machten sich an die Arbeit.

Schnell wurde ein grundsätzliches Problem deutlich:

Wie sollte die Lebensgeschichte erzählt werden? Einerseits war da der große Stapel Briefe mit der Liebesgeschichte von Anneliese und Arndt, die im Mittelpunkt stehen sollte. Andererseits gab es in Annelieses Kindheit und Jugend viele Ereignisse, die durchaus interessant und erwähnenswert waren. Sie hatten eine große Bedeutung in ihrem Leben gehabt und sollten deshalb nicht verschwiegen werden.

Womit sollte man also beginnen?

Am sinnvollsten erschien es, die Geschichte in drei Abschnitte zu teilen: Erster Teil: Annelieses Familie, ihre Kindheit, ihre Jugend, ihre Ausbildung und die Arbeit in ihrem Beruf.

Zweiter Teil: Die Liebesgeschichte und die Briefe.

Dritter Teil: Das Leben nach dem Krieg.

Bevor die beiden Frauen anfingen, die Briefe aus dem braunen Koffer zu lesen, sortierten sie die Papiere in drei Stapel:

Annelieses Briefe, Arndts Briefe, restliche Papiere.

Dann ordneten sie die Briefe nach ihrer zeitlichen Abfolge. Nachdem sie alle Papiere sortiert und eingeordnet hatten, ließen sie die drei Stapel erst einmal ruhen. Ehe sie sich dem Inhalt der Briefe zuwandten, sollte Annelieses Leben erzählt werden, bis zu dem Zeitpunkt, an dem die Briefe begannen; denn vieles aus ihrem späteren Leben versteht man besser, wenn man die alten Geschichten kennt.

Zu den Ereignissen aus dem Leben ihrer Mutter lieferte Annegret stichwortartig die Fakten, und ihre Freundin fasste alles in Worte.

Aus den vielen Erzählungen, an die sich Annegret noch gut erinnerte, und aus den Briefen ihrer Eltern entstand so noch einmal die Lebensgeschichte ihrer Mutter Anneliese Grosse.

Sie beginnt mit dem, was Annegret noch über die Eltern und Großeltern ihrer Mutter erfahren hatte. Danach folgen Ereignisse aus der Kindheit ihrer Mutter, aus den Zeiten ihrer Ausbildung und ihrer Arbeit als Krankenschwester.

Einen großen Raum nehmen die Briefe ein, die sich ihre Eltern täglich schrieben.

Ihre Mutter und ihr Vater haben sich vom November 1944 bis zum 13.7.1945 jeden Tag geschrieben. Sie teilten sich die kleinen und die großen Ereignisse mit, die im täglichen Alltag anfielen:

Die Schwierigkeiten, sich mit Lebensmitteln oder Medikamenten zu versorgen, die Einkäufe über Bezugsscheine.

Welcher Glücksfall ein warmes Zimmer war, in dem bitterkalten Winter.

Die geselligen Treffen mit Freunden und Verwandten, die Freude über den gemeinsamen Sohn.

Die seltenen glücklichen Momente, wenn sie miteinander telefonieren konnten.

Ihre Liebe zueinander und die Sehnsucht, sich wieder zu sehen.

Die Angst vor den Auswirkungen des Krieges und die Sorge, die kriegerischen Geschehnisse heil zu überstehen.

Die Hoffnung auf ein baldiges Ende des Krieges und auf einen gemeinsamen Neuanfang.

Anfangs ging Annegret mit etwas gemischten Gefühlen daran, die Briefe ihrer Eltern zu lesen, besonders als ihr bewusst wurde, dass sie hier die Liebesbriefe ihrer Eltern in der Hand hatte und nicht die Briefe irgendwelcher anderen Leute.

Aber dann geschah etwas Merkwürdiges:

Die beiden Briefeschreiber waren für sie mit einem Mal nicht mehr »Mutti und Vati«. Sie sah die beiden immer mehr aus einer gewissen Distanz, so wie man auf die Geschichten lieber Freunde blickt. Bald waren die beiden für sie nur noch »Arndt und Anneliese«, zwei junge Menschen, die sich liebten, und die in einer schweren Zeit zueinander hielten.

Die Briefe, die sich Arndt und Anneliese täglich schrieben, hoben beide ab November 1944 auf. Einige Briefe sollen in vollem Wortlaut aufgeführt werden; es würde jedoch den Rahmen dieser Aufzeichnungen sprengen, wollte man alle Briefe wiedergeben. Denn oft wiederholten sich auch die Themen, über die geschrieben wurde. Deshalb soll versucht werden, einige Inhalte unter bestimmten Gesichtspunkten zusammenzufassen. Das trifft besonders auf die Hamburger Briefe zu.

So oft es sich anbietet, sollen kurze und auch längere Texte in ihrem ursprünglichen Wortlaut zitiert werden. Passagen und Ausdrücke, die wörtlich übernommen wurden, sind kursiv geschrieben. Dabei wurde die Rechtschreibung den heutigen Regeln angepasst.

Arndts Briefe ließen sich gut lesen, da er die allgemein bekannte lateinische Ausgangsschrift verwendete.

Dagegen stellten Annelieses Briefe anfangs ein schier unlösbares Problem dar. Ihre altdeutsche Sütterlin-Schrift mit den ganz persönlich veränderten Buchstaben schien völlig unleserlich zu sein.

War diese Schrift überhaupt zu entziffern? Sollte man in einer Senioren-Anlage nachfragen, ob ein paar alte Herrschaften die Briefe lesen konnten?

Aber Arndt hatte offensichtlich alles gut lesen können. Wie sehr musste er seine Frau geliebt haben, dass er diese Schrift entziffert hat, denkt man beim Anblick von Annelieses Briefen.

Irgendwie und irgendwann fand sich dann doch ein Zugang zum Verständnis des Geschriebenen. Das Entziffern von Annelieses Briefen war zwar noch immer mühsam, aber es wurde mit jedem Brief etwas leichter.

Es war erstaunlich, wie lange der Brief-Verkehr trotz der massiven Kriegseinwirkungen funktionierte. Das Reich brach zusammen, die Städte fielen in Trümmer, die Fronten kamen näher und näher – aber die Post wurde geliefert, wenn auch oft mit Verspätung.

Arndts Briefe an seine Frau beginnen fast immer mit
»Meine allerliebste, süße Anneliese«,
während Anneliese öfter die Anrede wechselt:
»Mein geliebter, guter Arndt«,
»Mein allerliebster, guter Arndt«,
»Mein über alles geliebter Arndt«,
»Mein innigst geliebter Arndt«,
»Mein kleiner, lieber Mustergatte«.
Manchmal wird Arndt auch als 'Büberchen' angeredet:
»Mein geliebtes, allerbestes Büberchen« und so ähnlich.

Von den Briefen, die noch erhalten sind, beginnen Annelieses Briefe am 21. Dezember 1944, Arndts erster Brief datiert vom 19.11.1944, sein nächster Brief ist vom 4.1.1945.

Aus Annelieses Briefen geht aber hervor, dass sie sich beide regelmäßig geschrieben haben.

Erster Teil

Annelieses Eltern und Großeltern

Über Annelieses Eltern und Großeltern ist insgesamt recht wenig bekannt. Aber einige Einzelheiten aus dem Leben der Familienmitglieder geben einen Einblick in die damalige Zeit und werfen ein Licht auf die beteiligten Personen. Einige Lebensdaten erfährt man aus den alten Dokumenten.

Annelieses Vater **Alfred Walter Grosse** wurde am 1. Februar 1876 geboren, sein Rufname war Walter. Er wuchs in einer evangelischen Pastoren-Familie in Berlin auf. Über seine Kindheit und Jugend ist nichts Näheres bekannt, bis auf eine besondere Begebenheit:

Da sitzt ein kleiner Knirps, etwa drei Jahre alt, auf dem Schoß eines älteren Herrn. Das wäre eigentlich keine erwähnenswerte Sache, so etwas geschieht täglich tausendfach.

Aber das hier ist etwas Besonderes, denn der Knabe sitzt nicht auf irgendeinem Großvater-Schoß. Der ältere Herr ist nämlich der Kaiser von Deutschland, und das Kind auf seinem Schoß ist niemand anderes als der kleine Walter Grosse.

Der kleine Junge ist lebhaft und schaut sich fröhlich um:

Wo ist er denn hier gelandet? Welche merkwürdigen Glitzerstücke hängen an der Jacke des vornehmen alten Herrn? Sie pieksen, wenn man sie anfasst.

Wo ist die Mama, wo ist der Herr Vater, der ihn hier abgesetzt hat?

Da sind sie ja, sie lachen, sie strahlen stolz und glücklich, sie sehen ihren Sohn an und nicken den Umstehenden zu:

»Seht her, das ist unser Sohn Walter, er sitzt auf des Kaisers Schoß! Welche Ehre!«

Man beglückwünscht die stolzen Eltern:

»Herr Pastor Grosse, verehrte Frau Pastor, ihr Sohn ist wahrlich ein Glückspilz!«

Leider ist nicht überliefert, wann genau und bei welcher Gelegenheit es zu diesem denkwürdigen Ereignis kam.

Ob der lebhafte Kleine wohl versucht hat, dem Herrn Kaiser einmal an seinen Zwirbelbart zu fassen? Kleine Kinder kommen ja manchmal auf ganz überraschende Ideen.

Wahrscheinlich hat Walter als kleiner Knirps noch gar nicht gewusst, welche große Ehre es war, auf diesem hochherrschaftlichen Schoß sitzen zu dürfen.

Aber seine Familie wusste es zu würdigen. Es war ein so wichtiges Ereignis, dass man allen Leuten die Geschichte von dem kleinen Walter erzählte, der auf dem kaiserlichen Schoß sitzen durfte. Überall und immer wieder wurde diese Begebenheit voller Stolz erwähnt.

Man stelle sich vor:

Der kleine Walter auf des Kaisers Schoß! Nicht jedem wurde solch eine Gunst gewährt!

Natürlich bekam auch der heranwachsende Junge recht oft zu hören, was für ein Glückspilz er als kleines Kind gewesen war. Wem wurde denn schon die Ehre zuteil, auf des Kaisers Schoß sitzen zu dürfen! Nicht nur Walters Eltern waren darüber überaus glücklich und stolz, auch die gesamte Verwandtschaft fühlte sich geehrt.

Immer wieder, bei allen Begegnungen mit Bekannten und Verwandten wurde dieses Ereignis erwähnt, so dass Walter in dem Bewusstsein aufwuchs, etwas Besonderes zu sein.

Sein Leben lang war er stolz darauf, dass er als kleiner Junge auf dem Schoß des Kaisers sitzen durfte, wenn auch nur für wenige Minuten.

Walter revanchierte sich für diese Ehre mit lebenslanger Treue zum deutschen Kaiserhaus.

Er wuchs heran und wurde ein überzeugter Preuße. Für die Leistungen der preußischen Könige, die aus den mageren märkischen Böden durch Geschick und Taktik einen stabilen, funktionierenden Staat schufen, empfand Walter große Hochachtung. Aber er bewunderte nicht allein ihre staatsmännischen Erfolge, sondern er respektierte und achtete auch die Tugenden, die dem preußischen Staatswesen innewohnten:

Pflichtgefühl, Fleiß, Redlichkeit, Pünktlichkeit waren nur einige der preußischen Ideale, die für ihn zum Bild eines vernünftigen, ehrlichen Mannes gehörten.

Walters Vater war Pastor, er kam also aus einem guten Elternhaus. Von Beruf war Walter Chemiker. Er war stolz darauf, Akademiker zu sein, und sein Studium mit einem Diplom abgeschlossen zu haben. Er bedauerte es insgeheim, keinen Doktortitel zu besitzen, den er seinem Namen hätte voranstellen können. Aber eine Promotion im Anschluss an das lange Studium wäre zu zeitaufwendig gewesen. Deshalb nahm Walter einen gut bezahlten Posten an, startete seine berufliche Karriere in der Wirtschaft und machte sich ans Geldverdienen.

Walters ältere Brüder hatten schon Jahre vor ihm geheiratet und hatten Familien gegründet. Die Ehe des einen Bruders war kinderlos geblieben, aber aus der Ehe des anderen Bruders gingen zwei Mädchen hervor. Zu seinen beiden Nichten war Walter äußerst galant und beschenkte sie immer reichlich.

Er war überhaupt sehr beliebt bei den Damen, denn er verstand es blendend, ihnen Komplimente zu machen und eine charmante Konversation zu führen. Ob die Damen jung waren oder schon etwas reifer – Walter machte ihnen den Hof, wie man damals so schön sagte.

Aus heutiger Sicht hätte ein kritischer Betrachter vielleicht eingewandt, Walter raspelte Unmengen Süßholz, um die Damenwelt zu beeindrucken. Aber damals hatte er mit seiner Methode Erfolg. Er war bei gesellschaftlichen Ereignissen ein gern gesehener Gast. Nicht nur die Damen schätzten seine Gesellschaft und die gepflegte Unterhaltung mit ihm, auch die Herren fanden den Umgang mit ihm sehr angenehm.

Walter legte großen Wert auf beste Umgangsformen, die »richtigen Manieren« waren ihm sehr wichtig. Die äußere Form, die Etikette, musste eingehalten werden. Er achtete darauf, in der guten Gesellschaft zu verkehren und fühlte sich in den sogenannten »gehobenen Kreisen« wohl. Als Akademiker hielt er sich für ein Mitglied der besseren Gesellschaft, und somit gehörte er zu den angesehenen Vertretern der höheren Kreise.

Darauf war er stolz. Diese Position hatte er sich durch seine Ausbildung, durch seine Arbeit und durch sein selbstbewusstes, gewandtes Auftreten errungen.

Am meisten verachtete Walter die Kaufleute, die er herablassend und spöttisch nur als »Koofmich« titulierte.

Dazu passt eine kleine Ironie in der späteren Familiengeschichte:

Seine Tochter heiratete einen typischen Hamburger Kaufmann und führte mit ihm eine glückliche Ehe. Seine jüngste Enkelin war ebenfalls mit einem erfolgreichen Hamburger Kaufmann verheiratet und zeigte auch selber ganz beachtliche kaufmännische Fähigkeiten. Sogar Walters Urenkel schien vom »Koofmich-Gen« betroffen zu sein: Nach einer kaufmännischen Ausbildung in einem renommierten Bankhaus und dem erfolgreichen Studium der Wirtschaftswissenschaften arbeitete er in verantwortungsvollen Positionen bei führenden Wirtschafts-Unternehmen.

Aber von diesen Ereignissen konnte man damals nichts ahnen, sie lagen noch in ferner Zukunft.

Nachdem Walter seine berufliche Existenz gesichert hatte, plante er die Gründung einer eigenen Familie und sah sich nach einer passenden Frau um. Er entschied sich für Margarete Niziokiewicz.

Wie sich Walter und Margarete kennengelernt haben, und wie ihre Verbindung zustande kam, ist nicht überliefert. Vielleicht hat sich Walter in den Anblick der hübschen, jungen Frau verliebt, so dass die gesellschaftlichen und religiösen Unterschiede für ihn keine Rolle mehr spielten. Immerhin stammte Walter aus einer streng evangelischen Pastoren-Familie, während seine junge Frau fest im katholischen Glauben verwurzelt war.

Annelieses Mutter war **Margarete Elisabeth Niziokiewicz**. Sie wurde am 11.12.1889 in Myslowitz in Oberschlesien geboren, ihr Rufname war Margarete.

In ihrer Familie sprach man Polnisch und Deutsch, wie es damals der Großteil der dort lebenden Bevölkerung tat.

Ihr Vater war Bürovorsteher. Bei Margaretes Geburt waren ihre Eltern aber noch nicht miteinander verheiratet. Ihre Mutter war noch mit dem

Herrn Schlusalek verehelicht. Diese Ehe musste erst geschieden werden, bevor Margaretes Mutter den Vater ihrer Tochter heiraten konnte. Nach der Scheidung haben Margaretes Eltern dann geheiratet.

Auch wenn die Liebes-Beziehung von Margaretes Eltern anfangs sehr unkonventionell war und nicht den geltenden gesellschaftlichen Normen entsprach, so wuchs die kleine Margarete dann doch ganz bürgerlich in einem katholischen Elternhaus auf. Man erzog sie im katholischen Glauben, und sie wurde eine gläubige Katholikin. Sie war ein fröhliches, heiteres Kind mit einem ausgeglichenen Wesen.

Margarete Niziokiewic und Walter Grosse haben am 14. Mai 1912 in Berlin-Schöneberg geheiratet.

Walter war bei der Hochzeit schon 36 Jahre alt, seine Frau war 23 Jahre alt. Walter hatte sich eine um viele Jahre jüngere Frau ausgesucht, da er von ihr einen ordentlichen Stammhalter erwarten konnte.

Die kirchliche Trauung vollzog der Vater des Bräutigams, der Herr Pastor Grosse. Es war für Walter und seine Familie selbstverständlich, dass die Heirat nach evangelischem Ritus stattfand; darin hatte sich die junge Braut zu fügen.

Man verlangte aber offensichtlich nicht, dass Margarete zum evangelischen Glauben übertrat, denn sie konvertierte nicht. Trotz der evangelischen Trauung blieb sie ihrem katholischen Glauben treu, auch wenn sie es nicht offen zeigte. Denn offiziell durfte die junge Frau zu ihren Eltern und auch zu ihren anderen katholischen Verwandten keinen Kontakt mehr halten.

Aber das brachte Margarete nicht übers Herz. Sie blieb weiterhin im Kontakt mit ihren Verwandten. Das konnte jedoch nur heimlich geschehen. Ebenso heimlich ging sie hin und wieder in eine katholische Kirche, um am Gottesdienst teilzunehmen.

Davon durfte ihre angeheiratete evangelische Familie auf keinen Fall etwas erfahren. Der Herr Gemahl und die Schwiegereltern wären vor Empörung außer sich gewesen, hätten sie von den heimlichen Besuchen bei der katholischen Verwandtschaft oder von der Teilnahme am katholischen Gottesdienst erfahren. Es hätte Streit und vorwurfsvolle Szenen gegeben, womöglich sogar strikte Verbote.

Diese Unannehmlichkeiten wären für niemanden von Nutzen gewesen, fand Margarete, und deshalb wollte sie solche Situationen tunlichst vermeiden. Bisher hatte es mit den heimlichen Treffen ja auch immer gut geklappt.

Es ist wahrscheinlich, dass sich die strengen Verbote nach einigen Jahren doch etwas lockerten, und dass Margarete ihre katholische Verwandtschaft nicht mehr verleugnen musste. Aber in den ersten Jahren ihrer Ehe wurde erwartet, dass Margarete sämtliche Kontakte abbrach.

Margarete war sehr hübsch anzuschauen, sie hatte schwarze Locken und eine ansehnliche, sehr weibliche Figur. Man kann sich gut vorstellen, dass sich die Herren nach ihr umgedreht haben, wenn sie vorüberging.

Aber andere Männer interessierten Margarete nicht. Als Ehefrau war sie ihrem Mann treu ergeben und sah zu ihm auf. Ganz eindeutig hatte Walter als Mann die Führungsrolle in der Ehe inne, so wie es damals allgemein üblich war.

Margarete schien die Situation akzeptiert zu haben. Es war für sie selbstverständlich, dass sie sich ihrem Mann unterordnete, so wie man es von einer guten Ehefrau erwartete. Das bereitete ihr keine Schwierigkeiten. Walter sorgte dafür, dass es ihnen gut ging, und Margarete führte ihm als treu sorgende Ehefrau den Haushalt.

In Walters Freundeskreis und in seiner Verwandtschaft war Margarete durch ihre entgegenkommende, fröhliche Art recht beliebt. Bei gesellschaftlichen Ereignissen war sie eine angenehme Gesprächspartnerin, sie war stets freundlich und hilfsbereit im Umgang mit ihren Mitmenschen. Sie soll ein heiteres, sanftmütiges Wesen gehabt haben.

Vier Monate nach der Hochzeit wurde Margarete schwanger. Nun war der ersehnte Stammhalter unterwegs, davon war ihr Mann fest überzeugt.

Die Schwangerschaft verlief weitestgehend problemlos. Margarete fühlte sich wohl und freute sich auf das Kind, das in ihr heranwuchs.

Nur gegen Ende der Schwangerschaft kam es zu einem Ereignis, das übel hätte ausgehen können.

Der junge Walter Grosse

Margarete Grosse, geb. Niziokiewic

Kindheit

Am 2. Juni 1913 wurde Margaretes Tochter in Berlin-Steglitz, in der Kissingerstraße 16, geboren. Sie wurde auf die Namen **Anneliese Gerda Margarete** getauft, ihr Rufname war Anneliese.

Der voraussichtliche Geburtstermin wäre vier Wochen später gewesen, aber Anneliese kam zu früh auf die Welt, und das hatte einen Grund:

Am Sonntag, dem 1. Juni 1913, war Margarete heimlich in die katholische Kirche zur Messe gegangen, während ihr Mann und ihre Schwiegermutter den evangelischen Gottesdienst besuchten.

Ihr Mann und ihre Schwiegereltern durften auf keinen Fall erfahren, dass Margarete an der katholischen Messe teilenommen hatte. Deshalb beeilte sie sich, um nach dem Gottesdienst schnell nach Hause zu kommen. Sie wollte unbedingt noch vor ihrem Mann und ihrer Schwiegermutter wieder im Hause sein.

Auf dem Rückweg von der Messe stürzte die hochschwangere Margarete. Sie schlug sich die Knie auf, und auch der Baby-Bauch bekam bei dem Sturz einen heftigen Stoß ab. Mühsam richtete sie sich wieder auf und hastete nach Hause.

Sie achtete nicht auf ihre schmerzenden Knie und auf die Prellungen, die sie sich zugezogen hatte. Ihre größte Sorge war es, schnell ihre Kleider zu ordnen und sich äußerlich wieder herzurichten, damit niemand etwas von ihrem Sturz und ihren Verletzungen bemerkte. Sie hätte erklären müssen, wie ihre Verletzungen entstanden waren, und dabei wäre womöglich der Besuch des katholischen Gottesdienstes ans Licht gekommen. Das wollte sie vor ihrem Mann und ihren Schwiegereltern unbedingt verheimlichen.

Aber der Sturz blieb nicht ohne Folgen. Am späten Nachmittag setzten verfrühte Wehen ein. Am Montag, dem 2.6.1913, wurde ihre Tochter Anneliese geboren. Sie kam vier Wochen zu früh auf die Welt.

Wie Walter Grosse die Nachricht von der Geburt einer Tochter aufnahm, ist nicht bekannt. Sicherlich hätte er sich über einen Sohn mehr gefreut, er hatte ganz fest mit einem Stammhalter gerechnet. Aber seine Frau war jung und gesund, und sie würde ihm bestimmt noch einen Sohn schenken können. Daran hatte Walter keinen Zweifel, und dafür würde er schon sorgen.

Aber es kam anders. Die kleine Anneliese blieb ein Einzelkind. Immer hatte sie sich Geschwister gewünscht, zu gern hätte sie noch Brüder oder Schwestern gehabt, doch das geschah leider nicht.

Walter Grosse führte zu Hause ein strenges Regiment. Wie es schien, ließ er Anneliese oft spüren, dass sie nur ein Mädchen war, und dass ihm ein Sohn lieber gewesen wäre. Er beachtete sie wenig und behandelte sie recht kühl, obwohl er sonst zu Frauen und Mädchen sehr charmant und liebenswürdig war.

Das Kind musste bei den gemeinsamen Mahlzeiten bei Tisch kerzengerade sitzen und durfte kein Wort sagen. So etwas gehörte damals zur guten Erziehung.

Frau Pastor, die Großmutter, mischte sich auch in die Erziehung ihrer Enkelin ein und gab dem kleinen Mädchen strenge Anweisungen:
»Kind, du musst dir ein Buch auf den Kopf legen. Dann musst du so gerade sitzen oder gehen, dass das Buch nicht von deinem Kopf herunter fallen kann. Immer die Haltung bewahren! So gehört sich das für junge Damen!«

Es war üblich, dass die Frau Pastor an den Sonntagen zum Mittagsessen erschien, wenn ihr Mann, der Herr Pastor, noch mit kirchlichen Dingen zu tun hatte.

Eines Tages bat Anneliese darum, am Tisch neben ihrer Großmutter sitzen zu dürfen:
»Darf ich bitte neben der Großmutter sitzen? Das möchte ich so gerne«, sagte die Kleine höflich.

Die alte Dame war gerührt von den Worten ihrer Enkelin. Leider fragte sie nach dem Grund:
»Warum möchtest du denn so gerne neben mir sitzen?«

Die Frau Pastor und auch die Eltern erwarteten schmeichelhafte Komplimente, wie:

Weil du meine liebe Großmutter bist, und weil du so nett bist, oder Weil ich dich so gerne mag.

Mit Annelieses ehrlicher Antwort hatte niemand gerechnet:
»Es knackt immer so schön, wenn du isst!«
Das saß!

Am Esstisch herrschte augenblicklich eine bedrohliche Stille. Vater und Großmutter legten ihr Besteck aus der Hand und starrten verblüfft und zornig auf die kleine Anneliese.

Es war Frau Pastors schlecht sitzendes Gebiss, das beim Kauen die lustigen Knack-Geräusche von sich gab. Davon war Anneliese ganz fasziniert. Deswegen wollte sie neben ihrer Großmutter sitzen, nicht etwa aus kindlicher Zuneigung zu der gestrengen alten Dame.

Das klappernde Gebiss war eine Peinlichkeit, die in der Familie immer diskret überhört wurde. Nun sprach die kleine Anneliese diese unangenehme Sache ganz unbefangen und direkt an.

Frau Pastor fühlte sich hereingelegt und bloßgestellt. Die liebevolle Rührung schlug um in offene Empörung.

Wie respektlos und unerzogen musste ein Kind sein, wenn es solch eine freche Bemerkung machte!

Die Großmutter war sehr aufgebracht und maßregelte ihre junge Enkelin mit scharfen Worten. Der strenge Vater schloss sich der Meinung seiner Mutter an.

Na, da ging es hoch her. Die kleine Anneliese verstand natürlich gar nicht, was an ihrer Antwort so schlimm gewesen war. Sie hatte doch nur ehrlich geantwortet und die Wahrheit gesagt! Was war daran falsch gewesen?

Ob ihre Mutter Margarete wohl insgeheim ein Lächeln unterdrückte? Zu ihrem heiteren Wesen und zu ihrem Sinn für die Komik einer Situation hätte es sicher gepasst.

Margarete versuchte, mit beschwichtigenden Worten die Situation zu klären. Aber sie gab schnell auf, denn gegen den Zorn und gegen die vereinte Empörung von Ehemann und Schwiegermutter hatte sie keine Chance. Ein Streitgespräch würde zu nichts führen. Es hätte die Stimmung nur weiter verschlechtert und zu einer unangenehmen Konfrontation geführt.

Stattdessen legte sie ihre Hand auf Annelieses Arm. Sie sah ihre Tochter beruhigend an und gab ihr einen kleinen Hinweis:

»Anneliese, es gibt sicher etwas, das du zu deiner Großmutter und dem Papa sagen könntest.«

Anneliese verstand, was sie zu tun hatte:

»Ich bitte um Entschuldigung. Ich wollte nichts Böses sagen.«

Margarete nahm sich vor, bei passender Gelegenheit noch einmal mit der Kleinen über den Vorfall reden.

In der heutigen Zeit hätte man solch eine Situation wahrscheinlich eher mit Humor aufgenommen. Man würde versuchen, dem Kind das Geschehen zu erklären, um Verständnis und Mitgefühl für die Schwächen der Mitmenschen zu wecken. Sicherlich würden die Eltern ihrem Sprössling einiges über Rücksichtnahme auf andere Menschen und über den taktvollen Umgang miteinander erzählen. Aber bestimmt hätte man ein unbefangenes, kleines Kind nicht so unangemessen gescholten. Man hätte ihm wahrscheinlich keine solch vorwurfsvolle Szene gemacht.

Walter Grosse, der strenge Vater, bestimmte die Regeln, die in seinem Haushalt galten. So war es der kleinen Anneliese verboten, befreundete Kinder mit nach Hause zu bringen. Sie hatte keine Geschwister, und zu gern hätte sie mit anderen Kindern gespielt. Weil ihr das aber nicht erlaubt war, erfand sie in ihrer Fantasie einen Spielkameraden für sich.

Sie malte sich aus, dass ein kleiner Affe bei ihr wäre, so ein Äffchen, wie es der Leierkastenmann hatte. Sie stellte sich vor, wie das Äffchen in der Wohnung umher tollte. Es kletterte an den Vorhängen empor, sprang über Tische und Schränke und naschte von den Lebensmitteln. Am liebsten hängte es sich an die Lampen und schaukelte schwungvoll hin und her. Es stellte immerzu allen möglichen Unsinn an.

Niemals wurde das Äffchen bestraft, denn es entwischte jedes Mal, wenn der strenge Vater es einfangen wollte.

Anneliese und ihre Mutter hatten ein sehr inniges Verhältnis zueinander. Margarete war eine fürsorgliche Mutter, oft spielte sie mit ihrer Tochter und las ihr Geschichten vor. Sie brachte ihr Lieder bei, und Mutter und Tochter sangen gern gemeinsam. Wenn es das Wetter zuließ, gingen die beiden spazieren. So oft wie möglich beschäftigte sich Margarete mit ihrer hübschen Tochter.

Bei ihrer Mutter fand Anneliese die liebevolle Geborgenheit, die ihr der Vater nicht vermitteln konnte.

Vermutlich waren sich Anneliese und Margarete in ihrem Wesen sehr ähnlich. Sicherlich hatte Anneliese ihr heiteres, sonniges Gemüt von ihrer Mutter mitbekommen. Schon als Kind hatte sie so etwas Fröhliches, Strahlendes an sich.

Margarete durfte zwar keinen Kontakt zu ihren katholischen Eltern haben, aber ab und zu setzte sie sich über das Verbot hinweg. Wenn es ihr möglich war, besuchte sie ihre Eltern heimlich, und immer nur recht kurz. Als die kleine Anneliese anfing zu sprechen, nahm sie ihre Tochter nur noch selten mit; vielleicht hatte sie Angst, dass sich die Kleine zu Hause verplappern würde.

Im Laufe der Jahre lockerte sich jedoch das strenge Kontaktverbot zu der katholischen Verwandtschaft, so dass die kleine Anneliese auch die katholischen Verwandten ihrer Mutter kennen lernte.

Sobald Anneliese lesen konnte, zeigte sie großes Interesse an Büchern. Sie las viel und versuchte, selber kleine Gedichte zu verfassen. Wenn sie die Atlanten durchblätterte, stellte sie sich vor, in fremde Länder zu reisen. Alle Themen, die mit Erdkunde oder Geografie zu tun hatten, begeisterten sie.

Anneliese besuchte die Mädchenschule, das Lyzeum, das gegenüber ihrer Wohnung lag. Sie hatte nur einen kurzen Schulweg. Das fand sie sehr schade, denn sie wäre gerne mit den Freundinnen aus ihrer Klasse noch ein Stück des Weges gegangen, wenn der Unterricht beendet war. Sie sah, wie sich die anderen Mädchen nach dem Unterricht unterhielten und gemeinsam lachten. Zu gerne wäre sie dabei gewesen.

Aber sie hatte von ihrem Vater strikte Anweisungen mitbekommen: Fünf Minuten Zeit gab er ihr, um wieder in der elterlichen Wohnung zu erscheinen!

Ihr Vater war über die Mittagszeit zu Hause. Er hörte das Klingeln der Schulglocke und stoppte die Zeit, die seine Tochter für den Nachhauseweg brauchte.

Wehe es waren mehr als fünf Minuten! Dann gab es Ärger.

Deshalb verabschiedete sich Anneliese immer schnell von ihren Schulfreundinnen und eilte auf direktem Wege nach Hause.

Anneliese war eine sehr gute Schülerin. Sie ging ausgesprochen gern zur Schule. Das Lernen fiel ihr leicht, und sie nahm neues Wissen begeistert auf.

Einer der Brüder ihres Vaters hatte zwei Töchter, sie waren etwa zehn und zwölf Jahre älter als Anneliese. Die Familien pflegten den Kontakt zueinander und besuchten sich oft gegenseitig.

Anneliese genoss diese Besuche, sie mochte den Onkel, die Tante und ihre Cousinen sehr gern leiden. Sie liebte die geselligen Treffen.

Ihr Vater zeigte sich dann stets von einer ausgesprochen charmanten Seite, wie immer, wenn er bei jemandem zu Besuch war, oder wenn Walters Familie selber Gäste empfing. Dann behandelte er die Damen besonders aufmerksam und freundlich.

Für ihre Cousinen war er der beste Onkel der Welt. Kein anderer Mann machte ihnen so schöne Komplimente und plauderte so anregend mit ihnen, wie es Onkel Walter tat.

Den Cousinen fiel allerdings auf, dass er zu seiner Tochter gar nicht nett und zuvorkommend war. Es muss wohl offensichtlich gewesen sein, dass er Anneliese bei weitem nicht so freundlich behandelte wie etwa seine Nichten oder andere weibliche Wesen. Bei seiner Tochter versagte sein charmanter Umgangston. Er ließ sie immer wieder spüren, wie wenig sie ihm bedeutete, und dass sie nur ein Mädchen war.

Manchmal musste Anneliese den Freunden ihres Vaters Nachrichten überbringen. Auch hier gab der Vater seiner Tochter eine bestimmte Zeit vor, in der sie den Auftrag erledigt haben musste. Meistens war die Zeit sehr knapp bemessen, und Anneliese musste sich immer sputen, um pünktlich zurück zu sein. Es blieb ihr keine Zeit, um zwischendurch einmal etwas Interessantes anzusehen. Oft musste sie sich ganz schön abhetzen, um die festgelegte Zeit einhalten zu können.

Eines Tages war sie wieder unterwegs, um für ihren Vater einen Botengang zu erledigen. Die Zeit war wie immer knapp, so dass sich Anneliese sehr beeilte. Vielleicht achtete sie dabei nicht aufmerksam genug auf den Weg, denn sie stürzte so schwer, dass sie sich den Arm verletzte. Trotz der Schmerzen setzte sie ihren Weg fort, um den Auftrag auszuführen.

Der Freund ihres Vaters war bestürzt, als das verletzte Kind bei ihm erschien, um eine Nachricht zu überbringen. Er besah den schmerzenden Arm und vermutete, dass Anneliese sich ihren Arm gebrochen hatte. Er gab ihr das Fahrgeld für die Straßenbahn, um dem verletzten Kind die Lauferei zu ersparen.

Dann schrieb er noch eine Nachricht für ihren Vater auf einen Zettel:

Die Verletzung müsse ärztlich behandelt werden, Walter Grosse möge seine Tochter zur Untersuchung in ein Krankenhaus bringen.

Obwohl sie die Straßenbahn benutzte, kam Anneliese zu spät zu Hause an. Sie hatte ein schlechtes Gewissen, weil sie die vorgegebene Zeit nicht eingehalten hatte.

Ihr Vater war außer sich vor Wut. Er ärgerte sich über die Verspätung und tadelte sie scharf für ihr ungeschicktes Verhalten, das zu dem Sturz geführt hatte.

Dann fand er es auch noch besonders schlimm, dass sie seinen Freund mit ihrem Problem belästigt hatte.

Mit solchen Lappalien sollte man Erwachsene gefälligst verschonen! Sie hatten wichtigere Dinge zu tun, als sich um läppischen Kinderkram zu kümmern!

Einen Besuch im Krankenhaus lehnte er ab; er hielt ihn im Augenblick nicht für erforderlich.

Erst am nächsten Tag brachte ihre Mutter die Kleine zum Arzt.
Die Vermutung des Freundes bestätigte sich: Der Arm war gebrochen.

Aus heutiger Sicht erscheint das Verhalten des Vaters ausgesprochen hart und herzlos, fast schon bösartig.
Wie konnte er so ohne jedes Mitgefühl mit einem verletzten Kind umgehen!? Wollte er jeglicher Art von Verweichlichung vorbeugen? Oder hatte er gar keinen Blick für medizinische Notwendigkeiten?
Die Mutter scheint es nicht gewagt zu haben, ihrem Ehemann bei seinen harten Maßnahmen zu widersprechen und einzugreifen. Der Mann hatte das Sagen, die Frau ordnete sich unter. So hatte es zu sein, und so war das eben damals in Walter Grosses Haushalt.
Man kann sich aber vorstellen, dass Margarete ihre Tochter getröstet hat, wenn der Vater zu hart mit ihr umgegangen war. Wahrscheinlich tat sie es, wenn sie mit ihrer Tochter allein war, damit der Vater es nicht mitbekam.

Trotz der Strenge ihres Vaters entwickelte sich Anneliese zu einem ausgesprochen fröhlichen Mädchen. Sie war freundlich und höflich im Umgang mit ihren Mitmenschen, und sie war hübsch anzusehen. Sie hatte dichte, schwarze Locken, die mit einer weißen Schleife gebändigt wurden – was nicht immer gelang. Sie war lebhaft und neugierig und interessierte sich für die Dinge, die um sie herum vor sich gingen. Das Leben in Berlin und der Trubel in der Großstadt bereiteten ihr Vergnügen.
Sie hatte es gern, wenn sie mit anderen Menschen zusammen war, und sie liebte die geselligen Treffen mit Freunden und Verwandten. Aber genau so gern unternahm sie Ausflüge in die ländliche Umgebung der Großstadt und freute sich über die Schönheiten der Natur.

Annelieses Großmutter Frau Pastor Grosse

Walter Grosse in Uniform

Anneliese Grosse, ungefähr 10 Jahre alt

Rügen

Anneliese hatte einen Cousin, Hanns-Henning, er war zwei Monate jünger als sie. Das Zusammensein mit ihm machte ihr immer viel Spaß. Sie liebte ihn und freute sich auf die gemeinsamen Treffen. Die beiden Kinder kamen gut miteinander aus, sie verstanden sich sogar ganz ausgezeichnet.

Jedes Jahr in den Sommerferien fuhr man nach Rügen. Anneliese, ihre Mutter und Hanns-Henning mit seiner Mutter machten dort für vier Wochen Urlaub. Das war immer ein besonderes Ereignis.

Bevor sie zum ersten Mal in die Sommerfrische fuhren, hatte Margrete aus der Stadt einen neuen Koffer mitgebracht. Er war aus braunem Leder und hatte silbern glänzende Verschlüsse und Beschläge.

Margarete rief ihre Tochter:

»Anneliese, sieh mal, was ich für dich habe! Das hier ist jetzt dein Koffer, er gehört dir. Wenn du verreist, sollst du für deine Sachen einen eigenen Koffer haben.«

Anneliese war begeistert.

»Vielen Dank, Mama!« freute sie sich.

Sie strich über das glatte Leder und ließ die Verschlüsse aufschnappen. In dem Koffer konnte sie ihre Lieblingssachen verstauen, die sie gern mitnehmen wollte. Am liebsten hätte sie gleich mit dem Packen begonnen, aber sie musste sich noch ein paar Tage gedulden.

Immer wenn der braune Koffer vom Speicher geholt wurde, wusste Anneliese, dass die Abreise in den Urlaub kurz bevor stand. Sie liebte ihren Koffer. Es bereitet ihr stets großes Vergnügen, ihn selbst zu packen.

Mit dem Zug fuhren Mutter und Tochter hinaus aus dem Häusermeer von Berlin, und dann ging es ab an den Strand der Ostsee! Das war ein Stückchen Freiheit. Den strengen Vater und seine Reglements ließen sie zurück in Berlin.

Am Strand konnte man Burgen bauen, Muscheln suchen und im flachen Wasser plantschen. Und das Schönste war, dass Anneliese einen Spielkameraden hatte, mit dem alles doppelt so viel Spaß machte. Außerdem bewunderte sie ihren Cousin:

Hanns-Henning konnte schon schwimmen! Das konnte sie noch nicht.

Einmal bekam Anneliese zu ihrem Geburtstag einen aufblasbaren Nivea-Ball geschenkt. Das war damals etwas ganz Neues, so etwas hatte es vorher noch nicht gegeben.

Natürlich nahm Anneliese den Ball mit nach Rügen, als man wieder in die Sommerfrische fuhr. Sie packte ihn als erstes in ihren braunen Koffer, um ihn nur nicht zu vergessen.

In ihrer Ferienwohnung angekommen, konnte es Anneliese gar nicht abwarten, an den Strand zu gehen, um mit ihrem schönen Ball zu spielen. Es dauerte ihr zu lange, bis ihre Angehörigen fertig waren, deshalb lief sie schon vor den anderen zum Strand, ohne Begleitung.

Außer ihr war noch niemand dort, und so spielte sie allein mit ihrem Ball. Sie warf ihn hin und her und fing ihn wieder auf. Dabei rollte der Ball ins Wasser.

Anneliese hatte den ablandigen Wind unterschätzt. Der Ball trieb immer weiter vom Strand fort, hinaus aufs Wasser. Es kam Anneliese so vor, als würde er in der Ostsee verschwinden.

Das musste verhindert werden! Der schöne Ball durfte nicht verloren gehen!

Anneliese eilte hinterher. Im Wasser war schnelles Gehen oder gar Laufen nicht möglich. Sie kam nur langsam voran. Als Anneliese nicht mehr stehen konnte, versuchte sie zu kraulen. Sie machte es so ähnlich, wie sie es bei Hanns-Henning gesehen hatte. Nie zuvor war sie so weit ins Wasser gegangen, dass sie nicht mehr stehen konnte!

Sie erreichte tatsächlich ihren geliebten Ball und brachte ihn zum Strand zurück.

Nun erschien auch ihre Mutter mit Hans-Henning und seiner Mutter. Als sie Hanns-Henning von der Rettung ihres Balles erzählte, bekam er einen Schreck.

Wie leicht hätte das schief gehen können! Jemand, der nicht schwimmen konnte, brachte sich in Lebensgefahr, wenn er so weit ins Wasser ging, dass er nicht mehr stehen konnte.

Hanns-Henning bat Anneliese, so etwas Gefährliches nicht wieder zu tun. Aber dann hatte er eine Idee:
»Weißt du was, Anneliese? Du musst unbedingt schwimmen lernen! Ich bringe es dir bei, wenn du es willst.«
Anneliese war von der Idee begeistert, und Hanns-Henning brachte ihr tatsächlich das richtige Schwimmen bei. Danach schwamm sie gerne, und so oft sie konnte. Das war ja noch viel schöner, als nur im flachen Wasser zu plantschen, fand sie.

Hanns-Henning war nicht nur ihr Schwimmlehrer, er brachte ihr auch das Radfahren bei.

Die Wochen mit ihrem Cousin waren für Anneliese immer ein großes Vergnügen. Beide Kinder genossen es, wenn sie zusammen waren und gemeinsam etwas unternehmen konnten.

Die Urlaubstage auf Rügen behielt Anneliese Zeit ihres Lebens in guter Erinnerung. Rügen war für sie wie ein Sehnsuchtsort, mit dem sie viele schöne Erinnerungen verband, und zu dem sie gern einmal zurückgefahren wäre.

Krankheit und Tod

In Guben wohnte ein Bruder ihres Vaters. Ab und zu war Anneliese zu Besuch bei ihrem Onkel und bei ihrer Tante, sie besuchte die beiden gerne. Onkel und Tante liebten Anneliese, jedes Mal freuten sie sich über den Besuch ihrer Nichte und behandelten sie immer recht liebevoll. Die Ehe von Onkel und Tante war kinderlos geblieben, deshalb freuten sie sich ganz besonders, wenn die kleine, fröhliche Anneliese bei ihnen war.

Im Sommer 1924 kränkelte Annelieses Mutter, so dass sie und ihre Tochter nicht mit nach Rügen fahren konnten. Statt dessen wurde Anneliese zu den Verwandten nach Guben geschickt. Dort hatte sie auch eine herrliche Zeit.

Als Anneliese nach Berlin zurück kam, herrschte zu Hause eine bedrückte Stimmung. Niemand lachte, es fiel kein fröhliches Wort. Anneliese blickte nur in ernste, traurige Gesichter. Irgend etwas Schreckliches musste geschehen sein, während sie in Guben war. Anfangs erklärte man ihr gar nichts, man sagte nicht, welchen Grund die düstere Stimmung hatte.

Doch in einer ruhigen Stunde nahm Margarete ihre Tochter zur Seite und versuchte ihr vorsichtig mitzuteilen, was passiert war.

»Anneliese, du hast sicher gemerkt, dass wir alle traurig und betrübt sind. Es ist etwas ganz Furchtbares geschehen. Du weißt ja, dass dein Cousin Hanns-Henning mit seiner Mutter wieder Urlaub auf Rügen gemacht hat.«

Margarete hielt inne. Ihre Stimme war immer leiser geworden. Sie drücke ihre Tochter sanft an sich. Anneliese sah ihre Mutter in banger Erwartung an. Welche schrecklichen Neuigkeiten würde sie erfahren? Margarete nahm ihre Tochter in den Arm und zog sie zu sich heran. Schützend legte sie ihre Arme um ihr Kind.

»Dort ist Hanns-Henning beim Baden ertrunken.«

Anneliese konnte nicht glauben, dass es stimmte, was ihre Mutter gesagt hatte. Sie brauchte eine Weile, ehe sie etwas sagen konnte.

»Aber wie ist das denn passiert!? Er war doch so ein guter Schwimmer! Ich kann das gar nicht glauben. Ich kann mir gar nicht vorstellen, dass Hanns-Henning nicht mehr am Leben ist! Ich sehe ihn immer noch, wie er lacht und umhertobt und mit mir spielt!«

Anneliese war fassungslos.

»Wie konnte das denn passieren? Ich glaube das nicht! Vielleicht ist alles ja nur ein Irrtum! Hanns-Henning ist etwas weiter hinaus geschwommen und kommt irgendwo anders an Land!«

Aber der Tod des Jungen war leider eine traurige Gewissheit. Es hieß, Hanns-Henning wäre in einen Strudel geraten. Aber wie der Badeunfall tatsächlich abgelaufen war, konnte nie geklärt werden.

Anneliese war untröstlich. Sie vermisste ihren Cousin sehr und trauerte lange Zeit um ihn. Sein plötzlicher Tod riss eine schmerzliche Lücke in ihr Leben.

Die Urlaubsreisen nach Rügen wurden nach dem tragischen Unfall eingestellt. Niemand aus der Familie mochte wieder an den Ort fahren, den man einst so geliebt hatte, und an dem man so viele schöne Tage verbracht hatte. Nun waren die Erinnerungen an die Ferien auf Rügen von dem traurigen Ereignis überschattet.

In der Zeit nach Hans-Hennings Tod kränkelte Annelieses Mutter oft und wurde immer blasser. Ihre Tochter beobachtete sie besorgt. Nach den Zeiten, in denen es Margarete schlecht ging, gab es aber auch Zeiten, in denen sie sich besser fühlte und wieder gesund war. Sie sah dann nicht mehr blass und krank aus, und es gab neue Hoffnung auf Besserung und Genesung.

Das Weihnachtsfest im Jahre 1926 hatte Anneliese in schöner Erinnerung behalten. Ihrer Mutter ging es gut, so dass sie die Vorbereitungen für die Feiern in der Weihnachtszeit gestalten konnte. Es kamen Gäste ins Haus, und die Familie besuchte selber Freunde und Verwandte.

Aber im Januar 1927 kränkelte die Mutter wieder. Sie wurde immer schwächer, und ihr Zustand verschlechterte sich so sehr, dass sie ins Krankenhaus gebracht wurde.

Anneliese wusste nicht, woran ihre Mutter litt. Man sagte ihr nicht, welche Krankheit ihrer Mutter so sehr zusetzte. Vielleicht wusste man es selber nicht.

Ihr Vater war oft auswärts, und Anneliese war dann allein zu Haus, nur das Dienstmädchen war tagsüber da.

Ins Krankenhaus zu ihrer Mutter durfte Anneliese nur selten gehen. Sie hätte ihre Mutter gern öfter besucht, denn sie fehlte ihr sehr. Aber Krankenbesuche waren damals für Kinder nicht üblich. Anneliese vermisste die Nähe und die Gespräche mit ihrer Mutter. Außerdem machte sie sich große Sorgen wegen des schlechten gesundheitlichen Zustands ihrer Mutter. Sie hätte zu gern gewusst, woran ihre Mutter erkrankt war. Aber niemand sagte ihr etwas. Diese Ungewissheit war sehr belastend für sie.

Eine kleine hilfreiche Unterstützung erhielt sie von der Seite ihrer Verwandten. Während der Zeit, als Margrete im Krankenhaus lag, kümmerten sie sich um Anneliese, soweit ihre Zeit es zuließ. Sie waren zwar kein vollwertiger Ersatz für die fehlende Mutter, aber Anneliese war dann zumindest nicht so oft allein.

Die Vormittage in der Schule waren für sie die »beste Unterhaltung«, wie sie später einmal erzählte. Dort fand sie Ablenkung von ihrem Kummer und ihren Sorgen. Für einige Stunden kam sie auf andere Gedanken. Sie musste sich auf das konzentrieren, was im Unterricht vor sich ging, und so vergaß sie für kurze Zeit ihre Sorgen.

Wenn sie dann zurück kam in die leere Wohnung, fühlte sie sich besonders einsam, und der Gedanke an ihre kranke Mutter bedrückte sie wieder sehr.

Im März 1927 durfte sie öfter zu ihrer Mutter ins Krankenhaus gehen, obwohl sie erst dreizehn Jahre alt war. Damals war Kindern der Zutritt zu den Krankenzimmern untersagt. Es hatte also einen Grund, dass man bei ihr diese Ausnahme zuließ.

Eines Tages erschien Anneliese wieder zu einem Krankenbesuch. Sie trat an das Bett, um ihre Mutter zu begrüßen. Als sie ihre Mutter ansah, erschrak sie. Ihr schönes Gesicht war bleich und von der Krankheit gezeichnet, es erschien ihr weißer zu sein als das Bettlaken.

Anneliese wurde plötzlich klar, dass ihre Mutter die Krankheit nicht besiegen konnte. In dem Augenblick wusste sie, dass ihre Mutter nicht mehr lange leben würde.

Sie behielt ihre Gedanken für sich und hoffte, dass ihre Mutter ihren erschrockenen Gesichtsausdruck nicht bemerkt hatte. So schwach und kraftlos war ihre Mutter, dass sie ihren Kopf nur mühsam heben konnte.

Sanft streichelte Anneliese den Arm der Kranken.

Dann wagte sie das zu fragen, was sie schon so lange beschäftigte: »Mama, was hast du eigentlich? Welche Krankheit ist das denn?«

Ihre Mutter sah sie traurig an und seufzte:

»Ach, mein Annelieschen! Ich verblute, mein Kind«, war ihre Antwort. Dann schlug sie die Bettdecke zur Seite. Darunter war alles voller Blut.

Warum das so war, erfuhr Anneliese nicht. Der Anblick der blutigen Laken erschreckte sie und ließ sie verstummen. Sie wagte nicht, weiter nachzufragen.

Mutter und Tochter hielten sich an den Händen und saßen eine Weile schweigend da. Beide weinten zusammen, und Anneliese durfte lange bei ihrer Mutter bleiben, länger als es sonst erlaubt war. Sie spürten beide, dass sie voneinander Abschied nehmen mussten.

Das Krankenhauspersonal ließ ihnen die Zeit, die sie brauchten. Niemand störte sie.

Obwohl es sehr schmerzhaft und traurig war, so war es doch ein guter, liebevoller Abschied, ruhig und friedlich.

Es war der 11. März 1927, und Margarete starb am selben Abend. Sie war nur 38 Jahre alt geworden.

Anneliese war sehr traurig und unglücklich. Aber noch am Sterbebett ihrer Mutter hatte sie einen Entschluss gefasst:

»Ich will Ärztin werden, ich will alles über die Krankheiten und ihre Behandlung lernen, damit ich den Kranken eine bessere Hilfe geben kann, als meine Mutter sie bekommen hat!«

Sicherlich hat sie diesen Entschluss ihrer Mutter mitgeteilt, das kann man sich gut vorstellen.

Der Gedanke, später Ärztin zu werden, verschaffte ihr ein Ziel, für das es sich lohnte zu leben und die Trauer über den Verlust der geliebten Mutter zu ertragen. Mit diesem Ziel vor Augen wollte und konnte Anneliese weiter leben.

In der folgenden Zeit verschlang sie alles Lesbare, was mit Krankheiten und medizinischen Erkenntnissen zu tun hatte. Alle medizinischen Bücher und Schriften, die sie bekommen konnte, las sie mit großem Interesse.

An der Beerdigung ihrer Mutter durfte Anneliese teilnehmen. Das war ebenfalls eine Ausnahme, denn es war damals nicht üblich, Kinder an Beisetzungen teilnehmen zu lassen.

Alle Verwandten und die Freunde ihres Vaters waren zu der Trauerfeier und der anschließenden Beisetzung gekommen. Der frühe Tod der hübschen, jungen Frau war allen sehr nahe gegangen. Sie hatten Mitleid mit der kleinen Anneliese und bedauerten sie sehr.

Nach dem Leichenschmaus ging man auseinander. Ihr Vater verschwand ebenso wie die anderen Trauergäste und kümmerte sich nicht weiter um seine Tochter. Anneliese war danach ganz allein zu Hause. Es war schrecklich für sie. Sie fühlte sich von aller Welt verlassen und zog sich in ihr Zimmer zurück. Dort betrachtete sie das Bild ihrer Mutter und weinte.

Obwohl sie es gewohnt war, dass ihr Vater sich ihr gegenüber immer recht kühl und gleichgültig verhielt, so hatte sie doch gehofft, dass er sich in dieser besonderen Situation etwas liebevoller um sie kümmern würde. Ein paar tröstende Worte und ein wenig Zuwendung hätten ihr gut getan. Stattdessen ließ er sie mit ihrem Kummer ganz allein.

Jahre später sollte sie den Grund für sein Verhalten erfahren.

Von nun an verbrachte Anneliese die Sonntage oft bei ihrer Tante und bei den Cousinen. Die Tante sorgte dafür, dass das Kind an den Wochenenden nicht so allein in der Wohnung war, wenn ihr Vater aushäusig war.

Anneliese war dreizehn Jahre und fast acht Monate alt, als ihre Mutter starb.

Den Freunden der Familie, die an der Beisetzung teilnahmen, blieb der Anblick der trauernden Tochter nicht verborgen. Sie bemerkten etwas, wofür der Vater bisher offensichtlich keinen Blick gehabt hatte:

Anneliese war kein kleines Kind mehr. Das niedliche, kleine Mädchen war auf dem besten Wege, eine hübsche, junge Frau zu werden. Sie hatte große Ähnlichkeit mit ihrer verstorbenen Mutter.

Die Freunde waren entzückt von dem hübschen Mädchen. Anneliese war inzwischen 1,63 m groß, hatte eine schöne, schlanke Figur und ausdrucksvolle graugrüne Augen. Ihr dunkles, lockiges Haar wurde von einer weißen Schleife gehalten, so wie es damals hochmodern war.

Bei einem Treffen des Vaters mit seinen Freunden brachte einer von ihnen seine Beobachtungen zur Sprache:

»Herr Grosse, Ihre Tochter habe ich zuerst gar nicht wiedererkannt. Sie hat sich ja ganz prächtig entwickelt, sieht schon fast wie eine junge Dame aus. Ein sehr hübsches Mädchen haben Sie da«, meinte der Freund anerkennend.

»Ja, sie sieht Ihrer Frau sehr ähnlich und wird bestimmt einmal so schön werden wie Ihre verstorbene Gattin«, fügte ein anderer Freund hinzu.

Walter Grosse war überrascht. So hatte er seine Tochter noch nie gesehen. Er hatte nicht bemerkt, wie sich Anneliese weiter entwickelt hatte. Sie gehörte zu seinem Haushalt wie ein Stück der Einrichtung. Sie war für ihn eher ein Neutrum gewesen, dem er keine weitere Aufmerksamkeit geschenkt hatte.

Die Worte seiner Freunde stimmten ihn nachdenklich. Ihm wurde bewusst, dass er jetzt, da seine Frau nicht mehr am Leben war, die alleinige Verantwortung für seine Tochter trug. Die Vorstellung, sich mit einem heranwachsenden Mädchen befassen zu müssen, bereitete ihm Unbehagen. Mit den Problemen junger Mädchen kannte er sich nicht aus. Damit wollte er am liebsten gar nichts zu tun haben.

Walter Grosse beschloss, sich mit seiner Tochter zu treffen. Aber nicht zu Hause, in der gewohnten Umgebung, sondern in der Stadt, in einem

Café in einer belebten Straße. Er wollte einmal prüfen, welchen Eindruck ihm seine Tochter vermittelte, wenn er sie nicht in der gewohnten häuslichen Umgebung sah.

Eine geraume Weile vor der verabredeten Zeit traf er in dem Café ein. Er suchte sich einen Platz, von dem aus er das Kommen und Gehen der Gäste beobachten konnte, ohne selbst gesehen zu werden.

So konnte er Anneliese schon von weitem beobachten, wie sie die Straße entlang ging: ein hübsches, junges Mädchen, dem die Herren nachschauten.

Walter Grosse sah es mit Entsetzen.

Pünktlich um 16 Uhr erschien Anneliese vor dem Café. Als sie die Eingangstür öffnen wollte, trat ein junger Mann hinzu und hielt ihr die Tür auf. Anneliese bedankte sich mit einem leichten Kopfnicken und einem freundlichen, strahlenden Lächeln.

Dann trat sie in den Gastraum und sah sich nach ihrem Vater um. Sie war eine ausgesprochen gutaussehende, selbstbewusste Erscheinung.

Walter Grosse erhob sich und ging seiner Tochter entgegen. Er hatte genug gesehen.

Seine Freunde hatten recht gehabt: Das hier war nicht mehr das kleine, unscheinbare Kind, das seiner Frau am Rockzipfel gegangen hatte. Hier wuchs eine kleine Schönheit heran, der schon jetzt die Männer nachsahen. Wie sollte das erst werden, wenn dieses Wesen noch ein paar Jahre älter war! Er konnte sich gut vorstellen, wohin das führen würde.

Er musste etwas unternehmen. So wie bisher konnte er die Dinge nicht weiter laufen lassen. Etwas musste grundlegend geändert werden.

Das Mädel musste schnellstens weit weg aus dem sündigen Berlin, wo jederzeit eine unliebsame Männergeschichte beginnen konnte.

Am besten wäre es, wenn die Tochter aus seinem Blickfeld verschwände. Die leidige Erziehung und die Bildung wollte er jemandem überlassen, der von Berufs wegen dafür geeignet war.

Ihm schwebte ein Internat vor. Die Unterbringung seiner Tochter in einem Internat wäre zwar ein nicht unerheblicher finanzieller Aufwand, aber das war es ihm wert. Damit würde er sich von der Last der Erziehung freikaufen und musste sich nicht mit etwaigen unangenehmen Begleiterscheinungen befassen, die das Erwachsenwerden seiner Tochter mit sich bringen könnte.

Es gab auch noch einen weiteren positiven Aspekt, wenn seine Tochter in einem Internat verschwand:

Ihr Anblick würde ihn nicht mehr an Margarete erinnern, seine verstorbene Frau. Er konnte sein Leben dann so einrichten, wie es ihm angenehm war, und musste nicht auf die Bedürfnisse einer Tochter Rücksicht nehmen. Aber das hatte er bisher ja auch nicht getan.

Er machte sich offensichtlich keine Gedanken darüber, was Anneliese zu seinem Entschluss sagen würde. Sie wurde nicht gefragt, und sie hatte sich seinen Anordnungen zu fügen.

Man muss Walter Grosse zugute halten, dass er sich zumindest Gedanken darüber gemacht hatte, in welches Internat er seine Tochter schicken wollte:

Das Internat in Droyßig hatte einen ausgezeichneten Ruf, die jungen Damen genossen dort eine gründliche, umfassende Ausbildung. Außerdem galt das Droyßiger Internat damals als besonders fortschrittliche und moderne Einrichtung.

Walter Grosses Entschluss stand fest: Seine Tochter würde die kommenden Jahre im Internat in Droyßig verbringen.

Droyßig lag in der Nähe von Leipzig, es war etwa 220 km von Berlin entfernt, so dass Walter Grosse vor spontanen, unangekündigten Besuchen seiner Tochter sicher war.

Mit dem Tod der Mutter endete für Anneliese die Zeit der unbeschwerten Kindheit. Ihre Mutter war ihr gefühlsmäßiger Mittelpunkt und Zufluchtsort gewesen. Margarete konnte die strengen Attacken des Vaters zwar nicht verhindern, aber sie gab ihrer Tochter die Gewissheit, geliebt zu werden und ein wertvoller Mensch zu sein. Bei der Mutter fand die heranwachsende Anneliese Sicherheit und Anerkennung.

Im Gegensatz zu ihrem strengen Vater war ihre Mutter heiter und ausgeglichen. Mit ihr konnte Anneliese lachen und fröhlich sein. Mutter und Tochter waren sich in ihrem Wesen sehr ähnlich.

Nun war Anneliese auf sich allein gestellt, in einem Alter, in dem sie so manches Mal den Rat einer mütterlichen Freundin gebraucht hätte. Der Vater schien dem jungen Mädchen keine große Stütze zu sein.

Es ist erstaunlich, dass Anneliese trotz der Strenge und der Kälte des Vaters ein so fröhlicher und selbstbewusster Mensch wurde und nicht innerlich zerbrach. Vielleicht war Walter Grosses Härte auf eine andere Weise auch in ihr vorhanden, so dass die Lieblosigkeit ihres Vater ihr nichts anhaben konnte: Anneliese hatte einen festen Kern, im positiven Sinne, ein unzerstörbares Selbstbewusstsein, eine Freude am Leben, gepaart mit weiblichem Charme und Fröhlichkeit.

In späteren Jahren äußerte sie einmal:

»Ich danke dem Herrgott, dass er mir so ein sonniges Gemüt gegeben hat.«

Es gelang Anneliese immer wieder, Schicksalsschläge zu überwinden, nach vorne zu schauen und dem Leben positive Seiten abzugewinnen.

Die Jahre in Droyßig

Vater Grosse schickte seine Tochter im Sommer 1927 in das etwa 220 km entfernte Droyßig, in der Nähe von Leipzig.

Anneliese holte ihren Koffer und begann zu packen. Niemand half ihr dabei; sie musste selbst entscheiden, welche Dinge sie mitnehmen wollte. Ganz wichtig war es für sie, das Bild ihrer Mutter dabei zu haben.

Sie dachte daran, mit welcher Freude sie früher jedes Mal ihren braunen Koffer gepackt hatte, wenn sie mit ihrer Mutter in die Sommerfrische gefahren war oder wenn sie Verwandte besucht hatte. Nun war ihr doch etwas beklommen zumute, denn sie würde Berlin für längere Zeit verlassen. Ganz allein würde sie in die Fremde fahren.

Was würde sie dort in Droyßig erwarten?

Aber Anneliese beschloss, sich keinen trüben Gedanken hinzugeben. Sie wollte sich über die Möglichkeit freuen, die ihr der Schulbesuch in Droyßig bot:

Dort konnte sie einen Schulabschluss machen, der sie zum Studium der Medizin berechtigte. Dafür war sie bereit, die Jahre in der Fremde auf sich zu nehmen.

Sie würde dort im Internat wohnen, gemeinsam mit vielen anderen Mädchen. Bestimmt würde sie nette Mädchen kennenlernen, mit denen sie sich anfreunden konnte. Um Unterkunft und Verpflegung brauchte sie sich keine Sorgen zu machen, dafür war gesorgt.

Wenn sie an all die neuen Möglichkeiten dachte, die sie in Droyßig erwarteten, dann regte sich in ihr sogar schon ein bisschen Neugierde auf das, was auf sie zukommen würde.

Anneliese war vierzehn Jahre alt, als sie Schülerin im Droyßiger Internat wurde. Normalerweise nahm man dort die Mädchen erst auf, wenn sie sechzehn Jahre alt waren. Warum man bei Anneliese eine Ausnahme machte, lässt sich nicht mit Sicherheit sagen. Vielleicht hatte ihr Vater gute

Beziehungen, vielleicht »sponserte« er die Anstalt mit einem ansehnlichen Betrag. Vielleicht galt Anneliese nach dem Tod ihrer Mutter als Notfall, da sich niemand um sie kümmern konnte.

Im Jahre 1927 wurden in Droyßig noch Lehrerinnen für die englische und die französische Sprache ausgebildet, sogenannte Gouvernanten. Die Schule nannte sich damals »Zentralschule für Lehrer, mit angegliederter Übungsschule«.

1928 wurde die Anstalt dann eine reine »staatliche Bildungs- und Erziehungsanstalt« für Mädchen. Sie galt als streng, aber – aus damaliger Sicht gesehen – auch als fortschrittlich und modern.

Das alles fand Walter Grosse sehr angenehm, ganz besonders gefiel es ihm, dass die Droyßiger Anstalten auf einer Stiftung beruhten, die 1852 zugunsten des preußischen Staates gegründet wurde. Sie unterstanden damals direkt dem Minister für die geistlichen Unterrichts- und Medizinal-Angelegenheiten.

So hatte Walter Grosse das beruhigende Gefühl, seine Tochter gut untergebracht zu haben. Die Verantwortung für Erziehung und Bildung lag nun in kompetenten Händen und behelligte ihn nicht weiter.

Die Anstalt mit ihren Häusern und der Gartenanlage machte einen stattlichen, gepflegten Eindruck.

Der 1. Stock bestand vorwiegend aus den Klassen- und Verwaltungsräumen; im 2. Stock waren Wohn- und Arbeitsräume; im 3. und im 4. Stock befanden sich Schlaf-, Wasch- und Garderobenräume.

Als Anneliese 1927 nach Droyßig kam, gab es dort eine reine Frauenschule. Es wurde gerade ein neuer Trakt für Mädchen eingerichtet, die das Lyzeum besuchen konnten. Sie konnten auch im dortigen Internat wohnen.

Anneliese war die jüngste in ihrer Klasse. Ihre Mitschülerinnen waren bis zu zwei Jahre älter als sie.

In Droyßig herrschten strenge Regeln, an die sich die Mädchen halten mussten. Damit hatte Anneliese keine Probleme. Sie war es von zu Hause her gewohnt, dass es Regeln gab, die sie einhalten musste. Das hatte die strenge Erziehung ihres Vaters mit sich gebracht.

Anfangs war alles in Droyßig für sie sehr fremd und neu:
Die Schlafsäle mit den anderen Mädchen, gemeinsame Wasch- und Ankleideräume, der ganze reglementierte Tagesablauf.

In der Berliner Wohnung war sie als einziges Kind oft allein gewesen. Hier in Droyßig war sie nie allein, immer war sie mit anderen Mädchen zusammen. Daran musste sie sich erst einmal gewöhnen. Anfangs vermisste sie das quirlige Berlin mit dem geschäftigen Treiben in den Straßen. Auch ihre Schulkameradinnen und ihre Berliner Verwandten fehlten ihr anfangs sehr.

Besonders in der ersten Zeit betrachtete sie oft das Bild ihrer Mutter. Sie war froh, dass sie es mit nach Droyßig genommen hatte. Immer wenn sie Anzeichen von Heimweh verspürte, nahm sie das Bild in die Hand und schaute es lange an. Dann wusste sie wieder, weshalb sie diese Zeit hier durchleben musste:

Sie wollte ihren Schulabschluss machen, damit sie Medizin studieren konnte, um Ärztin zu werden. Das war ihr Ziel. Dafür war sie bereit, sich einzusetzen und zu kämpfen.

Sie sah die positive Seite ihres Geschicks: Hier in Droyßig hatte sie die Möglichkeit, die Voraussetzungen für das Studium der Medizin zu erlangen. Das wollte sie nutzen.

Obwohl die erste Zeit im Internat für Anneliese sehr ungewohnt war, lebte sie sich doch schnell ein und genoss die Gemeinschaft mit den anderen Mädchen. Durch ihr fröhliches und aufgeschlossenes Wesen war sie bei ihren Mitschülerinnen sehr beliebt. Sie fand schnell Anschluss und schloss Freundschaften.

In ihr Elternhaus in Berlin durfte sie damals keine Spielkameraden mitbringen. Hier hatte sie jederzeit Freundinnen, mit denen sie zusammen sein konnte. Das wusste sie zu schätzen.

Sie hatte die glückliche Gabe, im Leben die positiven Seiten zu sehen und sich an ihnen zu erfreuen.

Annelieses erste Fremdsprache wurde Französisch. Sie liebte den Klang der französischen Sprache. Wenn sich die Gelegenheit ergab, unterhielt sie sich Zeit ihres Lebens gerne auf Französisch. Noch als erwachsene Frau, sogar bis ins hohe Alter, besuchte sie immer wieder Französisch-Kurse, um mit ihrem Können auf dem Laufenden zu bleiben.

Englisch lernte sie als zweite Fremdsprache.

Die Teilnahme an den Hauptfächern war verpflichtend. Zusätzlich konnte sie sich für die Teilnahme an hauswirtschaftlichen Kursen oder für den musischen Bereich entscheiden.

Anneliese entschied sich für den musischen Bereich. Dort wurden Gedichte gelesen, und die Schülerinnen wurden angehalten, selbst Gedichte zu verfassen. Es bereitete Anneliese großes Vergnügen, eigene Gedichte zu unterschiedlichen Themen zu schreiben.

Es gab auch die Möglichkeit, Theaterstücke einzuüben und sie vor einem Publikum aufzuführen. Zum Internat gehörte eine große Aula, in der regelmäßig Musik- und Theateraufführungen stattfanden.

Am Einüben und Aufführen der Theaterstücke hatte Anneliese viel Freude. Das Erlernen der Rollentexte bereitete ihr keine Schwierigkeiten, und ihr Lampenfieber vor den Aufführungen hielt sich in Grenzen. Bei ihr überwog die freudige Ungeduld, endlich auftreten zu dürfen.

Wenn es um die Besetzung der »Hosenrollen« ging, fiel die Wahl meistens auf Anneliese, da sie eine sehr schlanke, schmale Figur hatte. Sie liebte das Verkleiden und spielte die männlichen Rollen ausgesprochen gern.

Da Anneliese gerne sang, interessierte sie sich besonders für den Chor des Internats. Dieser Chor genoss ein großes Ansehen. Er war bekannt für sein hohes Niveau und für seine guten Darbietungen. In den Chor durfte aber nur eintreten, wer die Noten kannte und »vom Blatt« singen konnte.

Nun hatte Anneliese aber niemals einen Musikunterricht genossen und kannte überhaupt keine Noten. Trotzdem bewarb sie sich um die Aufnahme in den Chor.

Sie musste zur Probe einige der bekannten Lieder vorsingen. Dann wurde ihr eine Melodie auf dem Klavier vorgespielt. Sie merkte sich die Melodie und traf beim Nachsingen die richtigen Töne. Damit hatte sie die Aufnahmeprüfung bestanden. Sie wurde nicht nach Noten befragt und musste nicht vom Blatt vorsingen.

So wurde sie Mitglied bei dem angesehenen Chor.

Niemand hatte bemerkt, dass sie keine Noten kannte. Wenn Notenblätter verteilt wurden, um neue Lieder einzuüben, bewegte Anneliese zum Gesang der anderen Mädchen lautlos ihre Lippen. Sie hörte, was die Mädchen sangen, und schon nach kurzer Zeit hatte sie die Melodie gelernt. Weder der Chorleiter nach ihre Mitschülerinnen bemerkten, dass sie gar keine Noten kannte.

Die musischen Fächer wurden in Droyßig sehr gepflegt. Auf das Musizieren und auf das Schreiben von Gedichten wurde großer Wert gelegt. Das lag unter anderem mit daran, dass der erste Direktor der Anstalt, Herr Kritzinger, selbst gerne Gedichte und Lieder geschrieben hatte. Von 1852 an leitete er wohl an die fünfzig Jahre lang die Anstalt.

Zur Einweihung des neuen Turmkopfes, der eine neue Turmuhr mit schönen Zeigern erhielt, schrieb er im Jahre 1884 den Text zu dem Lied »Süßer die Glocken nie klingen«. Damals ahnte noch niemand, dass dieses Lied einmal eines der beliebtesten deutschen Weihnachtslieder werden würde.

Der Turm befand sich in der Mitte des großen Gebäudes. Nebenan war die Bartholomäus Kirche, in der die evangelischen Gottesdienste stattfanden. Anneliese besuchte sie oft, um sich die Predigten anzuhören, und um der Orgelmusik und dem Gesang des Chores zu lauschen. Nachdem sie in den Chor aufgenommen worden war, sang sie auch selbst bei den Gottesdiensten mit.

Es gehörte zum Lehrplan, dass die jungen Mädchen auch im Handarbeiten unterrichtet wurden. So lernte Anneliese das Sticken, Stricken und Häkeln. Bis in ihr hohes Alter hinein führte sie diese Arbeiten gerne und sehr gut aus. Näharbeiten mochte sie nicht so gern verrichten.

Anneliese zeigte großes Interesse an allen Themen des Unterrichts. Sie hatte eine gute Auffassungsgabe und eignete sich neues Wissen rasch an. Es bereitete ihr Freude, Neues zu erlernen und ihren geistigen Horizont zu erweitern. Genau wie in Berlin, so gehörte sie auch in Droyßig zu den guten Schülerinnen.

Wenn es ein paar freie Tage gab, sogenannte Brückentage, fuhren die anderen Mädchen nach Hause zu ihren Eltern. Anneliese blieb dann als einzige allein im Internat zurück. Sie vertrieb sich die Zeit damit zu lesen oder spazieren zu gehen. Gerne besuchte sie den evangelischen Gottesdienst.

Eine ihrer Lehrerinnen, die im Unterricht besonders streng war und als unnahbar galt, erblickte sie dort eines Tages. Vor dieser Lehrerin hatten alle Mädchen immer einen großen Respekt. Ihr hartes Urteil und ihre strengen Zurechtweisungen waren gefürchtet. Sie stellte große Anforderungen an das Wissen und an das Können ihrer Schülerinnen.

Die Lehrerin war erstaunt, Anneliese hier allein anzutreffen.

»Was machst du denn hier so allein? Warum bist du nicht nach Hause gefahren, so wie es die anderen Mädchen gemacht haben?« sprach sie Anneliese an.

»Mein Vater will nicht, dass ich nach Berlin fahre. Es wäre niemand für mich da, denn meine Mutter ist erst vor kurzem gestorben«, erklärte Anneliese.

Die Lehrerin war betroffen. Sie war nicht über die familiären Situationen der Mädchen informiert.

Spontan lud sie ihre Schülerin zu sich nach Hause ein. Anneliese wagte der strengen Frau nicht zu widersprechen und ging mit. Sie war überrascht, dass ihre Lehrerin im privaten Rahmen so nett und freundlich war.

Es blieb nicht bei der einen Einladung. Immer, wenn es schulfreie Tage gab, an denen die anderen Mädchen nach Hause fuhren, verbrachte Anneliese hin und wieder ausgesprochen angenehme Stunden bei ihrer Lehrerin. Die beiden hörten Musik, spielten Karten oder unterhielten sich über die unterschiedlichsten Dinge.

Im Unterricht war ihre Lehrerin dann wie immer streng und unnahbar. In den längeren Ferien war das Internat geschlossen. Anneliese fuhr dann nach Berlin oder zu Onkel und Tante nach Guben.

Ihre Tante Lucie, vermutlich eine Verwandte aus der Familie ihrer Mutter, schickte ihr oft wunderbare Pakete. Es war jedes Mal eine große Freude, wenn ein Paket von der Tante ankam. Sie schien immer zu wissen, worüber sich Anneliese besonders freuen würde: ein interessantes Buch, ein hübscher Schal, eine modische Bluse und auch etwas Süßes zum Naschen.

Tante Lucie wohnte in Berlin. Anneliese liebte sie sehr, und Tante Lucie liebte das Mädchen ebenso sehr. Immer wenn Anneliese in Berlin war, besuchte sie ihre Tante Lucie.

Walter Grosse war nichts daran gelegen, seiner Tochter außer dem Schulbesuch noch eine besondere Ausbildung angedeihen zu lassen. Es wäre aus seiner Sicht nur eine Verschwendung von Zeit und Geld gewesen, da das Mädchen seiner Meinung nach sowieso in absehbarer Zeit heiraten würde. Wozu sollte er da noch in eine teure Ausbildung investieren.

Aber immerhin durfte Anneliese weiterhin das Oberlyzeum im Droyßiger Internat besuchen und dort ihren Schulabschluss machen. Damit war ihr Vater einverstanden. Für Anneliese war das sehr wichtig, da der erfolgreiche Besuch der Schule zum Studium an der Universität berechtigte. Das Studium der Medizin war ja das Ziel, auf das sie in all den Jahren hingearbeitet hatte.

Von dieser Absicht ahnte ihr Vater allerdings nichts. Anneliese hatte ihn nicht in ihre Pläne eingeweiht. Bisher hatte Walter Grosse auch kein Interesse an etwaigen Zukunftsplänen seiner Tochter gezeigt. Er hatte nie danach gefragt, was Anneliese nach dem Schulabschluss machen wollte. Er hatte auch von sich aus keinerlei Vorschläge für die Zeit nach dem Schulbesuch gemacht.

Im Jahr 1931 hatte Anneliese das Oberlyzeum in Droyßig erfolgreich beendet. Sie war stolz auf ihren guten Schulabschluss und blickte optmistisch in die Zukunft. Der braune Koffer wurde vom Speicher geholt und gepackt. Anneliese verabschiedete sich von ihren Freundinnen und fuhr voller Elan zurück nach Berlin. Ein neuer Lebensabschnitt würde beginnen. Nun wollte sie ihr Medizin-Studium aufnehmen.

Aber ihr Vater machte ihr einen Strich durch ihre Planung. Rigoros verbot er ihr, ein Studium zu beginnen.

»So etwas kommt überhaupt nicht in Frage! Was soll das? Wozu soll das gut sein?« ereiferte er sich.

Anneliese versuchte ihrem Vater zu erklären, dass sie in all den Jahren seit dem Tod ihrer Mutter nur den einen Wunsch gehabt hatte, nämlich Ärztin zu werden, um kranken Menschen helfen zu können.

»Vater, weißt du, was das einzige war, das mir geholfen hat, die vielen Jahre ohne Familie in der Fremde auszuhalten? Ich wollte den Schulabschluss bestehen, damit ich Medizin studieren kann. Ich will unbedingt Ärztin werden, damit ich kranken Menschen helfen kann. Seit Mutters Tod ist das immer mein größter Wunsch gewesen. Das habe ich meiner Mutter auf ihrem Sterbebett gesagt.«

Aber ihr Vater wischte ihre Argumente mit einer Handbewegung fort:

»Wozu brauchen Frauen eine Ausbildung? Du heiratest sowieso und kriegst Kinder. Dann reicht es, wenn du kochen und sauber machen kannst! Du brauchst keine Berufsausbildung. Ich habe dir genug Bildung ermöglicht! Guck dich doch einmal um, wie es den anderen Mädchen ergeht! Nur wenige haben so viel Bildung erhalten wie du!«

Aber so schnell gab Anneliese nicht auf.

»Und wenn ich nicht heirate? Wenn ich keinen Ehemann habe, der mich ernährt und versorgt, wovon soll ich dann leben? Würdest du mich denn immer unterstützen wollen? Soll ich immer auf deiner Tasche liegen und von deinem Geld leben? Wenn ich einen Beruf habe, dann kann ich mich selbst versorgen und bin auf niemanden angewiesen!«

Walter Grosse fand, dass man über diese Argumente nachdenken könnte. Er musste seiner Tochter in einem Punkt recht geben:

Die Vorstellung, sie eventuell auf unabsehbare Zeit finanziell unterstützen zu müssen, fand er gar nicht angenehm. Wenn sie einen Beruf erlernte, wäre sie finanziell unabhängig und nicht mehr auf seine Unterstützung angewiesen.

Trotzdem kam ein Medizin-Studium nicht in Frage. Auf gar keinen Fall. Walter war lediglich bereit, ihr eventuell eine Ausbildung als Lehrerin oder als Gouvernante zu ermöglichen. Das war das Äußerste, was er noch für sie tun würde.

Aber das waren keine Berufe, für die sich Anneliese begeistern konnte. Sie ließ sich jedoch nicht unterkriegen, auch wenn die Diskussionen mit ihrem Vater hart und unangenehm waren. Sie machte ihm immer wieder klar, dass sie ihre Bestimmung darin sah, sich um kranke Menschen zu kümmern; sie wollte helfen und heilen.

Der Beruf der Krankenschwester kam ihrem Lebensziel am nächsten. Wenn sie schon nicht Ärztin werden durfte, so wollte sie zumindest den Beruf der Krankenschwester erlernen. Das entsprach ihrem ursprünglichen Berufswunsch noch am ehesten.

Damit war ihr Vater einverstanden:

»Na gut. Krankenschwester geht auch. Das wär's dann aber!«

Es blieb Anneliese nichts anderes übrig, als sich dem Willen ihres Vater zu fügen. Aus eigenen Mitteln hätte sie ein Studium nicht finanzieren können. Ihr einziger Trost war es, dass der Beruf der Krankenschwester auch mit medizinischem Wissen zu tun hatte. Ebenso wie die Ärzte hatten die Krankenschwestern die Aufgabe, zu heilen, zu helfen und zu pflegen. Das wollte Anneliese tun. Kranken und Schwachen wollte sie helfen, wieder gesund zu werden, zumindest wollte sie ihre Leiden lindern.

Anneliese in Droyßig

Walter Grosse, der strenge Vater

Krankenschwester

Nachdem ihr strenger Vater seine Erlaubnis gegeben hatte, begann Anneliese im Jahre 1931 ihre Ausbildung zur Krankenschwester beim Deutschen Roten Kreuz. Gegen diese Weiterbildung erhob ihr Vater keine Einwände. Er wusste, dass das DRK einen guten Ruf hatte, und dass die Schwestern dort umfassend und in altbewährter Tradition ausgebildet wurden. Die jungen Frauen wurden streng beaufsichtigt, eine Frau Oberin stand dem jeweiligen Mutterhaus vor.

Aber Anneliese durfte ihre Ausbildung nicht in Berlin absolvieren. Ihr Vater bestimmte, dass sie beim DRK in Breslau ausgebildet werden sollte.

Wieder schickte Walter Grosse seine Tochter weit weg von Berlin, fort von ihren Berliner Freunden und Verwandten. Wieder musste Anneliese allein in eine fremde Stadt fahren, wo sie niemanden kannte und nicht wusste, was sie dort erwarten würde. Aber sie war froh darüber, dass sie einen Beruf ergreifen konnte, der ihrem langjährigen Berufswunsch sehr nahe kam.

Anneliese packte ihre Sachen für den Aufenthalt in Breslau. In dem braunen Koffer, der sie schon nach Droyßig begleitet hatte, verstaute sie die Dinge, die ihr besonders wichtig waren. Das Bild ihrer Mutter, ein paar Bücher, Briefpapier mit einer Adressenliste und ein paar Kleidungsstücke fanden darin Platz. So fuhr Anneliese nach Breslau, um dort im Mutterhaus des DRK ihre Ausbildung zu beginnen.

Die Schwestern-Schülerinnen wurden sofort mit der typischen Tracht ausgestattet. Sie wohnten im Mutterhaus und wurden schon während ihrer Ausbildung auf allen Stationen des Krankenhauses eingesetzt. So lernten die jungen Frauen die verschiedenen medizinischen Bereiche mit ihren unterschiedlichen Anforderungen kennen.

Die Arbeit war oft anstrengend, aber Anneliese verrichtete sie gerne. Heilen und helfen – das war es, was sie gewollt hatte. Nun hatte sie die

Gelegenheit dazu. Sie spürte, dass sie bei ihrer Berufswahl die richtige Entscheidung getroffen hatte. Da sie nicht Ärztin werden durfte, war der Beruf der Krankenschwester die beste Alternative gewesen. Sie liebte ihren Beruf und war Krankenschwester mit Leib und Seele, wie man so schön sagte.

In Breslau gefiel es ihr sehr gut, sie mochte die Herzlichkeit der Schlesier. Es fiel ihr leicht, Kontakte zu den anderen Schwestern-Schülerinnen und zu den ausgebildeten Krankenschwestern zu knüpfen. Sie schloss Freundschaften, die viele Jahre überdauerten.

Im Jahr 1934 beendete sie ihre Ausbildung und wurde nun als vollwertige Krankenschwester eingesetzt.

Ihr Arbeitstag begann meistens um fünf Uhr morgens und endete um 22 Uhr. Es waren lange, anstrengende Arbeitszeiten. Morgens war die Zeit oft knapp bemessen, daher legte Anneliese großen Wert darauf, abends schon alles für den nächsten Morgen vorzubereiten.

Die Ärzte lernten Annelieses gute Mitarbeit schnell zu schätzen, denn sie hatte ein fundiertes medizinisches Wissen und beherrschte ihren Aufgabenbereich sicher. Trotzdem hielt sie sich genau an die Anweisungen der Ärzte bei der Versorgung der Patienten. Sie stellte zwar eigene Beobachtungen und Überlegungen an, die sie den Ärzten mitteilte. Aber sie sprach alle Maßnahmen mit den Ärzten ab.

Schnell übertrug man ihr Verantwortung und leitende Funktionen auf den verschiedenen Stationen.

Für eine längere Zeit leitete sie die Station der Wöchnerinnen. Damals war es üblich, dass die Frauen nach der Geburt vierzehn Tage lang im Krankenhaus blieben.

Bei den Geburten wurde Anneliese oft als Helferin mit hinzugezogen. Die kleinen Neugeborenen erfreuten sie besonders. Immer wieder empfand sie es wie ein Wunder, wenn so ein Menschlein auf die Welt kam.

Es geschah oft, dass sie die Frauen trösten musste, wenn sie nur ein Mädchen geboren hatten und ihren Familien keinen Stammhalter präsentieren konnten.

Auf der Wöchnerinnen-Station freundete sich Anneliese mit einigen Patientinnen an. Sie blieb über lange Jahre in Kontakt mit ihnen.

Eines Tages wurde ihr die Leitung der Männerstation übertragen. Die Versorgung der kranken Männer machte ihr besonderen Spaß. Die Männer lagen meistens in Vier-Bett-Zimmern zusammen. Bei ihnen herrschte oft eine entspannte, heitere Stimmung, trotz ihrer Krankheiten. Sie munterten sich gegenseitig mit lustigen Sprüchen auf und ließen keine traurige Verstimmtheit aufkommen.

Schwester Anneliese trug sicher auch mit zu der guten Atmosphäre in den Krankenzimmern bei. Durch ihr fröhliches Wesen und ihre kompetente Fürsorge war sie auf den Stationen stets beliebt.

Welcher Mann ließ sich nicht gern von einer hübschen, ansehnlichen Schwester versorgen, die immer ein Lächeln und ein aufmunterndes Wort für ihn übrig hatte!

Dabei geschah es mitunter, dass so mancher Mann eine Erektion bekam, wenn die junge Schwester ihn verarzten musste. Schwester Anneliese deckte das kleine Ereignis dann so ab, dass die anderen Patienten es nicht bemerkten. Dadurch entstanden keine Peinlichkeiten, und es gab keine anzüglichen Sprüche von den anderen Patienten.

Zu Annelieses Arbeit als Krankenschwester gehörten auch die traurigen Momente. Nicht immer konnte sie einem Patienten helfen. Es gab Situationen, in denen die Medizin an ihre Grenzen stieß. Alles Wissen, alle Maßnahmen halfen nicht und brachten dem Kranken keine Hoffnung auf eine Besserung. Anneliese konnte dann nur noch versuchen, die Schmerzen zu lindern und dem Sterbenden die letzte Zeit erträglich zu machen. In solchen tragischen Fällen empfand Anneliese den Tod als gnädige Erlösung von unerträglichen Leiden.

Die politische Lage brachte es damals mit sich, dass einige leitende jüdische Ärzte von einem Tag auf den anderen verschwanden und nicht wieder kamen. Das persönliche Schicksal der Ärzte schmerzte Anneliese sehr. Sie hatte gern mit ihnen zusammen gearbeitet; sie hatte gesehen, wie verantwortungsvoll und geschickt sie ihre Arbeit verrichtet hatten. Ihr Wissen und ihre Kompetenz hatte Anneliese stets geschätzt. Sie hoffte, dass die Ärzte sich im Ausland eine neue Existenz aufbauen konnten. Sie verstand nicht, warum Deutsche mit jüdischen Wurzeln solchen Repressalien ausgesetzt wurden, dass sie ihre Heimat verließen.

Anneliese befasste sich nicht mit partei-politischen Fragen. Sie war in dem Glauben erzogen worden, dass »die Herren da oben« alles vernünftig regeln würden, zum Wohle des Volks. Da mischte man sich nicht ein. Aus politischen Dingen hielt sie sich heraus und engagierte sich nicht. Obwohl sie oft dazu aufgefordert wurde, trat sie nicht in die führende politische Partei ein. Annelieses Interesse und ihr Engagement galten ihrem Beruf. Die medizinischen Probleme und die Pflege der Patienten interessierten sie. Hier investierte sie all ihre Energie, ihre Zeit und ihr Wissen. Das fand sie sinnvoller, als ihre knappe Freizeit bei politischen Aktionen zu verschwenden.

Während ihrer Urlaube fuhr Anneliese zu ihren Verwandten nach Berlin. Manchmal besuchte sie auch ihre Verwandten in Guben, und oft unternahm sie Reisen ins Elbsandsteingebirge oder ins Riesengebirge. Bei allen Reisen war immer der braune Koffer mit dabei. Anneliese liebte ihren alten Koffer. Er erinnerte sie an unbeschwerte Zeiten und an Ereignisse, die für sie bedeutungsvoll gewesen waren.

So schön es auch in den Bergen war, ihre große Liebe galt dem Meer. Seit ihrer Kinderzeit hatte sie eine Vorliebe für die See. Sicherlich hing das mit den Erinnerungen an die Sommerferien auf Rügen zusammen, die sie als Kind so genossen hatte.

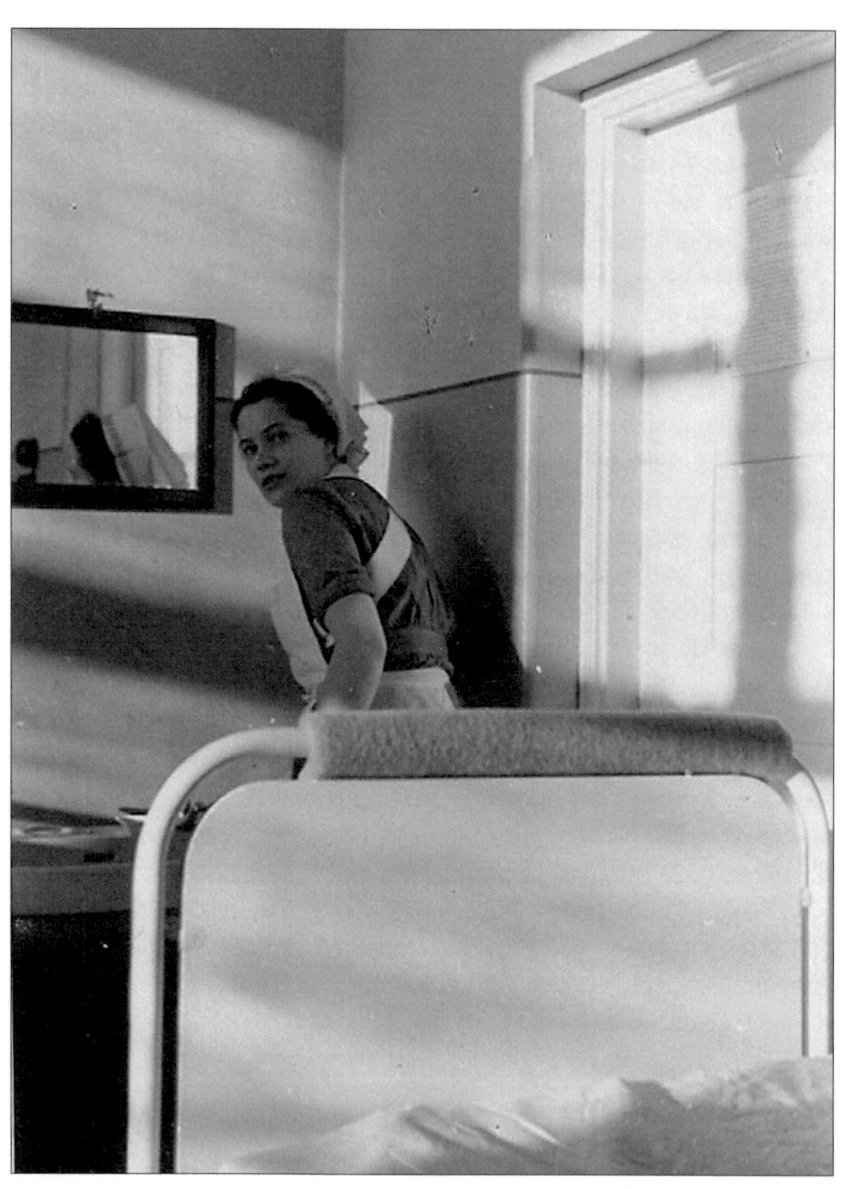

Stationsleiterin Schwester Anneliese

Anneliese und ihre Kolleginnen

Fräulein Hermann

In Berlin war immer etwas los. Wenn Anneliese in Berlin war, liebte sie es, durch die belebten Straßen zu schlendern. Sie warf gern einen Blick in die Auslagen der Geschäfte oder ließ sich vom Strom der Passanten treiben.

Manchmal gönnte sie sich einen Besuch in einem der vielen Straßencafés. Sie setzte sich dann so, dass sie das Treiben auf der Straße beobachten konnte.

Feine Damen stolzierten vorüber, mit oder ohne Kavalier am Arm. Gut gekleidete Herrschaften und einfache Leute drängten sich aneinander vorbei. Junge Mädchen erzählten sich schwatzend und kichernd ihre kleinen Geheimnisse.

Anneliese genoss die bunte Betriebsamkeit um sich herum. Manchmal summte sie eine bekannte Melodie vor sich hin, einen sogenannten »Gassenhauer«, der zur Zeit überall erklang:

»Das ist die Berliner Luft, …«

Sie liebte zwar die Ausflüge in die Natur, aber sie fand es auch einfach schön, in Berlin zu sein, mit all dem Trubel der Großstadt. Aus den Unterhaltungen der Leute hörte sie Gesprächsfetzen heraus, im Jargon der unverkennbaren, kessen »Berliner Schnauze«.

Sie selbst berlinerte nicht. In ihrem Elternhaus sprach man Hochdeutsch; es war streng darauf geachtet worden, dass die kleine Anneliese keinen Berliner Dialekt mit nach Hause brachte. Das war die Sprache der einfachen, ungebildeten Leute, zu denen gehörte man nicht.

In Droyßig wurde dann von den jungen Mädchen erwartet, dialektfrei auf Hochdeutsch zu sprechen, egal, in welcher Gegend Deutschlands sie beheimatet waren.

So wurde Hochdeutsch zu Annelieses Muttersprache. Trotzdem mochte sie das Berlinerische, in ihren Ohren klang es immer wie ein Stückchen Heimat.

Bei einem ihrer Spaziergänge durch die belebten Straßen erblickte Anneliese in einem Café einen Mann, der ihr sehr bekannt vorkam. Sie ging langsamer, und beim genauen Hinschauen erkannte sie ihren Vater.

Ihr erster Impuls war gewesen, zu ihm hin zu gehen, um ihn zu begrüßen. Aber sie tat es nicht, denn ihr Vater war nicht allein. Er war in Begleitung einer gut aussehenden Dame, etliche Jahre jünger als er. Die beiden waren in ein Gespräch vertieft, sie blickten sich dabei tief in die Augen, lächelten sich an und wirkten sehr vertraut miteinander.

Ihr Vater benahm sich ganz wie ein Mann von Welt. Er war der schneidige Charmeur, lachte und plauderte unterhaltsam, so wie Anneliese ihn von den gesellschaftlichen Ereignissen aus früheren Zeiten kannte.

Er hielt die Hand seiner Begleiterin, hauchte einen eleganten Handkuss darauf und sah ihr tief in die Augen. Die beiden vermittelten den Eindruck eines glücklichen Pärchens, das sich schon lange und gut kannte.

Anneliese war überrascht. Sie hatte nicht gewusst, dass es wieder eine Frau im Leben ihres Vaters gab. Ihre Mutter war nun schon seit einigen Jahren tot, und Anneliese gönnte es ihrem Vater, wieder eine Frau gefunden zu haben. Die Dame an seiner Seite hatte auf Anneliese einen sehr netten, gepflegten Eindruck gemacht; sie wirkte durchaus sympathisch.

Das Benehmen ihres Vaters, sein ganzes Charmeur-Getue, empfand Anneliese in diesem Augenblick allerdings etwas übertrieben und aufgesetzt. Aber der Dame schien es zu gefallen.

Anneliese gab sich nicht zu erkennen und ging weiter.

Ihren Vater nach seiner Damenbekanntschaft zu fragen, traute sie sich nicht. Aber sie war neugierig und wollte gern mehr über die Frau erfahren, die sie in Begleitung ihres Vaters gesehen hatte.

Wie sollte sie das machen? Sie hatte keinerlei Anhaltspunkte, über die sie Nachforschungen hätte anstellen können. Der einzige Anhaltspunkt war das Café, in dem sie ihren Vater mit seiner Begleiterin erblickt hatte. Vielleicht kehrte die Bekannte ihres Vaters dort öfters ein, überlegte sie.

Am nächsten Tag ging Anneliese auf gut Glück zur selben Zeit wie am Vortage zu dem Café. Die junge Frau saß tatsächlich ohne Begleitung an einem der Tische. Es war nicht zu erkennen, ob sie auf jemanden wartete, oder ob sie allein unterwegs war.

Anneliese nahm ihren Mut zusammen und ging zu dem Tisch mit der unbekannten Frau.

»Verzeihen Sie, dass ich Sie so einfach anspreche.« Anneliese lächelte die Frau an. »Darf ich mich vielleicht kurz zu Ihnen setzen?« bat sie höflich.

Die fremde Frau war von Annelieses freundlicher, höflicher Art ganz angetan und deutete auf einen leeren Stuhl.

»Bitte sehr, nehmen Sie doch Platz. Ich erwarte niemanden.«

Anneliese setzte sich.

»Haben Sie vielen Dank. Also«, begann sie, »ich möchte mich zuerst einmal vorstellen. Ich bin Anneliese Grosse.«

»Ach, so ein Zufall, so eine Namens-Gleichheit! Sind Sie vielleicht mit einem Herrn Walter Grosse verwandt? Kennen Sie Herrn Grosse?« fragte die fremde Frau ganz arglos und neugierig.

»Ja«, nickte Anneliese, »Walter Grosse ist mein Vater.«

Überrascht starrte die fremde Frau sie an.

»Ach! Ich wusste gar nicht, dass Walter eine Tochter hat! Er hat nie von Ihnen erzählt!«

Die fremde Frau suchte nach Worten. Auch Anneliese überraschte es, dass ihr Vater die Existenz seiner Tochter verschwiegen hatte.

Es wäre ja möglich, dass er die Dame noch nicht lange genug kannte, um familiäre Dinge zu erwähnen, dachte sie.

»Vielleicht sollte ich mich auch erst einmal vorstellen, bevor wir weiter reden,« schlug die Bekannte ihres Vaters vor. »Ich heiße Elsa Hermann, Fräulein Elsa Hermann. Ich bin die Verlobte ihres Vaters.«

Das wird ja immer interessanter, dachte Anneliese verblüfft. Erst verschweigt mein Vater, dass er eine Tochter hat, und dann erzählt er mir nichts davon, dass er eine Verlobte hat. Es wäre ja schön für ihn, wenn er wieder eine nette Partnerin fände und nicht mehr allein wäre. Aber warum erzählte er nichts davon?

»Ich dachte immer, Ihr Vater hätte keine Familie«, wandte Fräulein Hermann ein.

»Mein Vater ist seit einigen Jahren Witwer.«
»Er war verheiratet? Wann ist Ihre Frau Mutter denn gestorben?« fragte Fräulein Hermann überrascht.
»Meine Mutter starb am 11. März 1927. In den Jahren davor kränkelte sie schon hin und wieder.«
Fräulein Hermann war wie vor den Kopf geschlagen. Sie rang um ihre Fassung. Dabei hob sie die Hände vor ihr Gesicht und verharrte eine Weile schweigend. Dann nahm sie ihre Hände vom Gesicht und sprach langsam, mehr zu sich selbst als zu Anneliese:
»Aber damals waren wir – verzeihen Sie mir, wenn ich das so sage – Walter und ich – da waren wir doch schon seit über zwei Jahren verlobt! Wir haben uns jeden Tag getroffen. Ich wusste nicht, dass er verheiratet war und Frau und Kind hatte! Woher hätte ich das denn wissen sollen!?«
Fräulein Hermann war erschüttert und schien aus allen Wolken zu fallen.
Auch Anneliese war überrascht und entsetzt von den Neuigkeiten, die sie von Fräulein Hermann zu hören bekam.
Ihr Vater hatte offensichtlich jahrelang ein Doppelleben geführt! Wie konnte so etwas möglich gewesen sein! Ob ihre Mutter davon etwas gewusst oder geahnt hatte?
Als Anneliese Fräulein Hermann anschaute und sah, wie die junge Frau so niedergeschlagen und so fassungslos da saß, tat sie ihr leid.
»Beruhigen Sie sich, Fräulein Hermann! Sie können doch nichts dafür, dass die Situation so ist, wie sie nun einmal ist. Wenn jemand einen Vorwurf verdient, dann ist es mein Vater. Er war nicht ehrlich zu Ihnen.«
Mit diesen Worten versuchte Anneliese, die Situation für Fräulein Hermann erträglich zu machen.
Mein Vater war auch nicht ehrlich zu uns, zu meiner Mutter und zu mir, dachte sie. Er hat meine Mutter jahrelang betrogen. Aber das sagte sie nicht laut. Im Augenblick ging es ihr nur darum, Fräulein Hermann zu beruhigen.
So schnell wollte ihr das aber nicht gelingen.
Fräulein Hermann blickte immer noch erschüttert vor sich hin und schüttelte den Kopf:

»Aber Walter hat meiner Mutter doch seine Aufwartung gemacht! Er hat um meine Hand angehalten. Wir haben uns als Verlobte betrachtet! Wir lieben uns doch so sehr!«

Nicht nur Fräulein Hermann war erschüttert. Auch Anneliese war tief betroffen von dem, was sie von Fräulein Hermann erfuhr.

Nun erfuhr sie, warum sie am Todestag ihrer Mutter und am Tag ihrer Beerdigung, nach dem Leichenschmaus, von ihrem Vater so allein gelassen worden war. Ihr Vater war bei seiner Geliebten gewesen. Keinen Gedanken hatte er an seine einsame Tochter verschwendet. Es war ihm nicht in den Sinn gekommen, seiner trauernden Tochter Beistand zu leisten. Der Besuch bei seiner Geliebten war ihm wichtiger gewesen.

Und nun war Alfred Walter Grosse der Anlass dafür, dass sich zwei junge Frauen in einem Café gegenüber saßen und eine aufschlussreiche Unterhaltung führten. Bis vor kurzem hatte keine etwas von der Existenz der anderen gewusst. Nun war jede erschüttert und fassungslos über das, was die andere erzählte.

Das Leben beider Frauen hatte Walter Grosse entscheidend beeinflusst und in die Bahnen gelenkt, die seinem Willen entsprachen.

Seiner Tochter hatte er ihr großes Lebensziel, Ärztin zu werden, verwehrt und ihr stattdessen nur eine Ausbildung als Krankenschwester ermöglicht.

Fräulein Hermann hatte er offensichtlich Hoffnung auf eine Heirat gemacht, die aber nicht stattfand. Als Geliebte war sie in den Augen der Gesellschaft entehrt, ein gefallenes Mädchen, wie man damals sagte.

Anneliese bat Fräulein Hermann, ihrem Vater nichts von ihrer Begegnung und ihrer Aussprache zu sagen. Sie konnte sich vorstellen, wie ihr Vater darauf reagieren würde. Sie kannte seine wütenden Ausbrüche und wollte unnötigen Zorn vermeiden.

Für Fräulein Hermann empfand sie große Sympathie, und sie wollte verhindern, dass sich Walter Grosses Zorn womöglich über seine Verlobte entlud.

Fräulein Hermann erzählte ihrem Verlobten tatsächlich nichts von dem Treffen mit seiner Tochter. So lebte Walter Grosse weiterhin in dem Glauben, dass Fräulein Hermann nichts von seiner Ehe und seiner Tochter wusste, und dass seine Tochter nichts von der Existenz seiner Verlobten wusste.

Anneliese und Fräulein Hermann vereinbarten, weiterhin in losem Kontakt miteinander zu bleiben.

Am Anfang des Jahres 1936 erlitt Walter Grosse einen schweren Schlaganfall. Man benachrichtigte seine Tochter.

Anneliese bekam dienstfrei und durfte zu ihrem Vater nach Berlin reisen. Als sie eintraf, war ihr Vater schon aus dem Krankenhaus entlassen worden. Er lebte wieder in seiner Wohnung, war aber durch die Krankheit deutlich gezeichnet.

Vater und Tochter verabredeten ein Treffen in einem Café.

Als Krankenschwester war Anneliese an den Anblick kranker Menschen gewohnt. Dennoch erschrak sie, als sie ihren Vater sah.

Die Folgen des Schlaganfalls waren nicht zu übersehen. Die halbseitigen Lähmungen hatten sich nicht vollständig zurückgebildet. Ihr Vater ging seitlich gebeugt, stützte sich schwer auf einen Stock und zog sein linkes Bein nach. Seine linke Gesichtshälfte gehorchte nur teilweise seinem Willen. Er war nur noch ein Schatten des stolzen, stattlichen Mannes von einst.

Nach dem Austausch der üblichen Begrüßungs- und Höflichkeitsfloskeln und dem Gespräch über sein gesundheitliches Befinden saßen sich Vater und Tochter eine Weile gegenüber.

Anneliese sprach die erheblichen Beeinträchtigungen an, die der Schlaganfall mit sich gebracht hatte. Sie machte sich Gedanken darüber, wie ihr Vater die täglichen Anforderungen bewältigen konnte.

Aber ihr Vater war trotz allem der festen Überzeugung, dass er noch allein zurechtkommen würde, vorläufig jedenfalls. Er lehnte jeden Beistand ab. Für die Arbeiten, die im Haushalt anfielen, hatte er eine Hilfe, mehr brauchte er nicht.

So wie Anneliese den Zustand ihres Vaters einschätzte, vermutete sie, dass ihn ein erneuter Schlaganfall ereilen könnte, mit ungewissem Ausgang. Walter Grosse wirkte gebrechlich und hinfällig, auch wenn er das auf gar keinen Fall wahrhaben wollte.

Anneliese lag noch ein Thema am Herzen, das sie gern mit ihrem Vater besprochen hätte.

Es ging um Fräulein Hermann. Ihr Vater hatte sie ihr gegenüber nie erwähnt. Sie wusste, es war ein heikles Thema, und es würde eventuell schwierig sein, mit ihrem Vater darüber zu reden.

Aber vielleicht war er ja durch die Krankheit milder und einsichtiger geworden, hoffte Anneliese.

Sie wollte das Thema auf jeden Fall anschneiden, egal, wie das Gespräch ausging. Sie fand, das hatte Fräulein Hermann verdient.

»Es gibt da noch eine Sache, die ich gern mit dir besprochen hätte«, begann sie. Sie holte etwas aus und kam nicht gleich auf ihr eigentliches Anliegen zu sprechen.

»Hat man dir im Krankenhaus gesagt, dass es oft nicht bei einem einzigen Schlaganfall bleibt? Es besteht leider die Gefahr eines weiteren Anfalls, der dann viel schlimmer endet.«

Ihr Vater reagierte unwillig:

»Was soll die negative Unkerei!? Ich habe diesen Schlaganfall überstanden, und ich werde auch den nächsten überstehen, wenn er denn kommt. Worauf willst du hinaus?«

»Vater, der nächste Schlaganfall könnte dein letzter sein. Du könntest dabei sterben.«

»Ach, das ist es! Daher weht der Wind! Du willst mich beerben!« folgerte ihr Vater und sah sie kühl an.

»Nein, Vater, darum geht es doch gar nicht. Ich denke an Fräulein Hermann. Ich finde, du solltest sie heiraten.«

Nun war es heraus.

Ihrem Vater verschlug es zunächst die Sprache. Verblüfft und wütend starrte er seine Tochter an. Mit dem Thema hatte er nicht gerechnet. Woher wusste seine Tochter etwas von Fräulein Hermann?

Dann aber überzog Zornesröte sein Gesicht.

»Du, du,…« schnaubte Walter Grosse. Er rang nach Worten. »Was bildest du dir ein!?« brachte er dann heraus.

Anneliese ließ sich nicht beirren.

»Du solltest sie endlich heiraten und ihr damit ihre Ehre zurückgeben. Das bist du ihr nach all den Jahren schuldig!«

Anneliese sah ihrem Vater ruhig in die Augen und wartete ab, was er sagen würde.

Walter Grosse war rot vor Zorn, seine Adern an den Schläfen waren sichtbar angeschwollen. Er schnappte nach Luft und starrte hasserfüllt auf seine Tochter. Wütend stieß er seinen Gehstock auf den Boden und stand auf.

»Was weißt du schon von Fräulein Hermann! Willst du mir etwa Vorschriften machen!? Was ich zu tun und zu lassen habe, bestimme immer noch ich!« schimpfte er aufgebracht und mit überschnappender Stimme.

Auch Anneliese war aufgestanden. Ihr Vater kam drohend auf sie zu und stieß mit seinem Gehstock nach ihr, als wollte er sie aufspießen. Er war so außer sich vor Zorn und Wut, dass es ihm gleichgültig war, welche peinliche Szene er in dem Café veranstaltete. Es kümmerte ihn nicht, dass die anderen Gäste aufgehört hatten, sich zu unterhalten, und ihn anstarrten.

Anneliese wollte die unangenehme Szene beenden und verließ den Gastraum.

Humpelnd verfolgte Walter Grosse seine Tochter bis vor die Tür des Lokals.

»Verschwinde, du nichtsnutziges Gör! Mach, dass du wegkommst! Komm mir nie wieder unter die Augen!« schrie er wutentbrannt, mit einer Stimme, die ihm nicht mehr gehorchen wollte.

Anneliese sah ihren Vater an. Sie sagte nichts, drehte sich um und ging fort. Sie wusste, es war zwecklos, jetzt noch ein vernünftiges Wort mit ihrem Vater reden zu wollen. Das war nicht mehr der Walter Grosse, der immer so viel Wert auf gutes Benehmen und auf das Einhalten der Etikette gelegt hatte. Solch einen heftigen, unkontrollierten Wutausbruch hatte Anneliese nicht erwartet.

Warum ließ er es nicht zu, in normalem Ton mit seiner Tochter über die Situation mit Fräulein Hermann zu reden? Was wäre denn so schlimm daran gewesen?

Bevor sie in die nächste Straße einbog, schaute Anneliese noch einmal zurück.

Vor dem Café humpelte ein krummes, wütend um sich schlagendes Männlein hin und her. Es fuchtelte außer sich vor Zorn mit einem Stock in der Luft herum und schimpfte lauthals vor sich hin.

Das war das letzte, was Anneliese von ihrem Vater sah. Danach hat sie ihn nie wieder gesehen.

Alfred Walter Grosse starb am 19.12.1936.

Anneliese veranlasste seine Beisetzung in der Familiengrabstelle in Berlin. Sie informierte Verwandte und Freunde ihres Vaters von seinem Tod und von dem Termin der Beisetzung.

Sie benachrichtigte auch Fräulein Hermann vom Tode ihres Verlobten.

Am Tag nach der offiziellen Beisetzungsfeier gingen die beiden Frauen gemeinsam zum Grab.

Beerdigungen und Friedhofsbesuche stimmten Anneliese immer etwas traurig und wehmütig, weil sie ihr die Vergänglichkeit des Lebens vor Augen führten und Erinnerungen an Verstorbene weckten.

Annelieses Trauer über den Tod ihres Vaters hielt sich jedoch in Grenzen, während Fräulein Hermann sehr betrübt und niedergeschlagen war. Sie hatte Walter Grosse aufrichtig geliebt, und genauso aufrichtig war ihre Trauer um ihn.

Sie wandte sich mit einer Bitte an Anneliese:

»Fräulein Grosse, glauben Sie mir, ich habe Ihren Vater über alles geliebt. Er war die Liebe meines Lebens. Jetzt habe ich eine große Bitte an Sie: Können Sie es möglich machen, dass ich nach meinem Tode neben Ihrem Vater bestattet werde? Dann wäre ich wenigstens im Tode mit ihm vereint. Oder ist das zu viel verlangt?«

Anneliese versprach, ihr Möglichstes zu tun. Sie konnte zwar nicht in die Zukunft schauen und konnte auch nicht ahnen, welche Ereignisse das Leben für sie bereit hielt. Aber soweit es in ihrer Macht lag, wollte sie Fräulein Hermanns Wunsch erfüllen.

Die Halbschwester

Einige Wochen nach dem Tode ihres Vaters nahm eine unbekannte Frau Kontakt zu Anneliese auf. Sie hätte ihr wichtige Dinge mitzuteilen, die ihrer beider Leben betrafen, sagte sie in einem ernsten, geheimnisvollen Ton. Etwas Näheres würde sie Anneliese in einem persönlichen Gespräch sagen.

Anneliese war verblüfft, aber sie war auch neugierig und wollte gerne wissen, was hinter dem wichtigen Gehabe der fremden Frau steckte.

Die Frau schlug vor, sich zu einem Gespräch in ihrer Berliner Wohnung zu treffen. Dort würde Anneliese Einzelheiten erfahren.

Obwohl Anneliese nicht recht wusste, was sie von dieser Frau halten sollte, stimmte sie der Verabredung zu; denn sie war sehr gespannt auf das, was ihr die Frau zu sagen hatte. Zum verabredeten Zeitpunkt traf sie in der fremden Wohnung ein.

Schon beim Eintreten empfand sie die ganze Atmosphäre in der Wohnung, die Frau selbst und alles Drumherum, sehr bedrückend und eher unangenehm.

Lag es daran, dass es in der Wohnung etwas düster war, weil die Vorhänge nicht vollständig aufgezogen waren? Warum ließ die fremde Frau so wenig Tageslicht in ihre Räume? Etwas mehr Helligkeit hätte den Räumen gut getan, und es hätte für eine freundlichere Atmosphäre gesorgt, dachte Anneliese.

Aber nun war sie hier, und jetzt wollte sie auch wissen, worum es ging. Was wollte diese Frau von ihr?

Die Frau führte sie ins Wohnzimmer und bat sie, Platz zu nehmen. Anneliese ließ sich auf einem Stuhl nieder, der trotz seiner gepolsterten Sitzfläche hart und unbequem war.

Ohne große Umschweife eröffnete ihr die Frau, dass sie beide verwandt waren:

»Wir beide sind Halbschwestern, wir haben einen gemeinsamen Vater. Ich bin etwa anderthalb Jahre älter als Sie.«

Das war neu für Anneliese. Sie hatte bisher geglaubt, dass sie das einzige Kind ihres Vaters war. Sie wollte den Worten der fremden Frau nicht so ohne weiteres Glauben schenken.

»Wie kommen Sie darauf? So etwas könnte ja jeder behaupten«, entgegnete sie.

Daraufhin zählte die Frau einige Tatsachen auf, die eigentlich nur Familienangehörige wissen konnten. Anneliese schwieg verblüfft und wartete ab, was noch kommen würde.

Die Frau deutete mit einer ausladenden Geste auf einige gerahmte Fotos, die auf einer dunklen Kommode standen:

»Sehen Sie sich die Bilder an! Das sind Fotos von uns: von meinem Vater, meiner Mutter und von mir. Erkennen Sie unseren Vater, hier auf dem Foto in seiner Uniform?«

Anneliese erkannte Walter Grosse. Es war dasselbe Foto, das sie auch zu Hause hatten. Wie kam sein Foto in diese Wohnung? Was sollte sie dazu sagen? Sie nickte nur und schwieg.

Dann forderte die Frau Anneliese auf:

»Fräulein Grosse, seien Sie so nett und zeigen Sie mir doch bitte einmal Ihre Hand.«

Anneliese reichte ihre Hand hin. Die Frau hielt Annelieses Hand neben ihre eigene.

»Sehen Sie sich unsere Hände an! Unsere Finger sind genau gleich! Wir haben dieselben Finger. Das haben wir von unserem Vater geerbt!« triumphierte die Frau.

Anneliese zog ihre Hand zurück.

»Das muss gar nichts bedeuten! Finger können oft ähnlich sein«, wiegelte sie ab.

Aber dann begann die Frau zu erzählen. Am liebsten hätte Anneliese nichts von dem wissen wollen, was sie nun zu hören bekam.

»Mein Vater hat sich immer um mich und um meine Mutter gekümmert. Jeden Monat haben wir von ihm Geld bekommen, damit wir vernünftig leben konnten. Er hat für uns gesorgt. Meine Mutter musste nicht arbeiten gehen und war immer für mich da. Ich musste auch nicht arbeiten. Mein Vater hat mich sehr geliebt, er war immer freundlich und zuvorkommend zu mir. Er war ein angenehmer Gesellschafter, immer gut gelaunt. Besonders charmant war er zu Frauen und zu kleinen Mädchen. Aber zu Ihnen war er ja recht streng und abweisend.«

Die Halbschwester warf einen prüfenden Blick auf Anneliese, um zu sehen, wie ihre Worte wirkten.

Anneliese sagte nichts. Sie war einfach nur verblüfft und überrascht. Woher wusste diese Frau solche Dinge?

»Ich habe Sie immer beobachtet, all die Jahre. Aber Sie haben mich nie wahrgenommen. Ihre Mutter war ja in der guten Gesellschaft die angesehene Frau Grosse. Meine Mutter war nur eine ledige Frau mit einem unehelichen Kind, ohne Achtung in der feinen Gesellschaft. Das schmerzt.«

Die Frau schwieg und seufzte tief. Dann fuhr sie fort:

»Unser Vater hat Ihnen großzügigerweise den Aufenthalt in einem vornehmen Internat spendiert. Jahrelang. Aber als Sie danach weitere Forderungen stellten und sogar noch studieren wollten, da hat er Ihnen diese Flausen ausgetrieben. Schließlich hat er dafür gesorgt, dass Sie einen Beruf erlernten, damit Sie sich ihren Lebensunterhalt selbst verdienen konnten und ihm nicht länger auf der Tasche lagen.«

Die Frau sah Anneliese triumphierend an und nickte vor sich hin, als wollte sie ihre eigenen Worte bestätigen. Dann fuhr sie fort:

»Auch wenn Sie als Zuckerpüppchen auf der Sonnenseite des Lebens groß geworden sind: Geliebt hat unser Vater Sie nicht! Geliebt hat er nur mich!«

Anneliese war einen Moment lang sprachlos. Auf solche Neuigkeiten war sie nicht gefasst gewesen.

Es fiel ihr schwer zu glauben, dass diese Person Recht haben könnte mit der Behauptung, ihre Halbschwester zu sein. Immer hatte sich Anneliese Geschwister gewünscht, und nun sollte sie diese Halbschwester bekommen! Auf solch eine Schwester wollte sie gern verzichten.

Anneliese hatte weder freundschaftliche noch familiäre Empfindungen für die Person, die ihr gegenüber saß. Irgend etwas an der Art und Weise ihrer Halbschwester – wenn sie es denn war – empfand sie als störend und abstoßend. Es war nicht nur die äußere Erscheinung, die ihr unangenehm war, oder die vermeintliche Tatsache, dass sie ihre Halbschwester sein sollte.

Die Frau war ihr in ihrem ganzen Wesen, von ihrer ganzen Person her, unsympathisch. Wie sie mit harter Stimme redete; wie sie ihre Worte mit theatralischen Gesten unterstrich und dabei ihren Kopf zurückwarf; wie sie ihren Gast mit kalten, lauernden Augen ansah – all das erfüllte Anneliese mit Widerwillen.

Sie fühlte sich nicht wohl in der Gegenwart dieser Halbschwester.

Normalerweise war Anneliese eine warmherzige Person, die anderen Menschen bereitwillig half. Sie empfand Mitleid mit denen, die in widrige Lebensumstände geraten waren. Für sie hing der Wert eines Menschen nicht von seiner gesellschaftlichen Stellung ab.

Aber diese Halbschwester, in deren Wohnung sie hier saß, war nicht dazu angetan, ihr Mitgefühl zu wecken. Irgend etwas an ihr war Anneliese nicht geheuer, sie wusste selbst nicht genau, was es war.

Nach einer kurzen Pause hatte sie sich wieder gefasst und meinte:

»Wenn es stimmt, was Sie sagen, dann tut es mir leid, dass Sie nicht in den besseren gesellschaftlichen Kreisen aufwachsen konnten, so, wie Sie es gerne gehabt hätten. Dafür kann ich nichts. Und ich wüsste auch nicht, was ich jetzt noch für Sie tun könnte.«

Anneliese versuchte ein Schlusswort zu finden, um die Unterhaltung zu beenden:

»Irgendwann kommt für jeden von uns die Zeit, in der er sein Leben selbst in die Hand nehmen muss, um es in eigener Verantwortung zu gestalten. Man kann nicht immer die Schuld bei anderen suchen, wenn im Leben etwas nicht so läuft, wie man es gerne hätte. Ich fühle mich nicht schuldig oder verantwortlich für Ihre Lage, und ich wüsste auch nicht, was ich tun könnte, um Ihre Situation zu ändern. Aber nun will ich Sie nicht länger aufhalten.«

Mit diesen Worten beendete Anneliese die Unterredung. Sie stand auf und verabschiedete sich. Sie wollte so schnell wie möglich hinaus aus dieser düsteren Wohnung mit den großen, dunklen Möbeln und den halbverhangenen Fenstern. Die ganze Atmosphäre hatte etwas Bedrückendes an sich. Anneliese konnte sich nicht vorstellen, dass ihr Vater hier jahrelang ein- und ausgegangen war und mit dieser Person einen vertrauten, liebevollen Umgang gepflegt hatte.

Sie hatte nur noch den Wunsch, endlich an die frische Luft zu kommen, um draußen wieder frei durchzuatmen.

Sobald sie auf der Straße war, konnte sie ihre Gedanken besser ordnen. Ihr fiel auch sofort die naheliegende Frage ein, die sie ihrer Halbschwester hätte stellen sollen:

»Wenn unser Vater Sie und Ihre Mutter so geliebt hat, warum hat er Ihre Mutter dann nicht geheiratet? Warum hat er ihr den Zustand einer ledigen Mutter angetan?«

Diese Frage musste jedoch unbeantwortet bleiben, denn um nichts auf der Welt wäre Anneliese noch einmal freiwillig in die merkwürdige Wohnung zu ihrer merkwürdigen Halbschwester gegangen.

Es gibt im Leben Fragen, auf die wir keine Antwort erhalten, sagte sich Anneliese dann. Damit musste man leben. Vielleicht sollte man diesen ungelösten Fragen nicht zu viel Bedeutung beimessen und sie auf sich beruhen lassen.

Die alten Geschichten, von denen sie heute erfahren hatte, waren längst vorbei und ließen sich nicht mehr ändern. Sie gehörten der Vergangenheit an, und Anneliese wollte lieber in die Zukunft schauen und sich nicht mit Dingen belasten, die sowieso nicht mehr zu ändern waren.

In den folgenden Jahren hörte sie nichts mehr von ihrer Halbschwester. Das war Anneliese nur recht; denn ihr lag nichts daran, diese Frau noch einmal zu treffen oder mit ihr in Kontakt zu bleiben.

Dr. Meyer

Nachdem Anneliese einige Jahre in Breslau gearbeitet hatte, bewarb sie sich Anfang 1939 beim Mutterhaus des DRK in Hamburg-Harburg um eine Stelle als Krankenschwester. Sie stellte sich vor, dass sie von Hamburg aus schnell einmal ans Meer fahren konnte, denn zur Nordsee oder zur Ostsee war es von Hamburg aus nicht weit.

Außerdem fand sie den großen Hamburger Hafen interessant. Es machte ihr Spaß, die Schiffe anzuschauen und sich vorzustellen, wie sie in die weite Welt hinausfuhren oder von großer Fahrt zurückkehrten.

Annelieses Wunsch wurde stattgegeben. Schon bald wurde sie dem DRK-Mutterhaus in Hamburg-Harburg zugeteilt.

Der braune Koffer wurde hervorgeholt und gepackt. Anneliese verabschiedete sich von Freunden und Bekannten. Sie hatte sich in Breslau wohlgefühlt, aber nun freute sie sich auf ihre neue Stelle in Hamburg-Harburg.

In Hamburg blieb Anneliese nur einige Monate. Kurz nach Ausbruch des Krieges, im Herbst 1939, wurde sie von der Wehrmacht eingezogen und nach Marne an die Nordsee versetzt. Sie wurde der Marine zugewiesen.

Vielleicht war es eine glückliche Fügung gewesen, dass sie sich nach Hamburg hatte versetzen lassen; denn wenn sie in Breslau geblieben wäre, hätte man sie womöglich an die Ostfront geschickt. So war es jedenfalls einigen ihrer Breslauer Kolleginnen ergangen.

Wieder wurde der braune Koffer hervorgeholt und für den Umzug zu der neuen Dienststelle gepackt. Anneliese ließ die Verschlüsse zuschnappen und strich nachdenklich über das braune Leder.

»Du warst immer mein treuer Begleiter auf all meinen Reisen, egal, wohin es ging. Nun hast du auch schon ein paar Schrammen abbekommen«, meinte sie lächelnd.

Anneliese ging gern nach Marne. Sie freute sich darauf, nahe am Meer zu sein. Ihr Einsatz würde bald vorüber sein, davon war sie fest überzeugt. Danach würde sie schnell wieder nach Hamburg zurückkehren. Wie die meisten Menschen glaubte sie, dass der Krieg nicht lange dauern würde.

»Hoffentlich lohnt es sich überhaupt, meinen Koffer auszupacken«, scherzte sie.

Zwei ihrer Kolleginnen aus dem Hamburger Mutterhaus wurden ebenfalls nach Marne versetzt: Es waren Schwester Klara, genannt Klärchen, und Schwester Magda.

Die drei Krankenschwestern wurden dem Lazarett zugeteilt. Jede von ihnen leitete eine eigene Station.

Anneliese ging ganz in ihrer Arbeit auf. Sie liebte ihren Beruf, sie war wie immer mit Leib und Seele Krankenschwester. Sie kümmerte sich vorbildlich um ihre Patienten und versuchte ihnen die schwere Zeit im Lazarett zu erleichtern.

Die Patienten wussten Annelieses gute Pflege und ihren freundlichen, aufheiternden Umgangston zu schätzen. Schon bald wurde sie von allen »Schwester Sonnenschein« genannt.

Für die Beschaffung und Verteilung der benötigten Materialien auf den Stationen war ein Zahlmeister zuständig. In ihrem Fall war es der Zahlmeister Arndt Heinrich. Man hatte ihn von der Handelsmarine abkommandiert und zur Kriegsmarine versetzt.

So ein Zahlmeister war im allgemeinen nicht sehr beliebt, weil er den gewünschten Bestellungen oft einen Riegel vorschob und nicht alles bewilligte, was die Stationsleiterinnen für nötig hielten. Schließlich hatte er auch nur einen begrenzten Etat zur Verfügung und musste seine Ausgaben »nach oben hin« vor seinem Vorgesetzten verantworten.

Die drei Stationsleiterinnen mochten den Zahlmeister Arndt Heinrich überhaupt nicht leiden. In ihren Augen war er ein Ausbund an Kleinlichkeit und Knickerigkeit. Wie viele Bestellungen hatte er ihnen schon von ihren Listen gestrichen! Immer wieder fand er Dinge, die in seinen Augen nicht unbedingt nötig waren.

Anneliese war noch nicht lange in Marne, als sie von üblen Zahnschmerzen geplagt wurde. Sie wandte sich mit ihren Beschwerden an Dr. Meyer, den zuständigen Zahnarzt im Lazarett.

Dr. Meyer war von Plauen aus nach Marne versetzt worden. Er war Witwer, seine Frau war vor ungefähr zwei Jahren bei der Geburt der jüngsten Tochter gestorben. Er hatte vier Kinder, die in Plauen lebten, und die von seiner Mutter und einer Haushälterin betreut wurden. Er war fünfzehn Jahre älter als Anneliese.

Bisher hatten sich Anneliese und Dr. Meyer nur flüchtig gekannt, von gelegentlichen Begegnungen her. Durch die vielen Zahnbehandlungen, die bei Anneliese nötig waren, lernten sie sich nun besser kennen und kamen sich auch außerhalb der Zahnarzt-Praxis näher. Sie verliebten sich heftig ineinander.

Als die Zahnbehandlung abgeschlossen war, setzten die beiden Verliebten ihre Treffen im privaten Rahmen fort.

Es war wohl ein offenes Geheimnis, dass zwischen der Stationsleiterin Schwester Anneliese und dem Zahnarzt Dr. Meyer zarte Bande entstanden waren. Die beiden schienen bis über beide Ohren ineinander verliebt zu sein. Es war deutlich zu sehen, dass zwischen den beiden mehr bestand als nur eine Beziehung zwischen Arzt und Patientin.

Das blieb auch dem Zahlmeister Arndt Heinrich nicht verborgen. Er hatte sich ebenfalls in die hübsche Schwester Anneliese verliebt. Nun war er maßlos betrübt und fand es gar nicht lustig, wenn er sah, wie verliebt seine Angebetete den Zahnarzt anblickte.

Während seiner Zeit als Zahlmeister bei der Handelsmarine war Arndt kein Kind von Traurigkeit gewesen. Das ließ er manchmal durchblicken, wenn er in trauter Runde von vergangenen Zeiten erzählte.

Auf den langen Seereisen ging es mitunter hoch her. Manchmal öffneten allein reisende, verheiratete Damen ihre Kabinentür für Herren, die ganz offensichtlich nicht ihre Ehemänner waren, denn die waren ja an Land geblieben.

Damals waren Sekt oder Likör für Arndt Heinrich nicht einfach nur gut schmeckende Getränke gewesen. Er setzte sie ganz gezielt für seine Zwecke ein: Sekt und Likör machten sich als »Dosenöffner« nützlich, wenn es galt, die Sympathie weiblicher Passagiere zu gewinnen.

Aber diesmal hatte es Arndt richtig erwischt. Schwester Anneliese war die Frau seiner Träume. Sie wäre genau die Richtige für ihn gewesen. Nie wieder hätte er andere Frauen angesehen!

Und nun tauchte dieser ältliche Zahnklempner auf und kam ihm zuvor! Noch ehe er eine Möglichkeit gehabt hatte, bei Schwester Anneliese auch nur einen einzigen positiven Eindruck zu machen und sich von seiner netten Seite zu zeigen!

Der Arzt hatte es gut: Er erlöste seine Angebetete von ihren Schmerzen, und nun war er ihr Held, in den sie sich vor Dankbarkeit auch noch verliebte!

Dagegen hatte er, Arndt Heinrich, als Zahlmeister ganz schlechte Karten. Er musste der Stationsleiterin Schwester Anneliese immer nur ihre Bestellungen kürzen. Wie sollte er sich da von seiner sympatischen Seite zeigen und sich auch einmal beliebt machen!

Schwester Anneliese bemerkte nichts von den Qualen ihres Zahlmeisters. Sie fand ihn einfach nur schrecklich und beachtete ihn nicht weiter.

Währenddessen nahm die Beziehung zwischen dem Zahnarzt Dr. Hermann Meyer und Schwester Anneliese ernste Formen an. Man verlobte sich und wollte schnellstens heiraten.

Zuvor fuhren die Verlobten gemeinsam in den Urlaub nach Plauen. Dr. Meyer wollte seiner Familie seine zukünftige Frau vorstellen, und Anneliese sollte seine Familie kennenlernen. Als seine Frau würde sie dann nach Plauen ziehen, um dort zu wohnen.

Anneliese wusste, dass die vierköpfige Kinderschar ihres Verlobten sie in Plauen empfangen würde. Voll froher Erwartungen und mit vielen guten Vorsätzen traf sie ein. Sie mochte Kinder gern und wollte auch selbst einige bekommen.

Aber was sie dann sah, überraschte sie. Ja, sie war sogar entsetzt darüber, wie verwöhnt und anspruchsvoll die Kinder waren und welche merkwürdigen Angewohnheiten vor allem bei dem jüngsten Kind geduldet wurden.

So ließ sich die Kleine beim Essen nur mit allen möglichen Tricks füttern. Auf normalem Wege, wenn sie wie alle anderen am Tisch essen sollte, verweigerte sie jegliche Nahrungsaufnahme. Sie aß nur, wenn man sie durch ein herzförmiges Loch hindurch fütterte, das in die Lehne eines Holzstuhls geschnitzt war.

Das war aber nur eine der Angewohnheiten, die Anneliese mehr als seltsam fand.

Vielleicht ließ man die Kinder gewähren und mochte ihnen nicht widersprechen, um sie über den Verlust ihrer Mutter hinweg zu trösten, dachte sie.

Ob sie wohl schon lange so ein Benehmen an den Tag legten? Und vor allem: Wie lange wollte man das noch dulden?

Trotz all der ausgefallenen Eigenarten war Anneliese bereit, für die Kinder zu sorgen und ihnen die verlorene Mutter zu ersetzen. Mit der Zeit würde sie die Kinder zu einem normalen Verhalten zurückführen, das hatte sie sich vorgenommen. Mit einer liebevollen, aber konsequenten Erziehung würde das schon klappen.

Diese Überlegungen gingen ihr durch den Kopf. Es kann gut sein, dass sie ihre Gedanken auch ihrem Verlobten und seiner Mutter mitgeteilt hat. Denn sie war keine Frau, die ihre Meinung still und heimlich für sich behielt. Sie sagte, was sie dachte, und sie stand zu ihren Überzeugungen.

Der Aufenthalt in Plauen brachte eine Wende in der Beziehung der Verlobten mit sich.

Zurück in Marne, äußerte Dr. Meyer plötzlich große Bedenken, ob er Anneliese, wenn sie denn seine Frau geworden wäre, allein mit den vier Kindern in Plauen zurücklassen könnte. Anscheinend war er der Meinung, dass er ihr diese Verantwortung nicht aufbürden konnte. Denn falls ihm im Krieg etwas zustoßen sollte, säße sie mit den vier Kindern allein da, womöglich auch noch mit einem fünften gemeinsamen Kind.

Mit diesen Argumenten löste er sehr behutsam die Verlobung auf.

Man wundert sich darüber, dass ihm solche rücksichtsvollen Bedenken ausgerechnet nach dem gemeinsamen Besuch in Plauen kamen. Denn diese Tatsachen waren ihm doch schon vorher bekannt gewesen.

Warum kamen ihm erst jetzt so schwerwiegende Bedenken?

Es sei dahingestellt, ob die genannten Gründe für ihn tatsächlich ausschlaggebend gewesen waren. Auffallend war, wie gesagt, dass er solche Zweifel erst nach dem Besuch in Plauen äußerte, bei dem seine Mutter ihre zukünftige Schwiegertochter kennen gelernt hatte. Und bei dem Anneliese einen Einblick in die häuslichen Zustände bekommen hatte und gesehen hatte, wie es in der Familie ihres Verloben zuging.

Ihre Schwiegermutter in spe regierte in der Familie nach eigenem Gutdünken. Was sie für richtig hielt, wurde gemacht. Da ließ sie keine zweite Meinung zu, das musste Anneliese ein paarmal erfahren. Besonders im Hinblick auf die Erziehung der Kinder hätte Anneliese einige Änderungen im Sinn gehabt.

Vielleicht hatte Anneliese ihre Meinung darüber mit Worten oder Gesten zum Ausdruck gebracht?

Vielleicht hatte sie Änderungen und Gegenmaßnahmen angekündigt, wenn sie dort einziehen würde?

Vielleicht war sie damit bei ihrer Schwiegermutter in spe nicht auf Gegenliebe gestoßen.

Es könnte so gewesen sein.

Vielleicht war Frau Meyer senior nicht davon angetan, eine tatkräftige Schwiegertochter ins Haus zu bekommen, bei der Ordnung und Hygiene einen hohen Stellenwert hatten.

Die neue Frau ihres Sohnes würde das Zepter in die Hand nehmen und sich nicht in die Erziehung der Kinder hineinreden lassen, auch wenn sie vom Kochen und von den Dingen, die die Haushaltsführung betrafen, offensichtlich wenig Ahnung hatte.

Wie wollte so eine Frau die täglichen Anforderungen in einem großen Haushalt bewältigen?

In jedem Fall sah Frau Meyer senior ihren Einfluss auf Sohn und Enkelkinder schwinden. Wo blieb da ihr Platz als Mutter und Großmutter?

Die genauen Gründe für die Auflösung der Verlobung lassen sich nicht mehr mit Sicherheit benennen, man kann nur einiges vermuten.

Die Entlobung ging aber ganz eindeutig nur von Dr. Meyer aus, sie überraschte und betrübte seine Verlobte sehr.

Es kann sein, dass Anneliese versucht hat, Dr. Meyers Argumente zu entkräften und ihn von seinem Vorhaben abzubringen. Aber er blieb bei seinem Entschluss:

Die Verlobung sollte aufgelöst werden.

Anneliese akzeptierte schließlich seine Entscheidung. Damit lösten sich auch die Pläne für eine baldige Heirat und eine gemeinsame Zukunft in Luft auf.

Die beiden Ex-Verlobten vereinbarten aber, auch weiterhin freundschaftlich verbunden zu bleiben und Kontakt zueinander zu halten.

Der Krieg war leider doch nicht so schnell beendet, wie die meisten Menschen anfangs geglaubt hatten. Bald zeigte es sich, dass ein schnelles Ende vorläufig nicht abzusehen war.

So blieb Anneliese bis auf weiteres in Marne, eine Rückkehr nach Hamburg war vorerst nicht in Sicht.

Marne. Schwestern und Krankenhaus-Personal; Dr. Meyer hinter Anneliese

Arndt Heinrich als junger Tennisspieler

Zweiter Teil

Die Zeit in Frankreich

Cherbourg

In der Mitte des Jahres 1941 wurde Anneliese nach Cherbourg versetzt, gemeinsam mit den Stationsleiterinnen Magda und Klärchen. Das bedeutete auch die räumliche Trennung von Dr. Meyer; denn er wurde nicht mit ihnen versetzt und blieb in Deutschland.

Über diese Versetzung war Anneliese nicht sehr glücklich. Sie wäre gern in Marne geblieben. In Friedenszeiten hätte sie einen Aufenthalt in Frankreich durchaus begrüßt, schon wegen der Möglichkeit, wieder die geliebte französische Sprache zu hören und zu sprechen. Aber nun führte Deutschland Krieg gegen Frankreich, und sie würde in ein Feindesland geschickt werden. Sie sah ihrer Versetzung mit gemischten Gefühlen entgegen.

Den beiden Schwestern Magda und Klärchen erging es ähnlich, auch sie wären lieber in Marne geblieben. Aber gegen die Versetzung nach Frankreich konnten die drei Krankenschwestern nichts machen, sie mussten sich dem Befehl fügen.

Der braune Koffer wurde hervorgeholt, und schweren Herzens packte Anneliese ihre Sachen hinein, für ihren ersten Aufenthalt im Ausland. Es war nicht abzusehen, wie lange ihr Einsatz in Frankreich dauern würde.

Sie hatte gerade noch die Zeit, sich von Dr. Meyer zu verabschieden, und dann ging es ab nach Frankreich. Es war ein gewisser Trost, dass Klärchen und Magda ebenfalls in Cherbourg eingesetzt wurden.

»Rate mal, wer gestern Abend hier eingetrudelt ist!« wurde Anneliese eines Morgens von Schwester Klärchen empfangen.

»Unser Lieblings-Zahlmeister Arndt Heinrich ist jetzt ebenfalls hier.«

»Ach, herrje, reist er uns etwa hinterher? Verfolgt er uns bis nach Frankreich, weil er bei uns so schön die Bestellungen streichen kann?« spottete Anneliese.

Die jungen Krankenschwestern waren nicht sehr begeistert von diesem speziellen Neuzugang.

Im Lazarett in Cherbourg leitete Anneliese wieder ihre eigene Station. Aber die Bedingungen für eine bestmögliche Versorgung der Kranken und Verletzten waren oft nicht so gut, wie sie es sich gewünscht hätte. Das hatte in Marne besser funktioniert, trotz der Einschränkungen, die ihnen der Zahlmeister auferlegt hatte.

Hier ließ vieles zu wünschen übrig. So war beispielsweise die Ausstattung mit Hilfspersonal sehr knapp bemessen. Die wenigen Sanitäter, die Anneliese zur Seite standen, waren noch blutjung, oft gerade erst siebzehn Jahre alt. Einer von ihnen war Hans Naumann, genannt Hänschen, seine Mütze saß immer schief auf seinem Kopf. Genau wie die anderen jungen Burschen hatte er vor dem Kriegseinsatz noch nie etwas mit Krankenpflege zu tun gehabt. Mit diesen »Jungs« musste Anneliese oft schwerverletzte Soldaten versorgen.

Im Gegensatz zu den meist unerfahrenen, jungen Sanitätern konnte Anneliese immerhin schon auf einige Berufsjahre als Krankenschwester zurückblicken. Sie war es gewohnt, Anordnungen zu erteilen und Entscheidungen zu treffen. Aber ohne die Mitarbeit der französichen Zivilisten wäre die Arbeit im Lazarett nicht zu schaffen gewesen.

Die jungen Sanitäter behandelte Anneliese recht streng, sie ließ ihnen keine Nachlässigkeiten im Dienst durchgehen. Sie achtete genau auf die Einhaltung der Vorschriften, ihr besonderes Augenmerk galt der Einhaltung der hygienischen Vorschriften.

Dennoch mochten die jungen Männer Schwester Anneliese gern, sie respektierten ihre Arbeit und ihr Wissen. Denn wenn es bei der Versorgung der Kranken einmal eine Verschnaufpause gab, ging Anneliese sehr freundlich und herzlich mit ihnen um. Das wussten die Sanitäter und auch die Patienten zu schätzen.

Schwester Anneliese strahlte stets Fröhlichkeit und gute Laune aus. Man merkte, dass sie ihren Beruf gern ausübte, auch wenn der Umgang mit den Schwerverletzten manchmal sehr belastend war. Aber sie konnte kranken Menschen helfen, so wie sie es immer gewollt hatte. Das verschaffte ihr eine große, innere Zufriedenheit.

Die Patienten mochten sie, sie freuten sich, wenn sie von Schwester Anneliese betreut wurden. Für jeden hatte sie ein Lächeln und ein aufmunterndes Wort übrig. Schnell wurde sie auch hier von allen nur noch »Schwester Sonnenschein« genannt, wie schon zuvor in Marne.

Es war eine arbeitsreiche, anstrengende Zeit. Wenn frisch verletzte Soldaten eingeliefert wurden, nahm Schwester Anneliese sie in Empfang. Das gehörte zu ihren Aufgaben als Stationsleiterin. Je nach der Schwere der Verletzungen musste sie dann entscheiden, wie die Erstversorgung zu geschehen hatte, und in welchen Bereich die Verwundeten gebracht werden sollten.

Anneliese war sich bewusst, welche Verantwortung sie trug. Sie hielt sich oft im Eingangsbereich auf, besonders wenn Transporte mit Verletzten erwartet wurden. Auch wenn ihr jeder Verwundete leid tat, so gewöhnte sie sich doch an, einen sachlichen Blick auf die Verletzungen zu werfen. Manche Wunden waren schrecklich anzusehen.

Anneliese ließ sich ihr Mitleid nicht anmerken, es hätte in diesen Situationen niemandem genützt. Hier waren schnelle, fachlich richtige Entscheidungen gefragt. Später, bei der Pflege ihrer Patienten, würde sie ihnen durch ihre freundliche Zuwendung die Lage erleichtern.

Sie hatte schon viele Verletzte gesehen, hatte in blasse, schmerzverzerrte Gesichter geblickt. Sie sah die Erleichterung in den Augen, wenn die Soldaten wussten, dass sie im Lazarett waren, wo ihnen geholfen werden konnte.

Die Schicksale der verletzten Soldaten ließen Anneliese nicht unberührt. Eine Situation gab es, die sie tief erschütterte, und an die sie sich noch nach Jahrzehnten erinnerte.

Bei den Kriegshandlungen hatte es wieder Verwundete gegeben, sie wurden im Lazarett erwartet. Schwester Anneliese und ihre Helfer bereiteten sich darauf vor, frisch Verwundete zu versorgen.

Die Tür zum Eingangsbereich wurde von zwei Sanitätern geöffnet, sie schoben einen Verletzten hinein.

Schwester Anneliese erschrak, als sie den verletzten Soldaten ansah: Sein Gesicht war aschfahl, so eine bleiche, graue Haut hatte sie noch nie gesehen. Als ob kein Tropfen Blut mehr in den Adern des Mannes floss. Sie hatte schon viele Verletzte und Kranke gesehen, aber keiner sah so bleich aus wie dieser Soldat.

Aber Annelieses Erschrecken wechselte augenblicklich in helle Empörung, denn der Verletzte saß aufrecht, den Rücken an einen der Sanitäter gelehnt, und rauchte!

»Das ist ja wohl die Höhe! Hier herrscht striktes Rauchverbot! Das sollten Sie auch wissen, meine Herren!« maßregelte Anneliese die Sanitäter und den verletzten Soldaten in scharfem Ton.

Die Sanitäter blickten sie einen kurzen Augenblick lang ruhig und ernst an. Dann antwortete der ältere der beiden:

»Es ist seine letzte Zigarette, Schwester Anneliese. Sein letzter Wunsch. Sehen Sie sich das hier an.«

Der Sanitäter hob das blutige Laken hoch. Unter dem Laken sah man nur Blut. Keine Beine. Nach dem Unterleib war nichts mehr vorhanden.

Auf so einen Anblick war Anneliese nicht gefasst gewesen. Sie schluckte. Es verschlug ihr für einen Augenblick die Sprache.

Aber sie fasste sich schnell wieder. Sie wollte etwas Tröstendes zu dem Verletzten sagen und wandte sich zu ihm.

Da fiel dem Soldaten der Zigarettenstummel aus der Hand. Sein Blick verlor sich, sein Kopf sank vornüber, er war tot. Die Sanitäter sprangen rasch hinzu und hielten den Oberkörper fest. Sie brachten den toten Soldaten aus dem Eingangsbereich.

Anneliese war jedes Mal erschüttert und tief betroffen, wenn jemand auf ihrer Station starb, besonders wenn sie es so hautnah erlebte, wie bei dem rauchenden Soldaten. Die Männer taten ihr leid, und sie dachte an den Kummer der Angehörigen, wenn diese von dem traurigen Schicksal ihrer Söhne, Väter, Ehemänner oder Brüder erfuhren. Jedes Soldatenschicksal hatte ja Auswirkungen auf die Familien, auf Frauen, Eltern, Kinder und Geschwister.

Hin und wieder kam es vor, dass die deutschen Wehrmachtsangehörigen Kontakte zu einheimischen Franzosen hatten. Anneliese mochte das sehr gern, es war für sie eine gute Gelegenheit, Französisch zu sprechen und ihre Sprachkenntnisse anzuwenden. Sie liebte die französische Sprache. Besonders angetan hatten es ihr die Französinnen. Sie unterhielt sich gern mit ihnen auf Französisch, diese Gespräche machten ihr immer besondere Freude.

Empört war sie aber über das Verhalten von deutschen Soldaten, wenn diese heftig mit einigen Französinnen anbandelten, obwohl sie Frauen und Kinder in der Heimat hatten. Anneliese empfand Mitleid mit den betrogenen Ehefrauen.

Sie bedauerte aber auch die Französinnen, die sich mit deutschen Soldaten anfreundeten, denn sie wurden von ihren französischen Mitbürgern verachtet und mussten oft unter schweren Repressalien leiden.

Die Versorgung mit Lebensmitteln klappte noch sehr gut, und auch die notwendigen Mittel für ihre Station erhielt Anneliese ohne allzu große Probleme. Die Listen mit den Bestellungen wurden oft ohne Streichungen akzeptiert. Ihr Zahlmeister konnte hier offensichtlich etwas großzügiger sein, als er es in Marne gewesen war. Daher fand ihn Anneliese jetzt nicht mehr ganz so unsympathisch.

Zu Weihnachten zeigte sich Arndt Heinrich von seiner spendablen Seite. Er hatte Geschenke für alle:

Großzügig verteilte er Getränke, Obst, Naschereien und vieles mehr. Er bedachte nicht nur das deutsche Personal im Lazarett, sondern er beschenkte auch Patienten und die zur Mitarbeit verpflichteten Französinnen.

Damit rückte er bei Schwester Anneliese in ein besseres Licht. Sein Verhalten gefiel ihr schon ganz gut, daran gab es in der jetzigen Situation gar nichts auszusetzen. So schrecklich wie früher fand sie ihren Zahlmeister nun nicht mehr. Schwester Klärchen und Schwester Magda sahen es genauso.

Arndt Heinrich war immer noch in Schwester Anneliese verliebt, sogar noch mehr als früher. Aber immer noch ahnte diese nichts vom Seelenzustand ihres Zahlmeisters. Sie begann nur, auch ein paar positive Seiten an ihm zu entdecken.

Dann hieß es eines Tages wieder:
»Koffer packen!«
Von Cherbourg aus wurde Anneliese zunächst nach Bordeaux versetzt, jedoch nicht allein: Arndt Heinrich erschien auch wieder in Bordeaux, prompt gefolgt von Klärchen und Magda.

La Rochelle

Nachdem sie einige Monate in Bordeaux gearbeitet hatte, versetzte man Anneliese nach La Rochelle. Diesmal folgte ihr ihre Arbeitsgruppe in umgekehrter Reihenfolge: zuerst erschienen Magda und Klärchen, dann erst traf der Zahlmeister Arndt Heinrich ein.

Bei den Abkommandierungen an die jeweiligen Standorte traf man immer wieder auf Leute, die man schon von den vorigen Standorten her kannte. Man freute sich, wenn man ein bekanntes Gesicht wiedersah. So herrschte im Lazarett trotz der anstrengenden Arbeit eine vertraute Atmosphäre und eine gute Kameradschaft, auch mit den Ärzten.

Eines Tages brach Anneliese bei der schweren Arbeit zusammen. Sie hatte ihre Kräfte überschätzt und hatte sich zu viel zugemutet. Obwohl sie es gewohnt war, mit anzufassen, wenn es galt, Schwerverletzte zu transportieren, war sie mit dieser Arbeit oft körperlich überfordert.

Die Sanitäter waren im Einsatz, und Anneliese musste einige Schwerverletzte allein versorgen. Sie mussten hoch gehoben und umgebettet werden. An diesem Tag stand ihr keiner der Sanitäter zur Seite, um zu helfen. Sie musste zusehen, wie sie mit den verletzten Soldaten allein zurecht kam.

Ein paarmal ging alles gut. Aber sie war nur eine schlanke, zarte Person und keine kraftstrotzende Walküre. Als sie wieder versuchte, einen großen, schweren Soldaten ohne Hilfe hochzuheben, durchfuhr sie stechende Schmerzen. Sie konnte sich nicht mehr auf den Beinen halten und brach neben dem Verwundeten zusammen.

Sie hatte sich offensichtlich einen Bandscheibenvorfall zugezogen, und ihre linke Hüfte sprang aus der Hüftpfanne.

Damals wusste sie noch nicht, dass diese Verletzungen nicht ohne Folgen für ihr ganzes späteres Leben sein sollten. Sie verheilten nie vollständig. Es gab Zeiten, in denen sie sich gesund und geheilt fühlte. Aber es gab auch immer wieder Situationen, in denen der Schmerz zurückkehrte, besonders als sie älter wurde.

In späteren Jahren, nach dem Krieg, wurde ihr eine Berufsunfähigkeits-Rente zuerkannt, aufgrund der alten Krankenunterlagen. Aber das lag damals noch in ferner Zukunft.

Nun musste Schwester Anneliese selbst verarztet und versorgt werden. Zu den Besuchern, die an ihr Krankenbett kamen, gehörte auch Arndt Heinrich. Diesmal war er es, der ihr Mut zusprach und sie mit seiner guten Laune und seiner Fröhlichkeit aufheiterte. Immer wieder schaute er bei Schwester Anneliese vorbei und erkundigte sich nach ihrem Befinden und ob sie auch gut versorgt war. Dabei hatte er stets die eine oder die andere Kleinigkeit aus seinem »Depot« für sie in der Tasche.

Diese liebevolle Fürsorge rechnete ihm Anneliese hoch an. Wenn sie ihn so von seiner menschlichen Seite sah, fand sie ihn schon richtig sympathisch, und ihre Ablehnung gegen ihn schmolz immer mehr dahin.

Nachdem Anneliese aus der Krankenabteilung entlassen worden war, kamen sich die beiden auch privat etwas näher. In der knapp bemessenen Freizeit trafen sie sich mit Angehörigen der Wehrmacht, spielten miteinander Karten oder vertrieben sich die Zeit mit anderen Gesellschaftsspielen.

Aber richtig gefunkt hatte es bei Anneliese erst nach einen Unfall beim Radfahren, der böse hätte enden können.

Anneliese hatte sich ein Fahrrad ausgeliehen und wollte es unbedingt ausprobieren. Noch in Schwesterntracht setzte sie sich auf das Rad und fuhr los, je flotter, desto besser!

Sie flitzte einen ziemlich steilen Abhang hinunter und wurde immer schneller. Sie wusste nicht, dass das Rad keine Rücktrittbremse hatte, und konnte nicht wie gewohnt bremsen.

Arndt, der oben am Abhang stand, erkannte das drohende Unheil. Er schnappte sich sofort das nächstbeste Fahrrad und jagte hinterher. Er schrie Anneliese zu, sie sollte versuchen, ganz vorsichtig die vordere Bremse am Lenkrad zu benutzen, um ihr Tempo zu drosseln. Sie sollte ganz vorsichtig abbremsen, um sich nicht zu überschlagen.

Aber das Bremsmanöver misslang, und Anneliese stürzte. Arndt war schnell bei ihr und kümmerte sich um sie. Er half ihr auf die Beine und war sehr besorgt um sie.

So etwas kannte Anneliese gar nicht mehr, dass sich jemand so rührend um sie sorgte und sich Gedanken um sie machte. Arndts tatkräftige Hilfe nahm sie dankbar an, sie tat ihr besonders gut.

Es war wohl der glimpflich ausgegangene Unfall, der die beiden dann endgültig zusammenführte. Denn auf die gemeinsame Zeit in La Rochelle blickten sie in späteren Zeiten immer gerne zurück.

Verglichen mit der Lage anderer Kriegsteilnehmer, ging es Arndt damals recht gut. Als Zahlmeister war er nicht in die direkten Kriegshandlungen verwickelt und hatte immer einen sicheren Abstand zur Front. Er wusste seine Situation zu schätzen, und er war seinem Schöpfer und seinen Vorgesetzten dafür sehr dankbar. Sein guter Stern ließ ihn nicht in Stich.

In La Rochelle hatte man ihm eine kleine Fachwerkvilla als Unterkunft zugewiesen. Sie befand sich etwa zwei Kilometer vom Lazarett entfernt. Zur Villa gehörte ein Garten mit einem kleinen Teich, in dem ein Entenpärchen lebte. Arndt hatte die beiden Enten »Arndt und Anneliese« getauft. Sie waren zahm und kamen zu ihm, wenn er sie füttern wollte.

Ihm leistete auch noch ein großer, schwarzer Hund Gesellschaft. Der kräftige Rüde war ihm zugelaufen. Er betrachtete Arndt von Anfang an als seinen Herrn und war ihm sehr zugetan. Er passte gut auf sein Herrchen auf und auch auf das Haus. Arndt gab ihm den Namen Moritz.

Wenn Arndt zum Lazarett ging, durfte Moritz nicht mit und musste zu

Hause bleiben. Er schien aber zu ahnen, wann sich sein Herrchen auf den Heimweg machte, denn er kam ihm immer auf halber Strecke entgegen. Den letzten Kilometer legten Hund und Herrchen gemeinsam zurück.

Seit dem Fahrradunfall waren sich Arndt und Anneliese immer näher gekommen. Annelieses Vorbehalte gegen ihren Zahlmeister hatten sich verflüchtigt und ins Gegenteil verkehrt: Sie hatte sich in Arndt Heinrich verliebt! Er war charmant und fröhlich und hatte nichts mehr von dem strengen, knickerigen Zahlmeister an sich, den sie in Marne kennengelernt hatte.

Arndt war natürlich überglücklich darüber, dass seine angebetete Schwester Anneliese nun endlich auch Augen für ihn hatte. Die beiden mussten ihre Liebe zueinander aber geheim halten. Niemand durfte etwas davon merken, denn Liebesbeziehungen und Techtelmechtel zwischen den Angehörigen der Wehrmacht wurden nicht geduldet. Man hätte die beiden sofort getrennt und an unterschiedliche Standorte versetzt. Also trafen sie sich heimlich, meistens in Arndts kleiner Villa. Dort waren sie ungestört und sehr glücklich miteinander.

Das Leben in der kleinen Villa war eigentlich ganz gemütlich und idyllisch, wenn nur der Krieg nicht gewesen wäre.

Am 13.6.43 verlobten sie sich heimlich. Im Radio spielte dazu das Lied »Dort hoch auf dem Berg«. Wenn Anneliese dieses Lied hörte, war sie immer wieder aufs neue darüber entzückt.

Moritz machte es wie sein Herrchen und schloss Anneliese ebenfalls in sein Herz, obwohl er sonst vor Uniformen und weißen Kitteln eine deutliche Abneigung zeigte.

Eines Tages verriet Moritz allerdings die beiden. Und das kam so:

Schwester Magda, mit der Anneliese befreundet war, brauchte dringend etwas aus dem Magazin. Da nur der Zahlmeister den Schlüssel dazu hatte, machte sich Magda auf den Weg zur Villa.

Moritz sah von weitem eine Schwester in Tracht angelaufen kommen. Er glaubte, es wäre Anneliese und rannte ihr freudig entgegen. Zu spät bemerkte er seinen Irrtum. Magda fand das Verhalten ganz ungewöhnlich, da Moritz sonst kein Krankenhauspersonal akzeptierte. Auf weiße Kittel und Schwesterntrachten reagierte er normalerweise sehr abweisend.

Nun war Magda einiges klar. Sie hatte ja schon manchmal so eine leichte Ahnung gehabt, dass zwischen Anneliese und Arndt etwas laufen könnte. Obwohl sie auch an Arndt nicht uninteressiert gewesen wäre, gönnte sie es Anneliese doch von Herzen, dass Arndt und sie sich gefunden hatten. Sie verriet die beiden nicht, sondern half ihnen bei den heimlichen Verabredungen.

Im Herbst beantragten Arndt und Anneliese eine Heiratserlaubnis. Sie wussten, dass man sie nach der Hochzeit sofort trennen würde. Aber das nahmen sie in Kauf, denn sie wollten ihre Zusammengehörigkeit mit der Heirat auch offiziell festigen.

Anneliese vor der kleinen Villa in La Rochelle

Heirat

Nachdem sie die Heiratserlaubnis erhalten hatten, machten sich Arndt und Anneliese auf den Weg nach Hamburg, denn dort sollte die standesamtliche Trauung stattfinden.

Arndt half Anneliese dabei, das Gepäck zu tragen. Ihr ging es nicht gut, sie fühlte sich krank.

»Deinem braunen Koffer sieht man an, dass er schon viele Einsätze hinter sich hat. Er sieht auch schon ein bisschen krank aus, genau wie du. Vielleicht sollte ich dir einmal einen neuen Koffer spendieren«, versuchte Arndt seine Anneliese aufzuheitern.

»Ach lass mich ruhig noch den alten Koffer behalten, irgendwie hänge ich an ihm«, erwiderte Anneliese. »Du kannst uns ja gern einen neuen Koffer spendieren, aber den alten gebe ich noch nicht her.«

Die Zugfahrt dauerte lange und war sehr anstrengend, besonders für Anneliese. Als sie in Hamburg angekommen waren, verbesserte sich glücklicherweise ihr Befinden.

Ihr Hochzeitstermin war der 28.1.1944.

Arndt war glücklich und in bester Stimmung:

Seiner Anneliese ging es wieder besser. Alles hatte geklappt, die Formalitäten waren erledigt, so dass er seine Traumfrau heiraten konnte. Und er hatte einige Wochen Urlaub bekommen.

Er war in so einer guten Laune, dass er sich auf dem Standesamt einen kleinen Scherz erlaubte:

Er schob seiner Braut den Stuhl zurecht, legte seine Hand auf die Sitzfläche und streckte seinen Daumen in die Höhe.

Die ahnungslose Anneliese wollte sich setzen, sie sprang aber mit einem lauten Juchzer in die Höhe, als sie einen spitzen Gegenstand verspürte.

Danach war die Stimmung der Hochzeitsgesellschaft besonders ausgelassen und fröhlich.

Die beiden Trauzeugen kamen von Arndts Seite: Es waren sein Onkel Willy und sein bester Freund Rolf Roderich.

Der Standesbeamte zeigte sich beeindruckt von der Hochzeitsgesellschaft: so eine vergnügte Gruppe hatte er bisher noch nicht erlebt.

Für die Hochzeitsnacht hatte Arndt ein Zimmer im Nobel-Hotel Atlantic gebucht. Es kostete zwar ein Vermögen, aber das war es ihm wert. Leider haben die Brautleute das komfortable Zimmer kaum genießen können, denn es gab einen Alarm nach dem anderen. Sie mussten fast die ganze Nacht im Luftschutzkeller verbringen. Das war zwar eine bedrückende Situation, aber die beiden waren überaus glücklich darüber, dass sie nun ganz offiziell zusammen gehörten und keine Geheimnistuerei mehr aus ihrer Liebe machen mussten.

Am nächsten Tag reisten sie ab nach Liegnitz zu Arndts Verwandten. Seine Hamburger Familie war im Jahre 1943 bei dem schrecklichen Luftangriff ausgebombt worden. Alles war dabei in den Flammen verbrannt und zerstört worden; das Wohnhaus lag in Schutt und Asche. Die Bewohner hatten die Katastrophe im Luftschutzkeller überlebt. Aber ihnen blieb nur das übrig, was sie auf dem Leibe trugen.

Nachdem sie ihre Wohnung und alles, was darin war, verloren hatte, war Arndts Mutter zu den Geschwistern ihres verstorbenen Mannes nach Liegnitz gezogen, weil Schlesien als besonders sicher galt. Hier waren keine Bombenangriffe zu erwarten, und die Fronten waren damals noch weit entfernt.

Arndts Vater hatte den verheerenden Luftangriff nicht mehr erlebt, er war schon vorher gestorben.

Die Liegnitzer Verwandten empfingen das junge Paar überaus herzlich. Sie waren alle sehr angetan von der fröhlichen und hübschen Anneliese und gratulierten Arndt zu seiner guten Wahl. Anneliese fühlte sich von Anfang an sehr wohl bei Arndts Verwandten. Nun hatte sie endlich wieder eine Familie, zu der sie gehörte.

In Liegnitz fand die kirchliche Trauung statt. Arndt hatte einen Onkel, der Pastor war, und der gerne bereit war, die beiden zu trauen. Die Brautleute sollen dabei wieder sehr glücklich und vergnügt gewesen sein.

Diesmal klappte es mit der Hochzeitsnacht besser als in Hamburg. Zu den Liegnitzer Verwandten gehörte auch ein Onkel Willy. Der Name

Willy – ob mit y oder mit i – kam damals in den Familien recht häufig vor. Der nette Liegnitzer Onkel Willy stellte dem jungen Paar seine Wohnung zur Verfügung. Diesmal konnten die beiden ungestört zusammen sein, nun sogar mit dem kirchlichen Segen versehen.

Nachdem die Hochzeitsfeier im Familienkreise vorüber war, verabschiedeten sich Arndt und Anneliese, um auf Hochzeitsreise zu gehen. Die kriegerischen Ereignisse hielten sie nicht davon ab, drei Wochen lang durch Deutschland zu reisen.

Arndt und Anneliese Heinrich als Ehepaar

Liegnitz

Nachdem Arndt und Anneliese ihre Hochzeitsreise beendet hatten, mussten sie sich trennen. Es gab bei der Wehrmacht die Bestimmung, dass Eheleute nicht an demselben Ort eingesetzt werden durften.

Anneliese war schwanger. Bis zum Beginn ihres Mutterschaftsurlaubs wurde sie nach Bordeaux abkommandiert, um im Marine-Lazarett ihren Dienst zu leisten. Arndt musste wieder zurück nach La Rochelle. Aber so ganz allein, ohne Anneliese, fühlte er sich dort in seiner kleinen Villa nicht mehr so wohl wie früher. Die beiden Eheleute besuchten sich mehrere Male.

Im Mai des Jahres 1944 bekam Anneliese ihren Mutterschaftsurlaub und reiste nach Liegnitz. Sie wurde aus der Wehrmacht entlassen, da sie schwanger war. Sie wurde wieder ihrem DRK-Mutterhaus in Hamburg zugeteilt, musste aber nicht arbeiten, da sie ein Kind erwartete und so lange vorher im Einsatz gewesen war.

Anneliese blieb in Liegnitz. Dort teilte sie sich mit ihrer Schwiegermutter ein Zimmer in der Wohnung des Liegnitzer Onkel Willy.

Arndt wurde für einige Zeit auf die jugoslawische Insel Hlvar versetzt. Nachdem sein Einsatz dort beendet war, hatte er einige Tage Urlaub bekommen, die er bei seiner Frau in Liegnitz verbrachte. Für kurze Zeit kam er noch einmal wieder zurück nach La Rochelle.

Zum 1.11.44 wurde er als Zahlmeister von La Rochelle abberufen und an die Werft der Kriegsmarine in Wilhelmshaven versetzt.

Am 15.12.44 wurde er dort Oberbuchhalter und leitete vertretungsweise das Werft-Krankenhaus.

Anfangs war Arndt gar nicht froh über sein neues Einsatzgebiet. Er arbeitete sich aber schnell ein und fand Gefallen an seinen Aufgaben.

Obwohl die jungen Eheleute getrennt waren, so wussten sie doch, dass sie großes Glück hatten, weil sie sich nicht mehr in Frontnähe befanden. In seiner Stellung als Zahlmeister und Leiter des Krankenhauses musste Arndt nicht an kriegerischen Einsätzen teilnehmen und als Soldat an der

Front kämpfen. Außerdem war es ihm möglich, seine Familie hin und wieder bei Versorgungs-Engpässen zu unterstützen.

Anneliese war sehr glücklich in Liegnitz, sie genoss den Umgang mit den freundlichen Verwandten und freute sich auf ihr erstes Kind. Als am 19.9.1944 Hanns-Jörn zur Welt kam, war das Glück perfekt. Dass ihr erstes Kind ein Sohn geworden war, erfüllte die jungen Eltern mit großem Stolz. Die Liegnitzer Verwandtschaft war auch ganz entzückt von dem Baby.

Hanns-Jörn bekam seinen Namen in Erinnerung an Annelieses Cousin Hanns-Henning, der so jung auf tragische Weise ums Leben gekommen war.

Nun hatte Anneliese eine eigene kleine Familie und ein eigenes Zuhause. Es war für sie wie ein Wunder. Sie lebte mit dem Baby und mit ihrer Schwiegermutter zusammen in dem einen Zimmer. Das war zwar etwas beengt, aber es ließ sich im Augenblick nicht ändern. Wenn der Krieg vorüber war, würden wieder bessere Zeiten kommen mit geräumigen Wohnungen, glaubte sie. Jetzt musste man über das froh sein, was man hatte.

Anneliese kümmerte sich um ihren Sohn, während ihre Schwiegermutter die Hausarbeiten verrichtete, die in dem Zimmer anfielen. Sie ließ ihre Schwiegertochter möglichst nichts im Haushalt machen. Das störte Anneliese nicht. Sie ließ ihre Schwiegermutter gewähren und redete ihr nicht in ihre Vorhaben hinein.

Anneliese hatte sowieso wenig Ahnung von den Arbeiten, die in einem Haushalt zu tun waren, und sie drängte sich nicht danach. Dadurch, dass sie ja schon früh in einem Internat gelebt hatte, und später dann in den Krankenhäusern, war sie in jungen Jahren kaum mit Hausarbeiten in Berührung gekommen.

Mit der Pflege ihres Babys war sie vollauf beschäftigt. Um ihr hausfrauliches Wissen ein wenig aufzubessern, besuchte sie abends einen Kochkursus.

Trotz der beengten Wohnverhältnisse fühlte sich Anneliese in Liegnitz sehr wohl. Sie pflegte den Kontakt zu Arndts Verwandtschaft und ging auf in der Pflege ihres kleinen Sohnes. Endlich hatte sie das, was sie sich immer so sehr gewünscht hatte: ein Zuhause und eine eigene, kleine Familie. Das machte sie stolz und glücklich.

Auf die Liegnitzer Zeit blickte Anneliese immer wieder gerne zurück. Hier hatte sie endlich all das gefunden, was sie seit dem Tode ihrer Mutter vermisst hatte: eine Heimat, ein Zuhause und eine Familie.

Ab und zu konnte Arndt mit der Bahn nach Liegnitz fahren und seine Frau besuchen. Natürlich hätte Anneliese ihren Mann gern immer bei sich gehabt, aber das war in der augenblicklichen Situation nicht möglich. So erging es fast allen Frauen, denn die meisten Männer im wehrfähigen Alter waren an der Front.

In Liegnitz merkte man noch nichts von den Kriegsereignissen. Die Fronten waren weit entfernt, und die Stadt wurde von den feindlichen Luftangriffen verschont.

Natürlich gab es Einschränkungen, die es vor dem Krieg nicht gegeben hatte. Das Warenangebot war nicht sehr reichhaltig. Viele Dinge konnte man nur kaufen, wenn man dafür einen Bezugsschein hatte. Oft war es schwierig, bestimmte Lebensmittel oder Medikamente zu bekommen. Auch das beengte Wohnen in dem einen Zimmer war nicht angenehm. Daran merkte man schon, dass die Zeiten nicht normal waren, und dass sich das Land im Krieg befand.

Aber in Liegnitz mussten die Menschen anfangs noch nicht um Leib und Leben fürchten, so wie es vielen Menschen in den Großstädten oder in den Frontgebieten erging. Man fühlte sich dort noch relativ sicher.

Arndt war an einem Sonntag geboren, am 4. Oktober 1914. Er begründete die glücklichen Fügungen in seinem Leben damit, dass er eben ein Sonntagskind war, ein Glückskind mit einem guten Stern.

Anneliese fand das amüsant und lächelte über das »Sonntagskind« und das »Glückskind«. Manchmal zog sie ihren Arndt auch damit auf:

»Du bist mein Sonntags- Glückskind! Oder mein glückliches Sonntagskind!«

Dann revanchierte sich Arndt mit Neckereien über ihren Altersunterschied: Seine Anneliese war anderthalb Jahre älter als er – so eine alte Frau hatte er geheiratet! Ganz schön mutig, fand er.

Über solche kleinen, liebevollen Neckereien mussten beide jedes Mal herzlich lachen.

Die stolzen Eltern mit Hanns-Jörn

Liegnitzer Briefe

November 1944 – 27.1.1945

Arndt und Anneliese schrieben sich nicht nur kurze Mitteilungen, sondern sie schilderten jeden Tag in ausführlichen Berichten, womit sie sich beschäftigt hatten. Sie beschrieben, wie der Tag verlaufen war, welche Arbeiten verrichtet wurden, wie das Wetter war, und welche Neuigkeiten es über Bekannte und Verwandte gab. Über die kleinen oder großen Ereignisse wurde ausführlich berichtet.

Die finanzielle Lage wurde erörtert, ebenso die Schwierigkeiten beim Beschaffen notwendiger Dinge. In keinem der Liegnitzer Briefe fehlte ein Bericht über das Befinden des kleinen Hanns-Jörn.

Nicht nur zwischen den Eheleuten herrschte ein reger Briefverkehr, auch die Kontakte zu Freunden und Verwandten wurden gepflegt. Oft schickten sich Arndt und Anneliese die Briefe von ihren Freunden und Verwandten gegenseitig zu. Die Briefe, die Anneliese von Dr. Meyer, ihrem Ex-Verlobten, erhielt, bekam auch Arndt zu lesen. Denn Dr. Meyer sollte ja ein Freund der Familie bleiben, wie es Arndt einmal ausdrückte.

Arndts Bruder Günter war im süd-östlichen Frontbereich eingesetzt. Da er Nichtraucher war, legte er seine Zigaretten-Ration immer mit in die Briefe an seine Mutter, so dass Arndt *mit zusätzlichen Rauchwaren* versorgt werden konnte.

So oft es möglich war, legte auch Anneliese ein paar Zigaretten oder Zigarren für ihren Arndt in die Briefe oder Päckchen, *damit der Rauchofen nicht ausgeht.*

Bezugsscheine wurden hin und her geschickt. Man half sich gegenseitig damit aus, denn ohne diese Scheine konnte vieles gar nicht gekauft werden.

Ausgerechnet zum ersten Hochzeitstag konnte Anneliese jedoch *nicht einmal Zigarren besorgen,* mit denen sie ihrem Arndt *eine kleine Freude machen* wollte.

Aber in den Briefen der beiden Eheleute ging es nicht nur um eine sachliche Berichterstattung, es waren auch Liebesbriefe. Immer wieder wird deutlich, wie sehr die beiden sich liebten, und wie froh sie waren, dass sie zusammengehörten, auch wenn sie durch den Krieg getrennt waren. Die Gewissheit, dass sie für einander da waren, half ihnen, die bedrohlichen und unsicheren Zeiten zu überstehen.

Nie vergaßen sie, ihre Zuneigung zueinander zu erwähnen. Neben all den vielen kleinen Dingen des täglichen Lebens teilten sich Arndt und Anneliese immer wieder mit, dass sie sich liebten und wie sehr sie sich auf ein gemeinsames Leben in Friedenszeiten freuen würden.

Arndts Brief vom 19.11.45 soll dafür ein Beispiel sein:

Wilhelmshaven, den 19.11.45
Meine allerliebste, süße Anneliese!

Heute ist nun wieder Sonntag, und vor einer Woche waren wir noch zusammen und machten mit unserem süßen Jungen eine Ausfahrt. Nun ist schon wieder eine Woche vergangen, und ich sitze hier seit ein paar Tagen und habe über meine Zukunft noch nichts gehört. Wie schön wäre es doch, wenn ich diese Wartezeit bei Dir oder Du bei mir verbringen könntest. Aber das geht ja leider nicht, und wir müssen von unseren schönen Erinnerungen zehren.

Heute ist nun unser süßer, kleiner Kerl zwei Monate alt, und wie hat er sich schon schön entwickelt, und wie viel Freude hat er uns schon gemacht!

Du wirst ja vielleicht heute, wenn das Wetter bei Euch auch so schön ist wie hier, mit ihm und Mutti eine Ausfahrt zur Feier des Tages machen. Ich werde im Geiste dabei sein und ganz als stolzer Vati Dir helfen, den Kinderwagen zu schieben.

Auf jeden Fall drücke unserem Kleinen vom Vati recht liebe Küsschen auf und erzähle ihm, wie sehr lieb ich ihn habe und wie gerne ich bei ihm sein würde! Ich würde ihn dann auf meine Arme nehmen und ihn herzen. Das schätzt er jetzt doch auch schon sehr, und Du wirst es dann für mich machen. Ihm ist es zur Zeit ja noch ganz egal, von wem er geherzt wird.

Schenken kann ich ihm ja zu seinem zweiten gut überstandenen Monat leider nichts; aber ich habe nur die einzige Bitte und den Wunsch, dass er uns weiterhin gesund bleibt und uns so viel Freude macht!

Wie geht es Dir nun selbst, mein liebes Herzel? Die ollen Tage stehen ja auch schon wieder vor der Tür, und hoffentlich hast du nicht so sehr darunter zu leiden, ich denke da ganz besonders lieb an Dich.

Was macht die Milchwirtschaft? Bist Du noch immer einigermaßen zufrieden damit, bzw. ist auch unser Sohn noch zufrieden damit? Ich freue mich ja auch für Dich, dass Du jedenfalls die ersten zwei Monate unserem Süßen so viel eigene Nahrung hast geben können. Und das Ergebnis kann man bei ihm ja sehr gut sehen!

Gestern sind drei Päckchen an Dich abgegangen, das Einschreiben enthält meine Uhr, in dem Kuvert ist auch der kleine abgebrochene Druckknopf drin, achte bitte darauf. Hoffentlich kannst Du die Uhr reparieren lassen.

Beifolgend schicke ich auch die Danksagung von Kurt Mewes Eltern mit, die Du besonders Mutti zeigen sollst. Sie kann daran sehen, wie gut sie es noch hat, und wie viele, viele Eltern und Frauen mit ihrem Schicksal tauschen möchten. …

Heute habe ich auch die letzte Deiner Zigarren geraucht, nun wird sich wieder sehr eingeschränkt, aber das ist ja nicht das Schlimmste.

Nun, mein heiß geliebtes Annelies, sollen die herzlichsten Sonntagsgrüße gleich zur Bahn gebracht werden.

Zum Schluss muss ich Dir aber meine so große Liebe und Sehnsucht nach Dir mitteilen. Das Bäumchen denkt ach so gerne an sein Grübchen, dem hoffentlich das kurze Glück gut bekommen ist. Ganz innige und liebste Küsse sende ich Dir heute, auch welche speziell fürs Grübchen. Und gib unserem so süßen Jungen auch liebste Küsschen vom Vati. Euch beiden sendet herzlichste Küsse, Grüße und Wünsche

Dein Dich so tief liebender, treuer Mann

Arndt

Es ist erstaunlich, wie offen die beiden mit Themen umgingen, die körperliche Funktionen betrafen. Bei vielen Paaren blieben diese Dinge unerwähnt. Man wusste zwar von ihnen, aber man sprach oder schrieb nicht so deutlich darüber.

Arndt hingegen schrieb ganz offen über die *ollen Tage* und fragte nach der *Milchwirtschaft*. Daraus spricht eine große Vertrautheit zwischen den beiden Eheleuten.

Zu ihrer tiefen Zuneigung gehörte auch die Harmonie auf dem sexuellen Gebiet. Sie hatten einen Weg gefunden, sich ihre Sehnsucht zueinander auszudrücken:

Wenn Arndt von seinem *Bäumchen* schreibt, das sich nach dem *Grübchen* sehnt, muss man unwillkürlich schmunzeln. Es ist einfach nur ein liebevoller Ausdruck für die Sehnsucht nach seiner Frau und nach ein bisschen Zweisamkeit. In keinem Moment klingt es unanständig oder schlüpfrig.

Beide, Anneliese und auch Arndt, teilten sich immer wieder mit, wie sehr sich das *Grübchen* und das *Bäumchen* danach sehnten, wieder zusammen zu sein.

Annelieses erster noch erhaltener Brief stammt vom 21. Dezember 1944:
Mein geliebter, guter Arndt,
Nun ist heute schon der kürzeste Tag im Jahr, und von heute ab werden die Tage wieder länger. Wie froh bin ich darüber, denn nicht nur die Sonne steht höher, auch scheint sich endlich unser Schlachtenglück gewendet zu haben. Das ist für uns alle das Schönste, wie Du auch schreibst, besonders, wenn man seine Lieben dort weiß.
Von Günter kam heute Post, sie war vom 7.12.1944. Er hatte da schon unser Weihnachtspäckchen. Er lässt es aber noch liegen bis zum Heiligen Abend. Hoffentlich kann er Weihnachten noch im Stubendienst verleben. Anderthalb Jahre ist er nun schon nicht mehr auf Urlaub gewesen, und wenn er an die Zukunft denkt, so hat er nur Mutti. Er weiß nicht einmal, wie wir hier leben, er kennt mich nicht, und doch sind wir hier, das Kind und ich. Wir sind gar nicht mehr von euch fort zu denken.
Er ist eigentlich zu bedauern, und ich wünsche ihm wirklich, dass er auch bald eine eigene Familie gründen kann.

Ich bekam heute auch von Rübsal wieder Post. Sie hat sich mit der Käthe, der wir die Fahrkarte gekauft haben, in Breslau getroffen und hat ihr erzählt, dass sie noch nie ein so glückliches Paar zusammen gesehen hätte, wie wir beide auf sie gewirkt hätten. Ja, mein Büberchen, ich will ja nicht sagen, dass wir die einzig glücklichen Eheleute der Welt sind und so gut zusammen passen, haben wir doch uns und unsere Sehnsucht. Du sagst es auch in Deinem kleinen Brief vom Bahnhof so unumwunden. Und so muss es immer bleiben, nicht wahr, mein Arndt.

…

Unser Zimmer wird heute gar nicht warm, der Kleine hat richtige Gänsehaut, wenn man ihn zurechtmacht. Hoffentlich erkältet er sich bloß nicht.

Und wie geht es Dir? Ich kann immer nur sagen, wie froh ich bin, dass Du so gut untergebracht bist, und vor allem mit dem Essen klar kommst. Wie ist das Essen in der Werft? Wirst Du auch dort satt?

Wir haben heute schönes Fleisch gekauft, das essen wir Weihnachten. Ich habe eben Frau Müller geholfen, die Küche gründlich sauber zu machen. Ich habe alle Türen, Stühle, Tische geseift und bin jetzt in Gnaden entlassen worden.

Und nun, mein geliebter Arndt, lass Dich ganz lieb grüßen und innig küssen

Von Deiner Anneliese

Während Arndt in Wilhelmshaven auf dem Lazarettschiff und in dem Krankenhaus noch verhältnismäßig komfortabel untergebracht war, hatte es Anneliese mit dem Baby und der Schwiegermutter in Liegnitz nicht so angenehm.

Bei den winterlichen Minus-Temperaturen war es in ihrem Zimmer recht kalt, da es nicht ausreichend beheizt werden konnte. Deshalb durften die drei vorübergehend in Onkel Willys Zimmer wohnen, solange er verreist war. Der Raum konnte besser beheizt werden, und es war dort deutlich wärmer.

Wenn Anneliese und ihre Schwiegermutter etwas für sich kochen oder backen wollten, mussten sie sich wegen der Küchenbenutzung mit Frau

Müller, der Wirtin, absprechen, denn in ihrem Zimmer gab es keine Kochmöglichkeit.

Es war oft schwierig, sich mit wichtigen Sachen zu versorgen. Salz gab es kaum noch, das Seifenpulver wurde knapp, und auch viele Lebensmittel wurden rationiert. Für ganz banale Dinge brauchte man einen Bezugsschein, z. B. für einen dringend benötigten Schrank oder ein Nachttöpfchen. Es war ein Glücksfall, wenn man eine Dose Penatencreme für das Baby-Popöchen bekam.

Trotz all der Schwierigkeiten und Einschränkungen planten Anneliese und Arndt ein zweites Kind. Wenn dann die *ollen Tage* das Aus für ihre Wünsche signalisierten, waren beide erst einmal enttäuscht, Anneliese wohl noch mehr als ihr Mann. Zu gern hätte sie ein zweites Kind gehabt:

Ja, mein Arndt, mit unserem zweiten Kindchen muss ich Dich ja leider enttäuschen, und da müssen wir es das nächste Mal besser machen. Ich kann mir ja denken, dass es Dir nicht schwer fallen wird, mein Büberchen. Das Bäumchen muss dann eben noch viel öfter zu seinem Grübchen kommen. Ich hoffe doch sehr, dass wir noch mehr als ein Kind zusammen bringen werden.

Aber Arndt deutete in seinen Briefen auch die Schwierigkeiten an, die ein weiteres Kind mit sich gebracht hätte. Er tröstete seine Frau, weil es mit einem zweiten Baby nicht geklappt hatte:

Nun wollen wir hoffen, dass es mit dem Urlaub im Februar klappen wird, dann wünschen wir uns wieder eins, vielleicht haut es ja dann wieder hin. Es ist aber doch schön, dass wir nun schon unseren Jungen haben, dann brauchen wir nicht traurig sein, wenn es einmal nicht klappen sollte. Denn wir wissen nun ja, wir können es, und nicht jeder Schuss kann ein Treffer sein! Aber sehr lieb werden wir uns bestimmt wieder haben.

Wenn man aus heutiger Sicht auf die damalige Situation blickt, ist es kaum nachvollziehbar, wie sich die beiden in dieser ungewissen, schwierigen Zeit so ernsthaft ein weiteres Kind wünschen konnten. Es war doch schon jetzt nicht einfach, sich selbst und das Baby zu versorgen. Auch das beengte Leben zusammen mit der Schwiegermutter in dem einen kalten Zimmer, ohne Kochmöglichkeit, war nicht dazu angetan, die Familie zu vergrößern. Zudem sah es nicht danach aus, dass sich in absehbarer Zeit eine positive Veränderung der Situation ergeben würde.

Am 22. Dezember 1944 erhielt Anneliese Arndts ersten Brief aus dem Werftkrankenhaus in Wilhelmshaven. Sie antwortete ihm umgehend:

Mein liebstes Büberchen,
Danke Dir, heute kam schon Dein lieber erster Brief von Wilhelmshaven hier an, Du kannst Dir gar nicht denken, wie sehr ich mich darüber gefreut habe. Erstens konnte ich Deine lieben Worte wieder lesen, und zweitens weiß ich nun, dass Du eine gute Fahrt hattest, gut sitzen konntest und auch in Hannover nicht nachts auf dem Bahnhof bei der Kälte zu sein brauchtest.
Wie Dir wohl Deine neue Arbeit gefallen mag? Heute hast du schon vier Tage hinter Dir. Genau um diese Zeit kam ich vor 8 Tagen ganz traurig vom Bahnhof zurück und habe Dich nicht ausmachen können, und dann kamst Du doch noch, Büberchen, und wir waren ja so glücklich, wieder beisammen zu sein. Ja, es waren harmonische Tage, und hoffentlich wird es jetzt wieder so bleiben, wenn Du zu uns kommst.
Unser Tannenbäumchen hat sich noch gut auf dem Balkon gehalten, ich werde es wohl am Sonntag etwas wehmütig anzünden. Aber was hilft's, ich weiß, dass Du ein nettes Fest haben wirst und muss darum auch glücklich sein. Deine kleinen Gaben sind noch nicht hier. Vielleicht kommen sie ja noch morgen an. Ob Sonntag noch Post ausgetragen wird? Vielleicht bekommst Du so von uns doch noch unsere Weihnachtsgrüße.
Und nun mein Arndt, grüße und küsse ich Dich von ganzem Herzen und hab Dich sehr, sehr lieb
Deine Anneliese und Hanns-Jörn
Danke Dir, eben kommt Dein Paket. Es ist schon 6 Uhr abends.

23. Dez. 44

Mein allerliebster, guter Arndt,
Heute kam Dein zweiter Brief schon aus Wilhelmshaven mit den ersten Bildern. Fein, so können wir doch noch zu Weihnachten den Verwandten einige Abzüge schenken.

Onkel Willy hat das kleine Paketchen von uns mitgenommen, als er zu Erika gefahren ist. Er kam heute zu mir ins Zimmer und bat mich, ich sollte doch sein Zimmer benutzen, weil es wärmer ist. Er wäre bis Donnerstag verreist. Gestern hatte ich doch den Buben bei Frau Kutschner untergestellt, weil es in unserem Zimmer so kalt war. Und darüber war Frau Müller ja entsetzt und hat wohl Onkel Willy davon erzählt.

Es waren bereits 15 Grad Kälte, und nun wäre der Zeitpunkt gekommen, wo wir in unserem kalten Zimmer nicht mehr bleiben dürften. Ich habe auch Onkel Willy gerne zugesagt und mich bedankt für sein Angebot. Nun sitzen wir im Mittelzimmer und haben es hier deutlich wärmer.

Günter hat heute einen langen Brief geschrieben. Er musste plötzlich abwandern und konnte leider an Weihnachten nicht einmal bei den netten Pastorsleuten bleiben. Gott sei Dank hat er wenigstens das kleine Weihnachtspäckchen von uns schon, denn jetzt sieht es schlecht bei ihm mit Post aus. Über seine neue Adresse wusste er noch nichts Genaues.

Erika hat für den Kleinen eine geschnitzte Holzfigur und ein Paar Söckchen geschickt. Die Strümpfchen sind schon getragen, aber noch ungestopft.

Dein Weihnachtspäckchen machen wir erst morgen auf, Büberchen. Aber Du hast ja alles so hübsch verpackt, ich habe mich schon äußerlich über alles sehr gefreut. Den schönen Kakao habe ich gleich heute probiert, er ist noch prima.

Das Plasmon kannte ich schon, wir haben es oft Kindern gegeben. Ich wollte es gleich nehmen, da es aber so scheußlich schmeckte, musste ich mir erst eine bessere Gelegenheit dafür aussuchen.

Tante Ilse hat mir heute auch geschrieben. Sie bekam neulich schon ein Bild und findet auch, dass unser Hanns-Jörn dir wie aus dem Gesicht geschnitten ist. Du musst doch platzen vor Stolz, mein Arndt.

Für heute sei herzlichst bedankt für Dein schönes Paket und für Deine lieben Worte. Mir geht es mit den Tagen wieder besser.
Ich grüße und küsse Dich mit unserem Bübchen und hab dich sehr lieb!
Immer Deine Anneliese

den 24.12.44
Mein innigst geliebter Arndt,
Heute ist nun der Heilige Abend gekommen. Unser Tannenbäumchen hat gebrannt, und darunter liegen alle unsere Geschenke. Wir sind trotz allem noch so reichlich bedacht worden, und ich danke Dir, mein liebster Mann, für alle deine kleinen Gaben, die Du so mit Fleiß und Mühe noch für mich bekommen hast und dann auch so sehr nett eingepackt hast.
Unser Süßer ist ja am meisten bedacht worden. Ich habe ihm Dein Strampeljäckchen hingelegt, von mir eine Klapper und die Katze, von Rena hat er ein niedliches Lätzchen mit Wichtelmännchen bekommen, das er später tragen wird. Tante Martha Pruschwitz hat ein niedliches Schürzchen gemacht mit einer großen Tasche, auf der ein Ball, ein Bärchen und auch ein Wichtelmännchen gestickt ist, von Ilse bekam er ein rotes Wachstuchschweinchen.
Meine Tante Lucie aus Berlin schickte ein Paar Schühchen, ein Lätzchen und auch ein langes Nachtjäckchen, und noch einen wippenden Harlekin aus Wachstuch, der sitzt und bläst auf einer Trompete.
Von Mutti bekam ich ein Paar Strümpfe und ein Nadelbuch, von Onkel Willy, unserem Trauzeugen aus Hamburg, ein Buch. Unser kleiner Mann hat von Jutta auch noch Penatencreme bekommen, so dass für ein glattes Pöchen bei ihm wieder gesorgt ist.

Heute gab es auch Post, aber leider hatte ich nichts von Dir dabei. Wann nun wieder Briefe ausgetragen werden, weiß ich noch nicht. Hoffentlich hast Du wenigstens von uns schon gehört.
Jetzt werdet Ihr sicher Abendbrot essen, und dann wird Eure kleine Feier beginnen, möge sie nett und ohne Alarm sein.
Ob Du wohl gerade jetzt an uns denkst? Ich habe vorhin lange unser

kleines Kind im Arm gehabt und habe ihm von seinem Vati erzählt. Hanns-Jörn war recht müde und hat sich aus den Lauten noch nicht viel gemacht, aber die kleinen Äuglein strahlten doch ins Herz.

Meine Gedanken gingen zum vorigen Jahr, an unser kleines Häuschen in La Rochelle, an unseren reichen, reichen Gabentisch und an die schönste Stunde des innigen Beisammenseins, als wir uns unseren Kleinen wünschten. Und nun ist er schon ¼ Jahr alt. Und ich freue mich schon so, wenn er älter ist und erst alles versteht und am Heiligen Abend ganz ungeduldig warten wird, dass die verschlossene Tür sich zum Weihnachtszimmer öffnet. Wenn er dann zum ersten Mal all die brennenden Kerzen sieht, und seine Äuglein strahlen. Und ich träume dann von all den schönen Zeiten, die für uns kommen werden, wenn Dich, mein Arndt, der Krieg mir zurückgibt.

Alle Zukunft und alles Planen kann ja nur schön und leuchtend sein, wenn wir für immer beisammen sind und mit uns noch unsere kleinen Heinrich-Kinder sein werden.

Ach, Büberchen, wie schön wird das alles einmal wieder sein, wenn dieser Krieg vorüber ist. Vielleicht ist es ja vermessen, wenn man schon hofft, dass Du und Günter im nächsten Jahr bei uns sein werdet. Aber ich hoffe es eben, und es macht mich froh.

Unten bei Diezels ist es Weihnachten so ganz richtig. Die drei Mädels singen, der Kleine jubelt, und die Eltern freuen sich von Herzen.

Eben war ich in Gedanken noch einmal in La Rochelle. Ganz eigenartig ist es mir da ums Herz gewesen. Wie glücklich waren wir da, immer konnten wir dort zusammen sein. Ach, Büberchen, was habe ich doch Sehnsucht nach Dir, und doch bin ich froh, wenn ich unser Lichterbäumchen ansehe, das Du es mit uns geschmückt hast. Wie schön, dass wir mit Dir schon die kleine Vorfeier gemacht haben.

Heute Morgen kam Rena und ging mit dem Buben spazieren, obwohl es recht kalt war. Ilse kam jetzt abends kurz vor 7 Uhr. Sie kam aus der Kirche, dann wollte sie schnell nach Haus, denn Onkel Kurt hat ja Dienst heute und hat nur 1 1/2 Std. für sich. Das ist auch nicht schön. Ilse hat Silvester

Dienst, und da habe ich mir mit Mutti vorgenommen, Heinrichs am Altjahresabend zu uns einzuladen. So sind beide Teile nicht allein.
Und nun, mein Arndt, wollen wir Abendbrot essen. Unsere Gedanken sind bei Dir und bei Günter. Ich habe dich sehr, sehr lieb und küsse Dich von Herzen.
Immer Deine Anneliese

Aus der Aufzählung der Geschenke geht hervor, wie sehr diese Gaben geschätzt wurden. Es war ja so schwierig, neue Sachen zu bekommen, deshalb wurde vieles selbst hergestellt, und auch gebrauchte Dinge hatten durchaus noch ihren Wert und wurden gerne angenommen.

Ausführlich berichtete Anneliese von den täglichen Geschehnissen, besonders wenn es um Hanns-Jörn ging. Das Baby wurde spazieren gefahren, manchmal kamen Rena oder Jutta, Verwandte von Arndts Vater, um mit dem Kleinen an die frische Luft zu gehen.

Oft stand der Kleine auf dem Balkon in der Sonne. Aber die Schwiegermutter hatte ein wachsames Auge auf ihren Enkel:

Soeben haben wir unseren Jungen wieder reingeholt. Er hat draußen geweint, und die gute Großmutti kann es doch nicht gut leiden, dass ihr Junge draußen liegt bei dem Winterwetter. Und wenn er gar weint, muss er gleich rein.

Liest man zwischen den Zeilen etwa ein leichtes Missfallen darüber, dass sich *die gute Großmutti* ungefragt einmischte und gerne bestimmte, was zu tun war und wo es langging? Vielleicht manchmal etwas zu eigenmächtig?

Als ob Anneliese nicht selber wüsste, was einem Baby guttat! Das Kind musste doch an die frische Luft! Wenn man draußen mit ihm spazieren fuhr, wurde es ja auch nicht gleich ins Zimmer gebracht, nur weil es mal ein bisschen weinte. Der Kleine war doch warm eingepackt.

Aber Anneliese lag nichts daran, sich mit ihrer Schwiegermutter darüber zu streiten. Sie teilte Arndt lediglich mit, wie sich Mutti verhalten hatte. Zum Veralten seiner Mutter konnte sich Arndt seine eigene Meinung bilden, schließlich kannte er seine Mutter lange genug.

Dann ging Anneliese in ihrem Brief zu einem anderen Thema über:
Es soll ja zu starken Angriffen in Oberschlesien gekommen sein. Ob das stimmt? Es wird ja so viel geredet. Ich bin nur froh, dass man Euch dort oben in Ruhe lässt und dass Deine Nachtruhe nicht unterbrochen ist.
Was macht denn mein Bäumchen, ist es auch schön artig? Das Grübchen ist nun wieder in Ordnung und möchte so gerne wieder aufgefüllt sein.
Für heute von uns dreien liebe Grüße und zärtlichste Küsse
von Deiner Anneliese

Trotz aller Fürsorge wurde das Baby krank. Das hatte aber nichts mit seinem Aufenthalt an der frischen Luft zu tun; der Kleine litt an Milchschorf, der in den folgenden Tagen immer heftiger ausbrach.

Die Verwandtschaft nahm großen Anteil an Hanns-Jörns Zustand und erschien zum Krankenbesuch, vor allen Dingen wohl auch, um die Mutter aufzumuntern. Die Besuche der Verwandten und ihr Mitgefühl taten Anneliese gut. Sie fühlte sich akzeptiert und gut aufgehoben, sie wusste, dass sie zu Arndts Familie gehörte.

Tante Martha Pruschwitz und Rena ließen sich sehen, und *Tante Martha Heinrich war auch schon da, um unseren kleinen Prinzen zu besuchen.*
Mein Büberchen, ich mache für heute schnell Schluss, küsse Dich ganz lieb, grüße und streichle mein liebes Bäumchen und möchte doch rech bald wieder glücklich sein.
In Liebe
Deine Anneliese

Anneliese und ihre Schwiegermutter trafen sich oft mit den Verwandten und Bekannten. Manchmal vertrieb man sich die Zeit mit Gesellschaftsspielen wie »Mensch ärgere dich nicht« und Kartenspielen.

Es fanden reihum regelmäßige Damenkränzchen statt, auf die sich Anneliese und ihre Schwiegermutter freuten. Wenn das *obligate Kränzchen* stattfand, wurde der geplante Gang zum Bankkonto eben auf den nächsten Tag verschoben.

Ab und zu schaute man sich im Kino einen Film an. Arndt wurde dann darüber informiert, wie der Film seiner Frau gefallen hatte, und ob es sich für ihn lohnte, sich ebenfalls den Film anzusehen.

Trotz der angespannten Lage versuchte man, genau wie in Friedenszeiten, besondere Ereignisse feierlich zu gestalten.

Zur Geburtstagsfeier von Onkel Kurt und Rena kamen Verwandte und Freunde. Obwohl es schwierig war, Geschenke zu besorgen, wollten Anneliese und Mutti auf keinen Fall mit leeren Händen erscheinen. Es wurden kleine Gaben mitgebracht:

Onkel Kurt bekam 10 Zigaretten und ein Paket Kaffee. Rena schenkten wir ein Stück Seife. Das Feiern und der Kuchen waren sehr schön.

Die Silberhochzeit bei Heinrichs sollte am 14.1.44 groß gefeiert werden. Das Klavier musste noch gestimmt werden, damit Ilse für Musik sorgen konnte.

Es war gar nicht so einfach, Blumen zu bekommen. Anneliese gelang es, eine Azalee und eine Primel zu besorgen, Mutti konnte noch ein Alpenveilchen und Maiglöckchen erstehen.

Onkel Kurt erhält dann noch 20 Zigaretten, Tante Martha 1 Hemd von mir, das noch fast neu ist, und das ich nie anziehen werde, da es altmodisch ist, und einen Schal.

So kann ich mich wenigstens dankbar erweisen für all die Kleinigkeiten, die ich ständig erhalten habe. Wir geben alles im Namen der ganzen Familie Heinrich ab. ...

Gestern waren wir nun zur Silberhochzeit. Es gab sehr schönen Kartoffelsalat und belegte Platten mit Wurst, Schinken und Käse, dazu Wein, Bier und Schnaps. Wir blieben bis 10 Uhr, dann fuhren wir mit dem Kind nach Hause. Die anderen blieben noch da und feierten bis 1 Uhr. ...

Tante Trude hat mit mir auf Du und Du getrunken. Auch den reizenden Lothar habe ich kennengelernt. Ich kann Dir sagen, eine Type! Aber sehr traurig für die Mutter.

Wie schade, dass Anneliese keine Einzelheiten über Lothar, die *Type*, erzählt hat. Man hätte doch zu gerne gewusst, womit er seine Mutter so traurig gemacht hatte.

Das Zimmer war ein Blumenmeer. Man kann es gar nicht fassen, dass noch so viel zusammengekommen ist.

Auch Alkohol war eine Menge ausgeschenkt worden, jedenfalls hat keiner auch nur eine Minute trocken gesessen.

Gegen ½ 8 Uhr kam Ilses Freundin Dora Rachnitz. Sie spielte den »Brautchor aus Lohengrin«. Dann erschien Ilse als Nachtwächter und sang so Erlebtes aus der 25jährigen Ehe, und Rena hatte auch ein nettes Gedicht gemacht.

Heinrichs hatten eine Bezugszuteilung bekommen, für 12 Personen, genau wie wir damals zur Hochzeitsfeier. Davon konnten sie alles so nett und so reichlich arrangieren.

Onkel Willy war ein sehr aufmerksamer Ober, niemals hatte jemand ein leeres Glas.

Wie man sieht, wusste man auch in schwierigen Zeiten zu feiern.

Wenn Anneliese von dem geselligen Leben in Liegnitz schrieb, wurde deutlich, wie wohl und geborgen sie sich bei Arndts Verwandten und Bekannten fühlte. Trotz der beengten Wohnverhältnisse und der Trennung von ihrem Mann gehörten die Liegnitzer Monate zu der glücklichsten Zeit in ihrem Leben.

Endlich hatte sie das gefunden, was sie seit dem Tod ihrer Mutter immer wieder vermisst hatte: ein Zuhause und eine Familie. Sie gehörte nun zu Arndts großer Familie, und sie hatte selbst eine eigene, kleine Familie. Das bedeutete ihr sehr viel. Es machte sie glücklich, und es gab ihrem Leben einen Sinn.

Durch Dich habe ich eine Heimat gefunden, schrieb sie an Arndt.

Umso schmerzlicher trafen sie dann die dramatischen Ereignisse am Ende ihrer Liegnitzer Zeit.

Anneliese besuchte einen Kochkursus, um ihre hausfraulichen Fertigkeiten zu verbessern. Arndt wurde immer darüber informiert, welche Speisen die Damen zubereitet hatten. Er gab seinen Kommentar dazu ab und freute sich schon auf die Zeit, wenn seine Frau diese Speisen für ihn zubereiten würde.

Wenn Luftalarm war, ließ Anneliese den Kochkursus ausfallen. Sie wollte dann lieber bei ihrem Sohn und bei ihrer Schwiegermutter sein, denn *Mutti hätte es nicht geschafft, den Kinderwagen allein in den Luftschutzkeller zu tragen.*

Als sie eines Abends auf dem Weg zum Kochkurs war, wurde sie vom Luftalarm überrascht. Sie wollte nach Hause laufen, zu ihrem Sohn, aber man griff sie auf und brachte sie in einen der öffentlichen Luftschutzbunker.

Man konnte es dort gut aushalten, schrieb sie, aber ihre Gedanken waren bei dem Kind und bei Mutti.

Als Entwarnung gegeben wurde, lief Anneliese sofort nach Hause, um zu sehen, ob alles in Ordnung war. Sie wusste, dass ihre Schwiegermutter jedes Mal vor Angst fast verging, wenn Luftalarm gegeben wurde. Sie hatte in Hamburg einen Bombenangriff überlebt, bei dem ihre Wohnung total zerstört wurde, und sie hatte alles verloren. Bei jedem Luftalarm kamen die alten Erinnerungen wieder hoch und versetzten Mutti in Angst und Schrecken.

Die Versorgung mit Essen war ein wichtiges Thema. Immer wieder erkundigte sich Anneliese besorgt, ob Arndt auch genug zu essen bekam, und ob er richtig satt wurde.

Arndt beruhigte seine Frau, er bekäme ausreichend zu essen. Oft berichtete er, welche Dinge auf seinem Speiseplan standen.

Wenn Anneliese die Information über das tägliche Leben beendet hatte, klangen Annelieses Briefe wie die schönsten Liebesbriefe:

Du hast wieder so lieb an mich geschrieben, und jedes Wort hat mich glücklich gemacht. Ja, mein Arndt, unser Leben ist anders geworden, seitdem wir uns verbunden haben. So viel reicher und schöner. Ich weiß auch, dass Du, mein Arndt, mich nie betrügen wirst, solange wir uns so lieb haben. Und ich kann mich doch so geborgen fühlen, weil ich durch Dich eine Heimat gefunden habe. Ein Zuhause, wo mich viel Liebe umgibt. Und so soll es immer bleiben. Du sollst immer mit der gleichen Freude zu uns kommen und sollst immer in Liebe und Sehnsucht an uns denken. Es ist doch auch für einen Mann so viel schöner, wenn er eine eigene Familie hat, für die er sorgen kann.

In diesem Zusammenhang erwähnte Anneliese ihren Schwager Günter, Arndts Bruder, der »*irgendwo im Süd-Osten*« stationiert war. Er war aber glücklicherweise nicht direkt an der Front eingesetzt und gehörte, genau wie Arndt, nicht zur kämpfenden Truppe.

Diese Tatsache musste Mutti mal wieder gesagt werden, wenn sie zu sehr über das Los ihrer Söhne jammerte und ihr eigenes Schicksal beklagte. Viele Frauen und Mütter würden sie um ihre lebenden, gesunden Söhne beneiden, schrieb Anneliese an ihren Mann.

Dann brachte sie die Rede ganz konkret auf Arndts Bruder Günter, den sie ja nur von den Erzählungen her kannte:

Er ist eigentlich zu bedauern, und ich wünsche ihm wirklich, dass er auch bald eine eigene Familie gründen kann.

Hier zeigte sich wieder Annelieses Vorstellung davon, wie ein sinnvolles Leben idealerweise aussah. Es fand in einer Familie statt, mit Vater, Mutter und einer Reihe von Kindern. In ihren Augen bestand für einen Mann die schönste und erstrebenswerteste Aufgabe im Leben darin, eine Familie zu gründen und diese zu versorgen. Die Frau bereitete ihrem Mann ein angenehmes Zuhause, versorgte den Haushalt und kümmerte sich um die Kinder. Ohne eine Familie mit Kindern war das Leben leer, erst sie gaben dem Leben einen wirklichen Sinn, fand Anneliese.

Mir tut Günter recht leid, dass er noch keine Aussicht hat, zu heiraten. Du meinst ja immer, dass er so schwerfällig ist und vielleicht gar nicht dazu kommen wird, eine passende Frau zu finden.

Günters Briefe, die bei seiner Mutter in Liegnitz eintrafen, enthielten auch Briefe von Aline Jensen, einer Bekannten aus Hamburg. Natürlich hatten Mutti und Anneliese diese Briefe gelesen, und Anneliese gab ihren Kommentar dazu ab:

Ich glaube ja, dass sie sich ein wenig auf ihn gespitzt hat, bloß Günter beißt noch nicht an. Sie hat u.a. an ihn geschrieben, sie müsste jetzt aufs Seminar gehen, um Jugendleiterin zu werden. Ihre Eltern hätten sie darum

gebeten, wenn sie bis 1945 nicht verheiratet wäre, und das wäre ja nun so weit. Ob Günter wohl den Köder anbeißen wird?
Dazu schrieb Arndt:
Die Sache mit Aline Jensen und Günter macht mir direkt Spaß. Ich glaube an die weitere Entwicklung noch nicht so ganz, er stellt sich wohl ziemlich taub.
Man war gespannt darauf, wie sich die Sache entwickeln würde. Ob Günter wohl auf den Köder reagieren und anbeißen würde? Vielleicht war der Köder zu verlockend, um unbeachtet zu bleiben.

Aber solange Günter keinen Heimaturlaub bekam, konnte er keine Entscheidung treffen oder eine Stellungnahme abgeben, und so blieb vorläufig alles recht ungewiss.

Ganz stolz war Anneliese auf die Fotos, die von dem kleinen, süßen Hanns-Jörn gemacht wurden. Sie bat Arndt oft, von bestimmten Fotos Abzüge und Vergrößerungen machen zu lassen. Die Bilder verschickte sie im Freundes- und Verwandtenkreis; sie lösten jedes Mal große Freude und Bewunderung aus:

Viele Bilder sind schon fortgeschickt. Wir müssen unseren Süßen doch zeigen. Wir können wirklich stolz und glücklich über das reizende Bübchen sein. Eben ist er auch wieder bewundert worden, und zwar von der Tochter der alten Nachbarin. …

Onkel Kurt hat extra ein Bild mit der Großaufnahme bekommen und noch 10 Zigaretten dazu.

Ich sehe auf den Bildern auch gar nicht so dumm aus. … Du bist zu goldig mit dem Jungen getroffen. …

Arndt freute sich auch über die schönen Fotos, das schrieb er seiner Frau:
Du bist übrigens, so lange ich Dich fotografiere, auf den Bildern immer sehr gut geworden, das liegt wohl am Fotografen! Ich zeige die Bilder von Dir jedenfalls immer ganz stolz, weil ich so eine hübsche Frau habe.

Manche Aufnahmen betrachtete Anneliese aber auch recht kritisch:
Die Vergrößerungen sind ganz nett, bis auf eine, wo ich einen so schrecklichen Hintern habe.

Merkwürdig ist nur, dass niemals ein Bild von Mutti gut wird. Sie kann tatsächlich noch kein einziges wirklich nettes aufweisen.
An anderer Stelle hieß es:
Tante Ilse hat geschrieben, dass unser Hanns-Jörn Dir wie aus dem Gesicht geschnitten ist.

Arndts Freund Rolf Roderich, der einer der Trauzeugen war, hatte auch ein Foto des Söhnchens erhalten. Arndt berichtete seiner Frau, dass Rolf sich bei ihm bedankt hatte und ebenfalls meinte, *dass unser Junge mir so ähnlich sieht. Dann muss ich es ja wohl glauben, dass ich der Vater bin, habe ich Dich doch immer damit geneckt!*
Man sieht, dass Arndt seinen Humor nicht verloren hatte.

Arndt hatte auch Filme von dem Kleinen aufgenommen, die bei den Damen-Kränzchen vorgeführt wurden, sozusagen als Krönung der Zusammenkunft. Die Damen waren jedes Mal ganz entzückt und beeindruckt. Anneliese genoss die Bewunderung des gesamten Damen-Kränzchens sehr.
Der kleine Junge war offensichtlich immer wieder die Sensation in der Liegnitzer Verwandtschaft:
Gestern waren wir nun bei Pruschwitz. Der Kleine war noch nicht ausgezogen, da wurde er schon von Tante Martha Pruschwitz hochgehoben und ins Zimmer getragen.
Dort waren eine Kusine, Frau Lutz und ihre Tochter noch da. Unser Büberchen hat alle herzlich erfreut. Er guckte sich wieder ordentlich um, doch während des Kaffeetrinkens kam er in die Küche, die schön warm war. Jedes Mal, wenn eines der Mädel Kaffee holen ging, dann kam es nicht wieder. Erst mussten sie in den Wagen sehen, und dann lachte unser Junge sie an. Und einmal waren Rena, Jutta und Tante Martha zugleich in der Küche beim Kind, und wir Gäste waren allein.
Jutta war gestern sehr niedlich mit dem Kind und möchte natürlich gern noch viele Bilder haben.

In späteren Jahren, wenn einmal die Rede auf den kleinen Hanns-Jörn, den Erstgeborenen kam, erklärte Anneliese mit Bestimmtheit, dass der Junge zu früh geboren worden war. Er sei ein Sieben- oder Acht-Monats-Kind gewesen.

Mit einem kleinen Schmunzeln liest man dann in verschiedenen Briefen, dass der Kleine schon vor der Heirat geplant war und auch bereits unterwegs war.

So zu lesen in Anneliese Brief vom 28.12.44:

Immer, wenn Magda an mich schreibt, denke ich so oft an unsere lieben Stunden im Häuschen in La Rochelle. ... Gerade jetzt, nach Weihnachten, waren wir doch immer inniger zusammen, denn wir konnten uns ganz gehören, weil wir uns unser liebes Kindchen gewünscht haben.

Wie oft haben wir uns gefragt, ob es wirklich wahr werden sollte, dass wir Eltern werden sollten. Und alles ist so gut und glatt gegangen, dass wir nicht dankbar genug sein können.

Hanns-Jörn war also offensichtlich ein ganz normal ausgetragenes Neun-Monats-Baby, das am 19.9.44 zur Welt kam.

In einem Brief, den Arndt am 10.1.45 schrieb, bestätigte er den Sachverhalt:

Ja, mein Herzel, jetzt vor einem Jahr, da waren wir in den Vorbereitungen zu unserer Hochzeit, und wir hatten noch nicht unsere Heiratsgenehmigung. Aber wir waren schon ganz im Bann unserer baldigen Hochzeit und hatten uns täglich so lieb. Sonst waren alle Vorbereitungen klar, und die Arbeit wollte nicht mehr schmecken. Dazu kam auch die Zeit, wo wir wussten, dass wir auf ein kleines Kindchen hoffen konnten. ...

In Annelieses Brief vom 14.1.45 stand folgendes:

Bald jährt sich der Tag, an dem wir beide von La Rochelle zu unserer Hochzeit gefahren sind. Da ließen wir eine verrückt schöne Brautzeit hinter uns, um in eine glückliche Ehe hinein zu fahren.

Vor einem Jahr war ich gerade krank, und am 15., also morgen, kamen zum ersten Mal die Tage nicht pünktlich. Ich habe z.Zt. jetzt auch wieder solch großen Hunger, so dass Mutti schon wieder unkt und denkt, dass es doch geklappt hat. ...

Am 20.1.45 schrieb Arndt noch deutlicher:
Vor einem Jahr waren wir in den letzten Vorbereitungen zu unserer Abreise aus La Rochelle. ... *Wir wussten schon, dass wir uns auf ein Kindchen freuen durften, das jetzt aus unserem Leben nicht mehr wegzudenken ist.*

Am 23.1.45 schrieb Arndt in Erinnerung an den Abreisetag aus La Rochelle:
Heute vor einem Jahr sind wir in La Rochelle abgefahren. ... Du fühltest Dich im Zug nicht so sehr gut, hattest Du doch unser Kindchen schon unter Deinem Herzen ...

Für die beiden Eheleute war es völlig klar, dass das Baby ein Wunschkind war und schon vor der Eheschließung unterwegs war.
Aber das ging Außenstehende nichts an!
Für den Fall, dass jemand Berechnungen anstellte:
Heirats-Termin – Geburtstermin des Sohnes ... Na? Auf viele Monate kommen wir denn da?
Für diesen Fall hatte Anneliese die Geschichte vom Sieben- oder Acht-Monats-Kind parat. Bei all den Aufregungen, die die Kriegszeiten mit sich brachten, war es ja nicht verwunderlich, wenn ein Kind etwas früher auf die Welt kam. Das klang sehr glaubhaft, und jeder konnte es nachvollziehen.

Zu den täglichen Problemen in Liegnitz gehörten der Kampf gegen die Kälte, die Versorgung mit Nahrung, mit notwendigen Möbeln und mit Kleidung. Hinzu kamen die vielen Luft-Alarm-Meldungen. Bisher hatte es in Liegnitz noch keine Bombardierung gegeben, aber man konnte nie sicher sein, ob doch einmal etwas passieren würde. Deswegen mussten bei jedem Luftalarm die Schutzkeller oder die Bunker aufgesucht werden.

Hier ist es immer noch sehr kalt, ich weiß gar nicht, wie wir das machen werden, wenn Onkel Willy zurück kommt. Bei uns ist der reine Eissalon.

Das Kind hustet schon wieder. Es ist kein Grund zur Besorgnis, aber es ist nicht schön für solch kleines Kindchen.

Rena war mit dem Kleinen spazieren, da aber Alarm kam, musste sie den Spaziergang abbrechen und schnell zurückkommen. Es geschah aber wieder nichts.

Heute schrieb Onkel Willy aus Hamburg, er hätte seine alte Liebe wieder getroffen, und sie wäre auch nicht verheiratet. Nun sind sie beide alt geworden und haben das Leben hinter sich. Onkel Willy ist so einsam. Er hätte uns so gut besuchen können, denn er hat so lange Urlaub, aber leider kommt die Eisenbahnstrecke dazwischen. Er erkundigt sich auch immer sehr niedlich nach Hanns-Jörn und hat sogar nach einem Bildchen gefragt.

Am 26.12.44 berichtete Anneliese, dass immer mehr Flüchtlinge in der Stadt auftauchten. Ihr Anblick stimmte sie nachdenklich, die Menschen taten ihr leid:

Es muss schrecklich sein, wenn man jetzt bei dieser Kälte alles verliert und auf der Straße steht. Ich hoffe immer, dass wir verschont bleiben mögen.

Weiter hieß es dann:

Liebster, ich weiß nicht, wie lange die Briefe zu Dir brauchen mögen. Darum soll mein heutiger Brief schon jetzt mein Neujahrsbrief sein.

Was ich Dir zum Jahreswechsel wünsche, mein Arndt, das weißt Du:

Einen baldigen Frieden, ein gute Heimkehr, Gesundheit und ein zweites Kindchen.

Deine kleine Familie wird stets bereit sein, Dir Freude zu bereiten. Und ich wünsche mir von Dir, dass Du mich weiterhin so lieb hast und mich auch im kommenden Jahr recht, recht oft besuchen kommst.

Was dazu in Deiner Kraft liegt, das tust Du, das weiß ich. Hoffen wir und wünschen wir uns nur, da nun das Jahr 44 zu Ende geht, dass das neue aufsteigende 1945 uns ebenso glücklich und gesund sein lässt, und dass wir für immer vereint werden.

Tausend Küsse von Hanns-Jörn und von Deiner Dich liebenden Frau Anneliese.

Onkel Willys Zimmer musste am 28.12.44 wieder geräumt werden, denn der Onkel kam zurück.

Heute morgen sind wir gleich aufgestanden und haben die Wohnung und Onkel Willys Zimmer gut sauber gemacht, denn er kommt doch heute zurück.

Unser Zimmer ist wie ein Eiskeller, wenn wir auch täglich etwas geheizt haben. Wir sitzen jeder mit zwei Jacken und in eine Decke geschlagen da, als wenn wir eine Schlittenpartie machen wollten.

Unser Junge steht draußen in der Sonne. Eigentlich wollten wir heute zur Bank, aber durch das Aufräumen und das obligate Kränzchen ging es nicht mehr. ...

Einige Zeilen später fragte Anneliese, wie es denn dem Bäumchen erging. War es schön brav? Sehnte es sich nach dem Grübchen? Das Grübchen fühlte sich einsam und hätte gern wieder einmal die Gesellschaft des Bäumchens genossen.

Für heute von uns dreien liebe Grüße und zärtlichste Küsse von
Deiner Anneliese

Zu den Bekannten, mit denen man sich ab und zu traf, gehörte auch Frau Rugenbauer. Ihre Tochter war bei ihr eingetroffen; es wurde nicht gesagt, ob sie ausgebombt wurde, oder ob sie aus den Ostgebieten fliehen musste. Die junge Frau war unverheiratet und erwartete ein Baby.

Anneliese war empört darüber, wie die Tochter von ihrer eigenen Mutter und dem Rest der Familie behandelt wurde:

Über die Tochter ist Frau Rugenbauer kreuzunglücklich. Mutti war gestern bei ihr und hat sie getröstet und sie gebeten, doch nett zu ihrer Tochter zu sein.

Zu einem Kränzchentreffen lud Anneliese Mutter und Tochter Rugenbauer ein. Ihr tat die junge Frau leid, und sie hätte ihr gern geholfen.

Die Tochter von Frau Rugenbauer war auch mit da. Sie war wohl recht froh, dass sie mal mit mir sprechen konnte. Sie erwartet ihr Kind im Februar und hat noch keinerlei Sachen für das Kind. Sie wird sich wundern, wie schwer alles zu bekommen ist.

Sie wird von ihrer Mutter, ihrem Bruder und den Verwandten wie eine Aussätzige behandelt. Sie darf nicht ein bisschen fort gehen, weil ihre Mutter immerzu, auch in unserer Gegenwart, sagt, dass sie sich geniert.
Mir tut das arme Mädel und der Kleine direkt leid. Ganz abgehärmt ist sie schon. Ich will sie zu uns einladen, und sie wird jetzt auch öfter kommen. Ich will auch mit ihr ins Kino gehen und so ein bisschen helfen.
Ich würde mich sehr freuen, wenn die Tochter in Liegnitz bliebe. Wir hätten dann beide unsere Kinder und könnten uns so schön ergänzen. Aber leider ist sie ja unverheiratet und muss, glaube ich, nach 8 Wochen wieder arbeiten. Da haben es die verheirateten Frauen doch erheblich besser, sie können wenigstens ihre Kinderchen genießen, wenn es auch nur zwei Jahre sind. Wir wollen dies tun bis unser Bübchen zwei Jahre alt sein wird. Erstens mal wollen wir keinen Krieg mehr haben, und zweitens soll dann schon ein zweites Büberchen da sein, und Du, mein lieber Arndt, sollst mit Deiner kleinen Familie vereint sein.

Wenn Anneliese an Dorchen Rugenbauer dachte, empfand sie eine große Ungerechtigkeit.

Während sie und ihr kleiner Sohn die volle gesellschaftliche Anerkennung genossen, wurde die ledige Mutter von ihrer eigenen Familie diskriminiert und gekränkt. Dabei hätte doch gerade sie Trost und Aufmunterung nötig gehabt.

Sicherlich machte sich die junge Frau Gedanken über ihre Zukunft und über die ihres Babys, und bestimmt war sie voller Sorge über das ungewisse Schicksal des Vaters ihres Kindes, der irgendwo an der Front kämpfte. Vielleicht hatte er sein Leben sogar schon im Kampf für Volk und Vaterland verloren.

Dorchen Rugenbauers Baby war doch auch ein Kind der Liebe, dem die Kriegsereignisse eine eheliche Geburt verwehrt hatten. Viele Paare hatten eine Heirat geplant, aber die plötzliche Einberufung oder der Soldatentod der jungen Männer verhinderte die Eheschließung, und die Kinder, die schon »unterwegs« waren, konnten nicht ehelich geboren werden.

Ein kleines Stückchen Papier, genannt »Heiratsurkunde«, hatte so entscheidende Auswirkungen auf Mutter und Kind.

Zur Jahreswende am 31.12.44 erinnerte sich Anneliese daran, wie die Silvesterfeier in La Rochelle im vorigen Jahr verlaufen war. Man feierte ausgelassen und *ließ es ordentlich krachen*:

Wir saßen so schrecklich gelangweilt im S.D.F.-Saal in La Rochelle und waren erlöst, als es 12 Uhr war. Wir gratulierten anstandshalber noch dem Chef und eilten dann so schnell wir konnten in unser Häuschen, wo wir dann mit Luthmann, Gerthy und Essig einen verrückt schönen Abend bzw. eine Nacht verlebten.

Noch ein letztes Mal erstrahlte das kleine, liebe Zimmer im vollsten Lichterglanz, und wir waren sehr glücklich. Du ließest die Sektkorken knallen, zerbrachst eine Untertasse, und hinterher gingen noch die Lampen und Gläser zum Teufel.

Wie ausgelassen haben wir 1944 begrüßt!

Da sage einer, dass unsere Altvorderen nicht ordentlich feiern konnten, selbst in Kriegszeiten!

Und diesmal wird es ganz still bei uns sein, auch im Radio wird das neue Jahr nicht durch frohe Weisen hinüber begleitet. Wir alle werden um 12 Uhr aneinander denken und uns wünschen, dass 1945 wieder friedlicher und zuversichtlicher beginnen möge.

Und nun mein lieber Arndt, lass Dich in Gedanken ganz lieb haben. Ich streichle mein Bäumchen und sage ihm liebe Grüße vom Grübchen, das wieder recht glücklich von Dir sein möchte. Der kleine Hanns-Jörn küsst sein Vatilein, so wie ich es auch von Herzen tue!

Deine Anneliese

Anneliese berichtete genau, wie sie ihr Baby ernährte, nachdem die *Milchwirtschaft* nicht mehr ausreichte. Hanns-Jörn sollte allmählich auf normale Babykost umgestellt werden.

In ihrem Brief vom 30.12.44 erwähnte Anneliese zum ersten Male, dass der Kleine auf dem Kopf einen starken Ausschlag bekam, der sich auch über sein Gesicht auszuweiten drohte.

In den folgenden Tagen trat keine Besserung ein, so dass Anneliese zur Mütterberatung ging, um sich ärztlichen Rat zu holen.

Der Kleine hatte Milchschorf, und zwar einen recht schlimmen. Er sollte Buttermilch anstelle von richtiger Milch bekommen.

Aber wie und woher sollte man Buttermilch bekommen?!

Der Ausschlag begann zu jucken und zu schmerzen, der Kleine schrie und fing an sich zu kratzen:

Wenn das noch schlimmer wird, muss ich ihm das Händchen mit einem Leinentuch zubinden.

Anneliese ging mit dem Kind zu einer anderen Ärztin, sie erhoffte sich dort Hilfe.

Die Ärztin machte mir gestern gleich Vorwürfe, ich hätte mir keine Mühe mit dem Stillen gegeben. Aber ich habe ihr gesagt, dass ich selbst am unglücklichsten darüber wäre. Ja, wenn ich genug Nahrung hätte, dann hätte unser Kleiner jetzt nicht den Milchschorf.

Bis zu sechs Monate soll ich ihn nach Möglichkeit ohne Milch ernähren. Ilse und Jutta sind mir beide behilflich, Buttermilch und genügend Salbe und Öl zu besorgen.

Ich war heute beim Wirtschaftsamt und habe dort meinen Berechtigungsschein für die Milch bzw. Flocken geholt. Neun Tüten bekomme ich im Monat. Ich werde insofern damit auskommen, weil ich ja dann schon zweimal Brei gebe. Sonst ist unser Kind kräftig und gesund.

Aller Wahrscheinlichkeit nach hatte die Umstellung der Ernährung mit dazu beigetragen, dass der Milchschorf so heftig aufgetreten war.

Aber eine Rückkehr zur *Milchwirtschaft* war nicht mehr möglich. Der Kleine wollte partout nicht an der Brust saugen, so dass *der Quell ganz versiegte.*

Arndt schrieb einen tröstenden Brief an seine Frau und lobte sie für all die Arbeit und die Mühe, die sie sich mit dem Söhnchen gemacht hatte:

Er verweigert jetzt also Deine Brust. Ihm ist das wohl zu wenig und zu mühsam, was er bekommt. Das lässt sich dann eben auch nicht mehr ändern.

Du hast ihn fast 4 Monate stillen können und hast ihm alles gegeben, was Du nur geben konntest. Ich danke Dir jedenfalls dafür sehr, für all Deine Bemühungen, die Du hierfür gemacht hast. Es ist ja nur gut, dass ich selbst miterlebt habe, welche Mühe Du Dir gegeben hast. Er wird nun ja auch ohne Deine Milch sich weiterhin gut entwickeln, und dann bin ich eben wieder alleiniger Besitzer Deiner süßen Brüstchen. Wenn der Junge sie ablehnt, ich lehne sie jedenfalls nicht ab. ...

Arndt schickte immer wieder Päckchen oder Pakete mit Lebensmitteln und anderen Dingen, die er in Wilhelmshaven besorgen konnte. Er wusste, welche Sachen für den Normalbürger schwer oder gar nicht zu beschaffen waren. Durch seine Arbeit hatte er die Möglichkeit, an andere Bezugsquellen zu gelangen. Aber auch dort wurden die Mittel knapp.

Anneliese bedankte sich für das Brot, das ihr Arndt geschickt hatte, und berichtete, dass sie und Mutti den schönen Kakao getrunken hatten, den sie von Arndt bekommen hatte. Sie bat ihn, ob er für den Kleinen Lebertransalbe und Öl zum Einreiben besorgen könnte.

Auch über Äpfel würde sie sich sehr freuen. Sie hatte noch zehn Stück für den Jungen, sie wurden für ihn gerieben und schmeckten ihm gut.

In Liegnitz war die Versorgungslage immer schlechter geworden, Äpfel waren nirgends aufzutreiben, Zitronen gab es schon lange nicht mehr. Sogar das Salz wurde knapp und war kaum noch zu bekommen. Wie sollte das Essen denn ohne Salz schmecken?

Aber nicht nur das Salz wurde knapp.

Es gibt jetzt nur noch so wenig Waschzubehör, dass man die Kinderwäsche nicht mehr vernünftig waschen kann. ...

Wir können dem Apotheker nur dankbar sein, dass er mir damals so viel Verbandsstoff bzw. Mull für die Windeln gegeben hat. Aber weil wir dem Jungen den ganzen Kopf einfetten, sieht natürlich alles gleich unsauber aus, denn die Händchen fassen doch überall hin.

Bei uns sind seit fast acht Tagen Sparmaßnahmen im Gasverbrauch, wir können von 14 – 18 Uhr täglich nicht mehr kochen. ...

Ab heute, dem 15.1.45, schließen auch alle Geschäfte um 17 Uhr, um Kosten zu sparen, außer den Brot- und Schlachtergeschäften.

Der kleine Hanns-Jörn wurde richtig krank, weil sich der Milchschorf über den ganzen Körper ausbreitete, und *die Drüsen waren arg geschwollen.*
Es war schwierig, Medikamente zu bekommen, die den Milchschorf abheilen ließen. Darüber war Anneliese in großer Sorge.
Das Kind ist krank, und Milchschorf ist eine ganz üble Angelegenheit. ... Jedenfalls sieht das Kind entsetzlich aus, fühlt sich nicht gut und brüllt furchtbar. Die Halsdrüsen sind noch ganz dick geschwollen, das ganze Gesichtchen ist hochrot und verschorft. Es scheint nun auch noch auf den kleinen Leib und den Po überzugehen. ... Fast jede Nacht schreit das Kind.
Heute, am 12.1.45, geht es dem Jungen wohl etwas besser, dafür sieht seine untere Partie ganz schrecklich aus:
Der Hoden und das kleine Glied sind ganz geschwollen, lauter Bläschen, die z.Zt. nässen, bedecken alles.

Anneliese überlegte sogar, ob sie den Kleinen ins Säuglingsheim bringen musste, falls sich sein Zustand nicht bald besserte.
Wieder tröstete Arndt seine Frau und versuchte ihr Mut zu machen. Er schrieb einen lieben Brief an seinen kleinen Sohn und schickte ihm ein Päckchen, damit er bald wieder ganz gesund würde. Der Kleine war ja sonst ein kräftiges, gesundes Kerlchen, wenn bloß dieser Ausschlag nicht wäre!
Unserem Süßen wünsche ich recht gute Besserung, und er bekommt vom Vati auch einen lieben Kuss. Viele Grüße auch an Mutti. Allerliebste Küsse sendet Dir – ach ich habe Dich ja so lieb – das Bäumchen, das voller Sehnsucht ist! Ganz heiße Küsse fürs geliebte Grübchen, behalte mich so lieb wie ich Dich habe. So bin ich für heute Dein Dich liebender, ganz treuer Arndt

Anneliese bedankte sich für das Päckchen:
Dass Du an unseren Jungen ein kleines Päckchen geschickt hast, finde ich ja zu nett von Dir. Ich habe es ihm erzählt, und er hat dazu «öwöf« gemacht.

In ihren Briefen vom 14.1.45 und 15.1.45 schrieb Anneliese dann, dass das Schlimmste nun überwunden war, und dem Kleinen ging es wieder besser.
Die Ärztin hat wirklich so gute Sachen verschrieben, die fabelhaft geholfen haben.
Darüber war Anneliese natürlich ganz glücklich: *Unserem Süßen geht es soweit ganz gut,* berichtete sie am 16.1.45.
Mit Schrecken las sie allerdings in der Zeitung die vielen Todesanzeigen von kleinen Kindern:
Gerade in den letzten Tagen las ich häufig Todesanzeigen von Kinderchen im gleichen Alter wie Hanns-Jörn. Dann nehme ich jedes Mal den Süßen ganz fest in meinen Arm und bin glücklich, dass ich ihn habe.
Arndt berichtete aus Wilhelmshaven auch von ähnlichen Todesanzeigen, oft waren es zwei oder drei am Tag.
Hier starben ebenfalls viele Kleinkinder, durch die Bunker wohl bedingt, vermutete Arndt.

Nachdem die größte Sorge um den kleinen Hanns-Jörn einigermaßen behoben war, gab es eine andere Sache, die Anneliese zu schaffen machte, und die ihr manchmal richtig auf die Stimmung schlug:
Es ist wegen Mutti.
Nun war es ja auch nicht einfach, tagein, tagaus so beengt miteinander wohnen zu müssen.
Mutti war offensichtlich eifersüchtig, weil sie für ihren Sohn Arndt nicht mehr die Nummer Eins im Leben war. Wichtige Dinge besprach Arndt mit seiner Frau und nicht mit ihr. Außerdem beklagte sie sich, weil Anneliese nicht alles aus Arndts Briefen vorlas.
Ja, sollte ihr die Schwiegertochter etwa vorlesen, was sich das *Bäumchen* und das *Grübchen* zu sagen hatten? Wenn sich das *Bäumchen* und das *Grübchen* liebe Grüße und Küsse schickten und sich in Gedanken zärtlich streichelten, so waren diese Mitteilungen ja nur für die beiden Eheleute bestimmt und nicht für die Schwiegermutter.
Mutti schien genau zu merken, wenn Anneliese nicht alles bis zum Ende eines Briefes vorlas:

Ich habe ihr das vorgelesen, was ich für richtig hielt, schrieb Anneliese. ... *Es gab ein großes Hin und Her, und ich bitte Dich, die Sache zu ignorieren. Es hilft halt nichts. Mutti meinte, ich hetze Dich auf gegen sie, indem ich Dir sage, dass sie eifersüchtig ist und so weiter. ... Sie denkt bei jedem Mal, dass ich etwas unterschlage, wenn ich ihr Deinen Brief vorlese. ...*

Es gab nun einmal Passagen in Arndts Briefen, die nur für seine Frau bestimmt waren und von denen Mutti nichts wissen musste.

Offensichtlich hatte es Anneliese nicht immer ganz leicht mit der eigenwilligen alten Dame.

Ein weiterer Streitpunkt war das Wäschewaschen.

Mutti hatte einen ganzen Tag lang geweint, weil Arndt sie in seinen Briefen nicht bedacht hatte, berichtete Anneliese am 8.1.45:

Sie wäscht die Wäsche, und Du schreibst nur an mich, schrieb Anneliese über die Klagen ihrer Schwiegermutter.

Ich habe Dich natürlich in Schutz genommen. Habe ihr auch gesagt, dass Du so oft schon angenommen hast, dass ich alles mit wasche. Sie will ja nun immer alleine waschen, und ich kann nichts dazu tun. Mutti ist mal wieder schwer eifersüchtig.

Als wenn es keine weiteren Probleme gäbe, ärgerte sich Anneliese.

Arndt stand bei der leidigen Wäschefrage ganz zu seiner Frau. Das schrieb er sehr deutlich:

Ich war sehr böse darüber, als ich las, dass Mutti wieder einmal eingeschnappt war. Sie muss sich nun einmal an ihre Stellung gewöhnen. Du bist nun für mich diejenige, mit der ich alles zuerst bespreche, und die mich versorgen soll.

Ich behandle Mutti nicht als mein Dienstmädchen für die Arbeit. Wenn sie nun die Wäsche immer alleine wäscht, dann will sie es ja so, Du verlangst es nicht und ich auch nicht. Wir überlassen es ihr ja nur um des lieben Friedens willen. Wenn ich nur mit Mutti darüber verhandeln würde, könntest Du mit Berechtigung eingeschnappt sein, denn ich bin doch nun einmal Dein Mann.

Es ist schrecklich mit Mutti in diesem Gebiet, und sie verdirbt sich alles selbst und zwingt mich dazu, in normalen Zeiten eine klare Trennung zu ziehen. ...

Ich werde morgen an sie schreiben, vielleicht ist sie dann ja wieder beleidigt. Ich ändere mich jedenfalls in keiner Weise deswegen und werde das auch immer so machen. ...

Man muss sich damit abfinden, im Alter aus der ersten Stelle bei seinen Kindern abtreten zu können. ...

Hätte ich heute Morgen, gleich nach Empfang Deines Briefes, an Mutti geschrieben, das hätte ein Donnerwetter gegeben. Morgen wird es schon ruhiger. ...

Bei Arndts Arbeitsstelle gab es eine Frau Wentrup, die Ehefrau eines Arztes, eine ganz freundliche, hilfsbereite Frau. Sie kochte für die Angestellten und kümmerte sich um viele Dinge.

Sie bot Arndt an, seine Wäsche zu waschen. Das wäre doch einfacher, als die schmutzige Wäsche immer nach Liegnitz zu schicken. Frau Wentrup hatte die Zeit, die Wäsche zu waschen, und es würde sie nicht belasten.

Anneliese war damit einverstanden:

Mit der Wäsche mache es so, wie Du es willst, schrieb sie an Arndt.

Dass Frau Wentrup Dir die Wäsche waschen will, finde ich einfach reizend. Du hast recht, wenn sie Dich so darum gebeten hat, kannst Du es schlecht abschlagen. Ich bitte Dich aber, mein Arndt, die Wäsche vorher etwas auszuwaschen. Ja? Du hast manchmal solche Flecken am Hemd oder an der Hose, und die spülst Du etwas aus, ja, mein Arndt?

Mutti wird sich sicher jetzt sehr ärgern, dass sie darum solche Weinerei gemacht hat.

Dieser an sich vernünftige, gut gemeinte Vorschlag löste bei Mutti wieder eine heftige Reaktion aus, und obendrein hatte sie auch noch eine Entzündung am Finger, die sehr schmerzhaft war.

Sie fühlte sich überflüssig und nicht beachtet. Sie weinte und bejammerte ihr Geschick, wie ihre Schwiegertochter schrieb:

Mutti hat wieder einen bösen Finger. … Sie ist natürlich wieder unvernünftig und will absolut arbeiten damit. Mit dem Finger darf sie doch keine Windeln waschen! Es gab wieder Tränen ihrerseits. Ich lasse mir aber auf keinen Fall nachsagen, dass ich mich von Mutti bedienen lasse, obwohl sie einen kranken Finger hat. …

Ich könnte nicht mehr glücklich sein, wenn auf Grund solcher Lappalien auf einem Mal Schluss mit Mutti sein sollte. Sie ändert sich nicht. Und sonst verstehen wir uns ja auch gut, Mutti und ich.

Es gingen Briefe hin und her, die beiden Eheleute waren von Muttis Verhalten recht genervt und wollten über diese *Lappalie* am liebsten kein Wort mehr verlieren:

Die Sache ist zu lächerlich, um noch lange darüber zu schreiben, fand Arndt. *Du bist ja auch so vernünftig und einsichtsvoll, dass Du Mutti gewähren lässt. Es ist am besten so, und ich danke Dir dafür, mein Herzel.*

Arndt kannte seine Mutter und ihre Anwandlungen, das ging aus seinen Briefen vom 18. und 19.1.45 hervor:

Mutti soll ihren Finger ganz ruhig halten, ich rate es ihr sehr. Setze Dich da auch bitte durch und nimm ihr einfach die Arbeit ab, so weit es geht. Ich kenne Mutti ja darin zu gut, sie ist ein sehr schwieriger Patient. …

Mutti schreibt mir dann auch ganz traurig, dass sie nun nicht arbeiten darf. Na, ein paar Tage wird sie es auch so aushalten können. Sie wird wohl immer hinter Dir stehen und mit guten Ratschlägen Dich bemuttern. Ich kenne das ja. … Mütter müssen wohl so sein, und Du wirst es später vielleicht auch so machen. Ich bin das ja so gewohnt, während Du Dich darauf erst so ganz allmählich einstellen musst, denn Du hast Dein ganzes Leben selbständig führen müssen.

Am 16.1.45 schilderte Anneliese, wie sich der Umgang mit Mutti gestaltete:

Ich habe heute zum ersten Mal Windeln gewaschen, denn es musste sein, wegen Muttis Finger. Sie hat darüber natürlich wieder geheult und kam sich überflüssig vor.

Na, mir war es ganz egal. Ich habe mir das nun verbeten, ich habe ihr gesagt, dass ich mich zu Hause frei bewegen möchte und nicht immerfort Rücksicht nehmen will bei Dingen, die für mich ganz selbstverständlich sind.

Sie hat dann ja auch versprochen, sich zu bessern. Aber sage Du nichts dazu, mein Arndt. Ich will mich jedenfalls mal bei Dir aussprechen können, Du bist doch mein Mann.

Du hast Angst, dass ich krank bin, mein Arndt. Aber ich will mich nun noch einmal untersuchen lassen, weil der Ausfluss, den ich während der Schwangerschaft hatte, noch nicht ganz beseitigt ist. Auch will ich gerne wissen, ob mein kleines Myom mit dem Kinde gewachsen ist, ob sich alles richtig zurückgebildet hat, und ob ich auf ein neues Kindchen hoffen kann, wenn alles in Ordnung ist.

Unserem Süßen geht es soweit ganz gut. Für heute nun tausend liebe Grüße und Küsse

Deine Anneliese.

Mutti schrieb währenddessen auch noch an ihren Sohn. In einem ihrer Briefe informierte sie Arndt darüber, dass der kleine Hanns-Jörn seit Wochen stark verschleimt wäre, und dass sie sich Sorgen darüber machte.

Klang hier etwa ein versteckter Vorwurf durch, dahin gehend, dass die Schwiegertochter die Sache nicht ernst genug nahm?

Die Verfassung des Jungen schien sich aber deutlich zu verbessern. Der schlimme Milchschorf war zwar noch nicht am ganzen Körper verschwunden, aber er ließ sichtbar nach, und das Schlimmste schien überwunden zu sein.

Ich habe vollstes Vertrauen, dass Du unseren Süßen bald wieder ganz hin bekommst, schrieb Arndt daraufhin an seine Frau.

Die Ungewissheit über die Lage an den Fronten wurde für die Bevölkerung immer belastender. Es kursierten alle möglichen Gerüchte in der Stadt, es sollte zu starken Angriffen in Oberschlesien gekommen sein.

Konnte man den Gerüchten glauben?

Es gab keine Informationen, außer den Nachrichten, die der Wehrmachtsbericht sendete. Aber waren die immer zuverlässig?
In einem seiner Briefe riet Arndt seiner Frau, sie solle den *Drahtfunk* hören, der sei genauer.

Am 14.1. schrieb Arndt, dass er Funke getroffen hatte, einen Kriegskameraden aus Cherbourg:
Er ist als einer der letzten aus Cherbourg mit dem Schnellboot rausgekommen, und er ist auch verletzt worden, hat sich dann aber durchgeschlagen.

Ich wohnte doch die ganze Zeit mit Papa Funke zusammen, Zimmer an Zimmer, und wir hatten zusammen Hühner gehalten.

Was haben wir damals in Cherbourg noch für eine schöne Zeit verleben können. Alles war in Hülle und Fülle da, an allen Fronten waren nur Siege zu verzeichnen, und man glaubte, der Krieg müsse in einigen Monaten aus sein.

Das sind jetzt schon fast 5 Jahre her, und nun tobt an allen Fronten ein erbittertes Ringen um Sein oder Nichtsein. Wie viele unserer damaligen Kameraden sind schon lange gefallen.

Gestern war ich nun bei Papa Funke. … Er hat ja bis zum Schluss noch im Lazarett gesessen. Das Lazarett war von 2 Ärzten besetzt, wovon der eine verwundet wurde, und dann kam noch Biermann dazu. Schwestern sind nicht mehr tätig gewesen, die sind vorher alle raus transportiert worden. Das Lazarett hatte bei Papa Funkes Wegfahrt 2 Treffer bekommen, einer ist in die alten OP-Räume gegangen und hat dort alles zerstört. Sie hatten dort aber schon nicht mehr gearbeitet. Biermann war verschüttet, ist aber heil wieder raus gekommen.

Der andere Treffer war in die Station 3 gegangen. Kamp ist offiziell vermisst. Sie haben viele Tote und Verwundete gehabt.

Das Festungslazarett war in einem Stollen im Berg und hatte neben dem Luftwaffenlazarett die Hauptarbeit zu leisten. …

Funke bezeichnete den schnellen Fall von Cherbourg auch als Folge des Verrats vom 20. Juli, da sie monatelang keinen Nachschub bekommen hatten und so kaum genügend Ausrüstung für einen harten Kampf für eine Woche hatten. …

Er selbst hat in Cherbourg bis zum Schluss alles mit gesprengt und sagt, dass auch keine Mole und kein Stein im Hafen von Cherbourg aufeinander geblieben sind. Man hat dabei restlose Arbeit geleistet, die Stadt selbst soll aber noch einigermaßen verschont geblieben sein, nur kein Fenster ist heil geblieben durch die Sprengungen.

Er hat Cherbourg mit dem letzten Boot über St. Malo verlassen, hat aber all sein Eigentum verloren. ...

In Annelieses Brief vom 18.1.45 wurde deutlich, wie einseitig und unvollständig die Bevölkerung von der Kriegspropaganda informiert worden war:

So wurde das Attentat vom 20. Juli 1944 als »Verrat« dargestellt, der für das ausbleibende Kriegsglück an den Fronten verantwortlich gemacht wurde.

Die normale Bevölkerung musste das glauben, was sie von der Kriegspropaganda zu hören bekam. Die meisten durchschauten nicht die Hintergründe, die eine Handvoll Männer zu dem Anschlag gegen Hitler bewogen hatten. Der Krieg hätte wahrscheinlich eher ein Ende gefunden, und viele Menschenleben hätten gerettet werden können, wenn der Anschlag auf den Führer erfolgreich gewesen wäre.

Aber auf die Situation an den Fronten hatte der misslungene Anschlag keine Auswirkung, wie man heute mit Sicherheit weiß.

Die Menschen konnten sich gar kein genaues Bild machen von der katastrophalen Lage an den Fronten.

Nur so ließ sich Annelieses Meinung erklären:

Dieser elende Verrat vom 20. Juli, was hat uns der doch geschadet. Und jetzt die schreckliche Sache mit den Bolschewiken. In einem Tag haben sie 150-200 km zurückgelegt. Noch zwei mal so viel, und sie sind hier! Liegnitz wird ganz aufgeregt.

Es ist der Gesprächsstoff in den Gaststätten. Es muss ein furchtbarer Ansturm sein, der Westen versinkt direkt dagegen.

Und wir rüsten uns auf und machen uns mit dem Gedanken vertraut, hier fort zu gehen. Sobald die Lage schlimmer wird, können wir zu Dir kommen, ich versuche es jedenfalls. Mutti und ich bleiben auf jeden Fall zusammen.

Lass nun Deine Wäsche bitte auch dort und schicke nichts, bis sich die Lage eventuell geändert hat.

Alle Kasernen sind alarmiert. Auf den Straßen wird abgemessen. Ich habe solche Ahnung, als ob sie Sicherstandsmesser ausbauen. So fing es damals in Cherbourg an, als Alarmstufe 3 war. ...

Eben kommt der Wehrmachtsbericht. Die Lage ist ja furchtbar schlecht. Die feindlichen Truppen sind 70 km vor Oppeln, und fast an der Grenze von Oberschlesien und seinen Kohlegruben.

Was soll nur werden? Sorge Dich nicht, wir gehen zeitig genug fort. ... Onkel Willy sagt auch eben, dass Erika mit den Kindern nach Leipzig gehen wird. Unser Radio steht nun auch in Onkel Willys Zimmer.

Eben kam auch Dein Schwarzbrotpäcken, es ist noch ganz gut und frisch bei mir angelangt.

Dann kehrte Anneliese in ihrem Brief zum täglichen Geschehen zurück:

Heute Abend gehe ich wieder zum Kochen, und jetzt gleich gehe ich mit dem Süßen, mit Mutti und Frau Müller zum Kränzchen.

In Arndts Päckchen befand sich auch ein Film über den kleinen Sohn. Daran hatten Anneliese und Mutti besonders große Freude. Sie schauten sich den Film gleich an.

Und nun, mein lieber Arndt, hoffe ich, dass wir uns doch noch wieder gesund in unserer kleinen Heimat wiedersehen. Ich habe Dich so lieb, und unser Glück ist so einzig schön, dass man es uns einfach nicht nehmen darf. Sei tausendmal innigst geküsst von

Deiner Anneliese

In dem Brief vom 19.1.1945 spürte man Annelieses Besorgnis über die angespannte Lage:

Die Sowjets fliegen jetzt nach Schlesien ein und haben es nicht weit. Kreuzberg, Kattowitz, Oppeln und Gleiwitz O/S sind, bzw. werden geräumt.

Hier liegen alle Flüchtlinge in Schulen. Mit Kinderwagen und Koffern sind sie gekommen, ein Bild, das mir auch immer vorschwebt.

Frau Köster hat gestern plötzlich ihre Tochter, die in 14 Tagen ein Kindchen erwartet, aufnehmen müssen, mit noch einem älteren Jungen aus Kattowitz.

Gott gebe, dass wir das Industriegebiet halten können. Gestern haben die Bomber in der Nähe Breslaus einen Betriebsbahnhof kaputt gemacht. Hier in Liegnitz ist bei Arnsdorf der große Betriebsbahnhof, und wie leicht kann er das Ziel feindlicher Angriffe sein.

Ach, wenn man doch nur wüsste, was wird. Man überlegt hin und her, was wird, und wie man mal von hier fortkommt.

Ich habe heute 1000 RM für Mutti und Günter abgeholt und von Deinem Buch so viel, dass nur noch genau 1000 RM drauf sind. So haben wir wenigstens Geld in der Tasche. Außerdem hole ich morgen aus dem Safe Dein Buch von Hamburg, wo am meisten drauf ist. Es kann ja immer sein, dass wir fort müssen.

Wir wollen auch an Verwandte nach Braunlage ein Paket mit Sachen schicken.

Hoffen wir, dass alles nur Vorsichtsmaßnahmen sind. Aber man darf den Kopf nicht in den Sand stecken.

Das normale Leben fand auch noch statt, obwohl sich die Lage immer mehr zuspitzte:

Ich will nachher gleich ins Kino gehen, und zwar mit der Tochter von Frau Rugenbauer. Ich habe mir schon eine Karte besorgt.

Nach einem Gang in die Stadt schrieb Anneliese einen Tag später, am 20.1.45:

Wir können so glücklich sein, dass es uns noch so gut geht.

Hier siehst du unendlich viele Flüchtlinge, alle Zimmer sind belegt. Und da gerade unsere Gegend noch über sehr große und spärlich besetzte Zimmer verfügt, so wandert alles nach hier. … Beim Bäcker waren Flüchtlinge, die von ihren Quartiersleuten so hässlich behandelt wurden, und die ihnen keine Bettwäsche geben wollten.

Ach, man fragt sich, wie lange noch dies alles dauert, und hoffentlich kommt doch noch ein gutes Ende.
Nun werden die Reisen auch noch eingeschränkt. Da wird wohl aus Deinem Kommen nichts werden, mein Arndt. Aber das Schlimmste ist, die Post wird nur noch spärlich befördert werden. Und gerade jetzt, wo sich die Lage so zuspitzt, wirst Du in Sorge um uns sein. Aber wir sind hier z.Zt. noch sicher. ...
Falls bei einem Luftangriff etwas passieren sollte, machen wir es so: Wir gehen dann zunächst zu den Verwandten, sollten auch diese betroffen sein, zu den reizenden Kränzchenschwestern.

Am 21.1.45 erinnerte sich Anneliese daran, was vor einem Jahr geschehen war:
Heute vor einem Jahr bekamen wir die Heiratserlaubnis. Damit war dann auch der letzte Stein aus dem Wege geräumt, und wir konnten beruhigt unserer Reise entgegen sehen. Am Abend waren wir noch bei Essig und Gerty zu Gast, und Du hast dann, als wir zusammen auf dem Schaukelstuhl saßen, Dich davon überzeugt, dass das Grübchen noch in Ordnung war.
Alles das ist nun ein Jahr her, und unser Kleiner liegt jetzt neben mir im Wagen und hat sein Nuckerchen. Sein Gesichtchen ist voll weißer Salbe, und er ist z.Zt. ungnädig. Eben war ein wichtiges Ereignis. Er hat zum ersten Mal Gries in Brühe, gekocht mit Mohrrüben, gegessen. Sehr gut hat er das gemacht, nur will er nachher noch sehr gern sein Fläschchen haben. Und das gibt's natürlich nicht.
Bei uns im Zimmer ist es bitterkalt, und ich denke dann abends oft an die Soldaten, die in dieser Kälte, bei den härtesten Bedingungen, kämpfen müssen. Ich bin so glücklich, dass Du noch nicht dabei bist.
Ach, wenn ich Dich doch nur davor bewahren könnte, dass Du auch noch einmal da hinaus ziehen musst. Gott sei Dank ist auch Günter nicht direkt bei der kämpfenden Truppe. Mutti kann sehr glücklich sein, dass sie ihre beiden Jungs noch hat.

Anneliese wollte der schwangeren Frau Wentrup ein Päckchen mit Babysachen schicken. Ein kleines Jäckchen, einige Hemdchen und Schühchen konnte sie entbehren. Sie wusste, wie schwer es war, Babysachen zu bekommen. Mit dem Päckchen wollte sie sich dafür bedanken, dass Frau Wentrup so gut für ihren Arndt gesorgt hatte.

In den folgenden Tagen wurde die Lage immer ernster. Anneliese und Mutti trafen Vorbereitungen für den Fall, dass sie fort mussten. Das Wort »fliehen« oder »Flucht« vermied Anneliese in ihren Briefen, sie schrieb nur vom »Fortgehen«.

Die Stadt war voller Flüchtlinge, und auch immer mehr Verwandte und Bekannte verließen die Stadt. Man brauchte eine Reisebescheinigung, um aus Liegnitz heraus zu kommen:

Ich habe gestern Abend (22.1.45) noch eine Reisebescheinigung nach Wilhelmshaven beantragt, die mir ein befreundeter Polizeioffizier ausstellen will. Leider kann man nicht mehr so einfach aus Liegnitz rauskommen, wie in früheren Zeiten. Die ganze Stadt bietet einen trostlosen Anblick.

Als ich auf dem Bahnhof mich nach den Zügen erkundigen wollte, da traten mir die Tränen in die Augen, welches Elend und wie viele Flüchtlinge ich dort sah. Alle Kinos sind auch zugemacht und sind Quartier geworden.

L.S.M.G. und offene Wagen, dicht besetzt mit Menschen, die ziehen mit Gepäck durch die Straßen. Ab und an hält ein Fluchtwagen, und 10-12 Leute klettern ab und gehen in die Häuser. Säuglinge von 4 Wochen an trinken Kaffee aus ihren Fläschchen, bloß um Flüssigkeit zu bekommen. Es ist sehr traurig.

Breslau wird nun geräumt, da die Sowjets bis auf 50 km diese Nacht nahe gekommen sind. Alle Gebiete rechts der Oder sind geräumt. Wann werden wir dran kommen?

Eben war ich beim Arzt. Bei mir ist alles in Ordnung. Ich habe kein Myom. Gegen den Ausfluss soll ich Spülungen machen. So bin ich wenigstens beruhigt, dass ich ganz gesund bin, und auch mein Ekzem hat sich zurückgebildet.

Mutti war heute am Fach. Sie hat alle Filme ins Fach gebracht. Nur unsere Familienfilme habe ich behalten, damit ich sie bestimmt mit aufheben kann. Dann haben wir 2 Brustbeutel, in die wir die Sparkassenbücher legen und Geld.

Bei Jutta, sie arbeitete in einer Apotheke, waren wir auch und haben uns noch mit Salben, Hansaplast und Schmerztabletten ausgerüstet.
Ein kleiner Koffer ist gepackt, dann nehmen wir noch die Basthandtasche und meinen alten braunen Koffer, wenn wir fort müssen. In der Hauptsache müssen wir Lebensmittel mitnehmen. Ob wir noch mehr mitbekommen, weiß ich nicht.

Das einzig Tröstliche in dieser schwierigen Zeit war der kleine Sohn:
Unserem Kindchen geht es gut. Der kleine Bube ist so reizend. Er weiß von nichts und lacht, wenn man an seinen Wagen kommt. …
Er ist lebhaft, lacht und strampelt mit beiden Beinen. Das Köpfchen ist auch wieder gut, bis auf einen kleinen Restschorf. Der Bauch, das Pöchen, die Händchen und das Hälschen sind in Ordnung.
…
Ich bin sehr, sehr besorgt. Es geht uns z.Zt. so gut hier, und wir sind dankbar für jeden Tag, den wir noch in unserem kleinen Zimmer verbringen können. …
Es ist uns so bedrückt ums Herz, und wir denken nur mit Schrecken daran, unser kleines Zuhause mit dem Kindchen verlassen zu müssen. Es ist nur gut, dass wir uns so lieb haben und wissen, dass wir aufeinander bauen können. Ich habe solche Sehnsucht nach Dir! Wann und unter welchen Umständen werden wir uns wieder sehen?
Ach, mein liebster Arndt, wie ist nur das Ganze schwer, und Du weißt ja gar nicht einmal, was wir für Sorgen haben. Mögen sie alle umsonst gewesen sein! Jedenfalls wollen wir eine Kontaktadresse angeben.

Anneliese schrieb am 24.1.45 eine Adresse in Bad Pyrmont auf, an die sich Arndt im Fall der Fälle wenden sollte. Es war ja alles so ungewiss. Arndt könnte plötzlich einberufen werden, damit musste er jeden Tag rechnen. Wohin sollte man dann schreiben, wie sollte man sich Nachrichten zukommen lassen, wenn man nicht wusste, wohin man sie schicken sollte?
Es war auch nicht sicher, ob es Anneliese gelingen würde, nach Wilhelmshaven zu kommen, wenn sie aus Liegnitz fort musste. Aus Arndts

Briefen wusste sie, dass der zivile Reiseverkehr stark eingeschränkt war und teilweise ganz eingestellt wurde.

Wir sitzen alle bei gepackten Koffern, bzw. Bücherkisten. Heinrichs haben ihre drei im Flur stehen lassen, sie wollen mit dem Schlitten los. Tante Martha will sich Onkel Kurts Schuhe anziehen, da sie kein festes Schuhzeug hat. Wahrscheinlich geht es dann zu Fuß los.
Alles ist zu ertragen, nur das Kind soll leben. ...

Arndt rechnete damit, dass die *Verschärfung der Kriegslage weitere große Einschränkungen mit sich bringen würde.*
Dann wird man wohl auch nur noch ganz selten Post bekommen, wie soll die dann befördert werden. ... Alles rüstet sich auf den Endkampf. ...
Ich glaube ja, das Ende des Krieges kommt einmal viel schneller, als man ahnt. Wir wollen hoffen, dass wir dann günstig abschneiden und noch alle am Leben sind und unsere paar Sachen noch beisammen haben.

In den nächsten Tagen überstürzten sich die Ereignisse. Den Brief vom 24.1.45 hatte Anneliese nicht zur Post gebracht, weil die Beförderung mehr als ungewiss war. Es herrschte für den zivilen Verkehr eine ziemlich vollständige Postsperre. Für die Feldpost hatte sich vorerst wohl nichts verändert, aber der Liegnitzer Briefwechsel der Eheleute brach am 24.1.45 ab.

Der Brief, den Anneliese am 27.1.45 schrieb, blieb unvollendet.

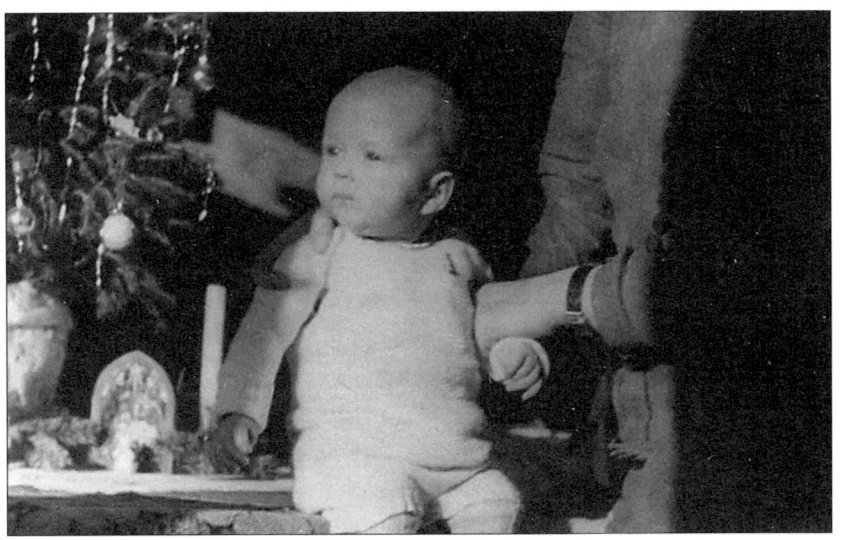

Hanns-Jörn, Weihnachten 1944

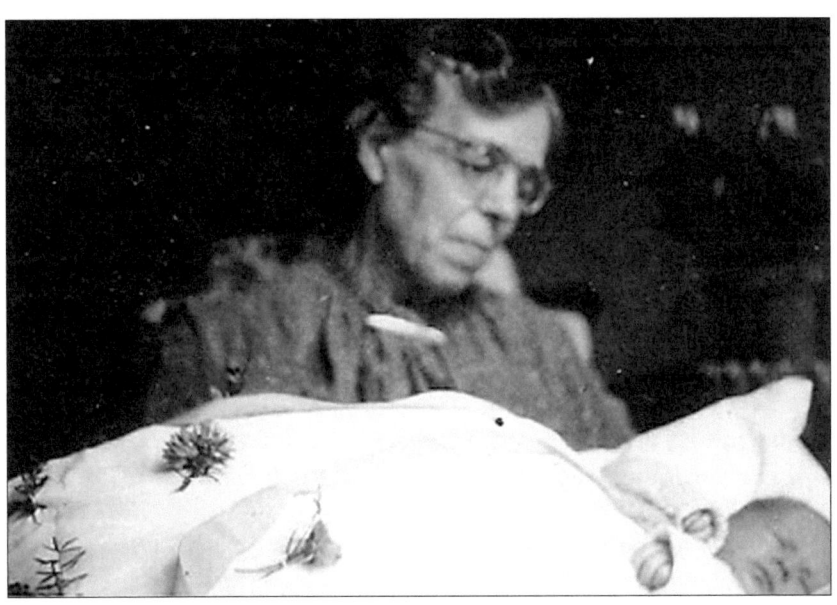

Annelieses Schwiegermutter mit Hanns-Jörn

Flucht

Die Lage wurde immer bedrohlicher, und die Sowjet-Armee rückte näher an Liegnitz heran. Oft konnte man schon das dumpfe Grollen der Geschütze hören. Es wurde höchste Zeit, die Stadt zu verlassen.

Am 26.1.45 begaben sich Anneliese und Mutti mit dem Kleinen zum Bahnhof. Der Kinderwagen ließ sich nur schwer schieben, denn im Wagen befand sich nicht nur das Baby. Die beiden Frauen hatten noch möglichst viele Dinge in den Wagen hineingelegt. Es war bitter kalt, und es schneite stark. Auf den verschneiten Wegen konnte man mit dem vollgepackten Kinderwagen nur mühsam vorankommen.

Auf dem Bahnhofsgelände drängten sich Massen von Flüchtlingen. Es gab kaum ein Durchkommen. Eine Frau beugte sich über den Kinderwagen und betrachtete den Kleinen. Er lachte sie an.

Als Anneliese den Wagen weiterschob, richtete sich die Frau auf und wandte sich zu Anneliese und Mutti. Sie hatte Tränen in den Augen:

»Was für ein entzückendes Kind haben Sie da! Passen Sie nur gut auf den Kleinen auf, damit ihm nichts geschieht. Mein Baby ist gerade erst gestorben.«

Bevor Anneliese noch etwas erwidern konnte, verschwand die fremde Frau in der Menschenmenge.

In ihrem letzten Liegnitzer Brief vom 27.1.45 schilderte Anneliese das weitere Geschehen:

Mein allerliebster, guter Arndt,
Diesen Brief, den ich Dir jetzt schreiben muss, hätte ich wohl am liebsten niemals geschrieben, denn ich muss Dir eine furchtbar traurige Nachricht machen:
Unser kleiner, süßer Junge ist ganz plötzlich von uns gegangen.
Gestern Nachmittag ab 2 Uhr haben wir bis heute morgen um 5 Uhr auf dem Bahnhof gesessen und sind nicht fort gekommen. Wir wollten nach

Hamburg fahren, da Onkel Willy für uns eine Wohnung ausfindig gemacht hat.

Um 18 Uhr gab ich dem Jungen ein Fläschchen auf dem Bahnhof. Ich hatte fertige Nahrung für 5 Mahlzeiten mitgenommen, ich ließ sie mir dort warm machen. Er trank alles aus und lachte.

Gegen ¾ 9 Uhr wurde er ungemütlich, und ich ging, um ihm ein Fläschchen zu wärmen. Er war wieder eingeschlafen, als ich um ¼ nach 9 Uhr wieder kam.

Plötzlich erwachte er und erbrach furchtbar. Ich ging gleich zu ihm, leuchtete in sein Gesichtchen und sah, dass unser Kind plötzlich ganz stark kollabierte.

Ich riss das Kind hoch und eilte mit ihm über Menschen und Koffer schnell in die K.8.4, wo ich ihm durch eine Schwester 2cm Campher geben ließ.

Nun packte ich unseren süßen Jungen und fuhr mit ihm im Eiltempo nach dem Säuglingsheim.

Es wurde mir sehr schwer, da der Kinderwagen voll bepackt und sehr schwer war und nahezu 25 cm Schnee lagen und Schneesturm war.

Aber ich rannte, so viel ich konnte, nur um den Jungen noch lebend hin zu bekommen. Es gelang mir auch.

Die Ärztin kam sofort. Sie weinte auch, als sie das hübsche todkranke Kind sah. Es ist der Fluch dieser Flucht. Kinder über Kinder sterben dahin.

Ich blieb noch bis ½ 12 Uhr bei unserem Bübchen, dann ging ich auf den Bahnhof. Dort war eine Fülle von fliehenden Menschen, dass ich nicht mehr zurück kam. Schließlich hat mich ein Offizier durchs Hintertürchen doch wieder in den Bahnhof gebracht.

Dort war Mutti im Bunker der K.8.4. Ich wurde dort gleich in Anspruch genommen und sollte sofort eine Entbindung machen, da keine Hebamme zu finden war. Kurz vorher kam die Hebamme doch noch, und ich habe nur noch geholfen.

Um 1.50 Uhr starb unser Junge, und zur gleichen Zeit hielt ich das neugeborene Kindlein der fremden Frau im Arm.

Um 6 Uhr gingen wir vom Bahnhof herunter. Da Busse und Straßenbahnen schon nicht mehr fuhren, brachten wir die Koffer in ein Hotel, liefen zu Fuß nach Hause und gingen ins Säuglingsheim.

Dort erfuhren wir nun, dass uns unser Junge wieder genommen wurde. Wir packten das Bübchen in den Wagen und schoben den Kleinen unendlich traurig in die Martin-Luther-Straße.
Ich nahm ihn nach oben, und dort nahm ich für immer Abschied von unserem kleinen Liebling. Immer wieder strich ich über das kleine, liebe Gesichtchen und die lieben Händlein, in unendlicher Trauer.
Dann holte Mutti mit dem Schlitten unsere Koffer und traf dabei Rena, sie kam gleich mit und ...

Hier brach der Brief ab, er blieb unvollendet. Anneliese schickte ihn nicht ab und legte ihn zu den anderen Briefen.

Viele Jahre später hatte Anneliese ihrer jüngsten Tochter erzählt, wie es an diesem schicksalhaften Tag weiterging:
Rena informierte die Verwandtschaft von dem tragischen Ereignis. Die Verwandten, die sich noch in Liegnitz befanden, eilten zu Anneliese in die Martin-Luther-Straße 37, um von dem kleinen Hanns-Jörn Abschied zu nehmen. Sie waren zutiefst erschüttert und voller Mitgefühl für Anneliese.
Trotz all der Trauer und Verzweiflung mussten ganz praktische Dinge erledigt werden:
Der kleine Junge musste beerdigt werden, man konnte ihn ja nicht mitnehmen. Das musste schnell geschehen, da es immer dringlicher wurde, die Stadt zu verlassen.
Nach der Beerdigung musste man sofort versuchen, zum Bahnhof zu gelangen, um einen Platz im Zug zu bekommen. Es war völlig ungewiss, wann ein Zug fahren würde, und ob überhaupt noch Züge aus Liegnitz herausfuhren.

Anneliese eilte mit ihrem toten Sohn im Kinderwagen zum Friedhof. Es war Wochenende, und niemand schien mehr dort zu sein. Verzweifelt irrte sie durch die Anlagen, suchte im Verwaltungsgebäude und in der Kapelle nach jemandem, der ihr bei der Beerdigung ihres Sohnes helfen konnte.

Plötzlich tauchte doch noch ein Friedhofsarbeiter auf. Anneliese bat ihn um Hilfe, aber der Mann reagierte zunächst recht abweisend und lehnte jede Hilfe ab; er sei nicht zuständig.

Dann änderte er aber seine ablehnende Haltung. Er hatte offensichtlich Mitleid mit der jungen Frau, die ihr totes Kind ja irgendwie beerdigen musste.

Er schaute nach, ob er noch einen Sarg auftreiben konnte. Das war schwierig. Es gab keine passenden Kindersärge mehr, der Arbeiter fand nur noch einen sehr kleinen Sarg für Neugeborene.

Auch viele Jahre später, wenn Anneliese von den letzten Tagen in Liegnitz erzählte, fiel es ihr schwer, an dieser Stelle weiter zu sprechen. Sie hatte die schreckliche Situation wieder vor Augen, als wäre es erst gestern gewesen.

Der Sarg war zu klein für Hanns-Jörn; seine Beinchen passten nicht hinein, sie hingen über. Aber Anneliese war froh, überhaupt ein Behältnis zu haben, in das man den Kleinen hinein legen konnte. Auf gar keinen Fall wollte sie ihren kleinen Liebling einfach so schutzlos in der Erde verscharren.

Was sollte man in dieser Situation machen?

Man brach dem kleinen Jungen seine beiden Beinchen, damit er in den Sarg passte.

Anneliese hatte Tränen in den Augen. Sie faltete Hanns-Jörns Händchen zusammen und legte Blumen um den kleinen Körper. Sie hatte die Blumen von Familie Heinrich bekommen, sie waren noch von der Feier zur Silberhochzeit am 14.1.45.

Die Erde war gefroren, aber irgendwie schafften es der Arbeiter und Anneliese, eine Grube auszuheben, damit der Sarg wenigstens einigermaßen unter die Erde kam. Auf das Grab schaufelten sie einen kleinen Erdhügel, den Anneliese nochmals mit Blumen schmückte.

Es war der letzte Gruß, den sie ihrem Sohn zum Abschied geben konnte.

Eine Weile blieb sie vor dem kleinen Erdhügel stehen. Es erschien ihr alles so unwirklich; so als wäre es nicht sie, die hier stand, und als wäre es auch nicht ihr geliebtes Kind, das nun in der kalten Erde lag.

Dann musste sie endgültig Abschied nehmen, denn die Zeit drängte. Sobald es ihr möglich sein würde, wollte sie zurückkommen, um die Grabstelle herzurichten. Das hatte sie sich ganz fest vorgenommen. Damals wusste sie noch nicht, dass sie das Grab ihres Sohnes niemals wiedersehen würde.

Nachdem sie sich bei dem Arbeiter bedankt hatte, eilte Anneliese zurück in die Martin-Luther-Straße.

Noch am selben Tag machte sie sich mit ihrer Schwiegermutter wieder auf den Weg zum Bahnhof. Es war ihr zweiter Versuch, Liegnitz zu verlassen und zu fliehen. Den voll bepackten Kinderwagen nahmen die beiden Frauen wieder mit.

Beim Bahnhof drängten sich die Flüchtlingsmassen. Der Offizier, der Anneliese zur Geburtshilfe geholt hatte, stand wieder am Bahnhof. Als er Anneliese sah, winkte er sie samt Gepäck und Schwiegermutter zu sich heran.

Im Bunker der K.8.4 waren schon wieder einige hochschwangere Frauen, die in den Wehen lagen und Hilfe brauchten.

Anneliese stand den Frauen bei der Geburt bei, sie wusste, was zu tun war. Mit ihrer Hilfe kamen zwei kleine Säuglinge auf die Welt.

Danach sorgte der Offizier dafür, dass Anneliese und ihre Schwiegermutter mit dem nächsten Zug in Richtung Westen fahren konnten.

Über den Verlauf der Bahnfahrt ist wenig bekannt. Die Fahrt dauerte mehrere Tage. Immer wieder gab es Aufenthalte auf freier Strecke, mehrmals drohten feindliche Tiefflieger den Zug anzugreifen. Oft mussten die Flüchtlinge auf den zugigen Bahnhöfen warten. Stundenlang harrten sie in der Eiseskälte aus, immer in der Ungewissheit, ob und wann es eine Weiterfahrt geben würde.

Fest steht, dass die beiden Frauen noch am Freitag, dem 27.1.45, aus Liegnitz abreisten und wahrscheinlich am 1. oder 2. Februar 1945 in Wilhelmshaven ankamen.

Dort gingen sie sofort zum Werft-Krankenhaus, wo sie Arndt antrafen.

Man kann sich kaum vorstellen, mit wie viel Herzklopfen und auch Tränen dieses Wiedersehen vor sich ging.

Einerseits war da die Erleichterung, endlich bei ihrem geliebten Mann angekommen zu sein. Aber dann musste ihm die schreckliche Nachricht vom Tode ihres Kindes mitgeteilt werden. Da stand ein voll gepackter Kinderwagen, der aber auf tragische Weise doch irgendwie leer war, denn das Wichtigste fehlte: das Kind.

Trotz der Trauer über den Tod des kleinen Sohnes war Arndt sehr froh und erleichtert, dass die beiden Frauen die Flucht überlebt hatten und heil bei ihm angekommen waren. Er hatte schon ein Quartier ausfindig gemacht und brachte die beiden in der Roonstraße 112 unter. Hier fanden Anneliese und ihre Schwiegermutter erst einmal Ruhe und konnten sich von den Aufregungen und Strapazen der letzten Tage erholen.

Dann musste Anneliese noch eine Formalität erledigen.
Sie hatte keine Sterbe-Urkunde für den kleinen Hanns-Jörn, sie hatte nur den Totenschein des behandelnden Arztes. Vom Standesamt in Wilhelmshaven und erhielt eine Schriftstück mit folgendem Wortlaut:

Verhandelt
vor dem Standesamt Wilhelmshaven am 5. Februar 1945

Es erschien
die Ehefrau Anneliese H e i n r i c h , geborene Grosse, in Hamburg 26, Saling 2, ausgebombt, zuletzt wohnhaft in Liegnitz, Martin-Luther-Straße 37, von dort geflüchtet nach Wilhelmshaven, Roonstr.12, und

erklärte:

Am 26.Januar des Jahres, ist mein Kind Hanns-Jörn H e i n r i c h , geboren am 19. September 1944 in Liegnitz, wo wir auf den Abtransport warteten, krank geworden und daraufhin spät abends in das städtische Mütter-

und Säuglingsheim inLiegnitz überführt worden und dort am 27. Januar 1945, 1.50 Uhr vormittags, verstorben. Der ärztliche Totenschein des Dr. Bechtold, Liegnitz, sowie die Todesanzeige der Vorsteherin des städtischen Mütter- und Säuglingsheims liegen an.

Das Kind ist am 27.Januar 1945, 13.30 Uhr, auf dem Friedhof in Liegnitz beerdigt worden, ohne dass zunächst der Eintrag in das Sterbebuch des Standesamtes Liegnitz erfolgte. Die Anzeige des Sterbefalls auf dem Standesamt in Liegnitz war nicht mehr möglich, da der Flüchtlingszug bereits am Freitag, dem 27. Januar 1945, eingesetzt wurde und wir somit Liegnitz verlassen mussten.

Ich mache hiervon Mitteilung und bitte, zu veranlassen, dass die Beurkundung des Sterbefalls ordnungsmäßig durchgeführt wird.

V.g.u.
Anneliese H e i n r i c h , geb. Grosse

Der Standesbeamte

Laut vorgelegter Heiratsurkunde sind die Personalien der Eltern des verstorbenen Kindes wie folgt angegeben:
Arndt Philipp H e i n r i c h, Zahlmeister der Handelsmarine, geboren am 4. Oktober 1914 in Hamburg, (Standesamt 22 Hamburg Nr. 1868),
Gerda Margarete Anneliese H e i n r i c h , geborene Grosse, geboren am 2. Juni 1913 in Berlin-Steglitz (Standesamt Berlin Steglitz Nr. 697).
Die Eheschließung erfolgte am 28. Januar 1944 vor dem Standesamt 5a in Hamburg (Reg.Nr. 8/1944). Auf der Heiratsurkunde befindet sich hinsichtlich der Personalien des verstorbenen Kindes folgender Vermerk, der mit einem Dienstsiegel versehen ist:
St.A. Liegnitz, Geb.Buch Nr. 1730/1944 Hanns-Jörn Günter, 19.9.1944.

Aufgrund des obigen Antrags erhielt Anneliese eine Sterbe-Urkunde für Hanns-Jörn.

Der Aufenthalt in Wilhelmshaven war jedoch nur vorübergehend, nur für einige Tage. Dann mussten Anneliese und ihre Schwiegermutter nach Hamburg weiterreisen. Arndt bekam Urlaub und durfte die beiden Frauen begleiten.

Annelieses Brief vom 27.1.1945

Annelieses Brief, 2. Seite

Hamburger Briefe

16.2.45 – 22.4.45

In der neuen Unterkunft

Da Arndt einige Tage Urlaub erhalten hatte, konnte er seine Frau und seine Mutter nach Hamburg begleiten.
Am 13.2.45 traf er mit den beiden Frauen in Hamburg ein. Er konnte sich davon überzeugen, dass beide eine passable Unterkunft gefunden hatten. Große Ansprüche konnte man in diesen Zeiten ja nicht stellen.
Anneliese und ihre Schwiegermutter kamen bei Frau Schaper in Eppendorf, im Woldsenweg 14, unter.
Die beiden Frauen waren wieder zusammen in einem Zimmer untergebracht. Sie konnten nicht wählerisch sein und mussten froh sein, eine Bleibe gefunden zu haben.
Arndt blieb nicht lange in Hamburg, er musste nach kurzer Zeit wieder zurück nach Wilhelmshaven fahren.
Sein Dienst bei der Werft, der verbunden war mit der Leitung des Wehrmachts-Krankenhauses, war beendet. Nun sollte er als normaler Soldat eingesetzt werden. Er wusste aber noch nichts Genaues, keine Einzelheiten über das, was ihn erwartete: wie sein Dienstgrad sein würde, wann er eingesetzt würde, und wohin man ihn schicken würde. Alles war noch völlig ungewiss.

Als Anneliese wieder allein war, ohne ihren Mann, überkam sie die Erinnerung an das Erlebte mit großer Heftigkeit. Immer wieder musste sie an die letzten Tage in Liegnitz denken. Die Stunden der Flucht und den Tod des geliebten Kindes hatte sie immer wieder vor ihren Augen.
Solange sie mit ihrer Schwiegermutter unterwegs gewesen war, auf der Flucht in den Westen zu ihrem Mann, hatte sie kaum Zeit zum Nachdenken gehabt. Es kam nur darauf an, sich irgendwie nach Wilhelmshaven durchzuschlagen und zu überleben.

Wenn die Flüchtlinge auf einem Bahnhof angekommen waren, wussten sie nicht, wann es eine Weiterfahrt gab, oder ob überhaupt ein Zug in Richtung Westen fahren würde. Oft mussten sie stundenlang in eisiger Kälte auf den zugigen Bahnhöfen ausharren.

Die Züge waren mit Flüchtlingen überfüllt, in den Abteilen und in den Gängen herrschte ein großes Gedränge. Nicht immer bekam man einen Sitzplatz. Oft hielten die Züge auf freier Strecke. Das nutzten viele Flüchtlinge, um kurz auszusteigen und sich zu erleichtern. Man musste sich aber beeilen, da der Zug in jeder Sekunde wieder abfahren konnte.

Es war gut, dass Anneliese und Mutti zusammen waren; so konnte eine von ihnen immer im Zug bleiben und auf ihr Gepäck aufpassen. Leider musste man damit rechnen, dass Gepäckstücke, die unbeaufsichtigt waren, schnell einen neuen Besitzer fanden.

Besonderen Schrecken lösten die feindlichen Tiefflieger aus, wenn sie versuchten die Flüchtlingszüge zu bombardieren. Manchmal flogen sie so niedrig, dass man das Gesicht des Piloten erkennen konnte.

»Wie kann es ein Mensch nur fertig bringen, seine tödliche Fracht über wehrlosen Flüchtlingen zu entladen, die doch ohnehin schon alles verloren haben«, waren Annelieses Gedanken.

In den ersten Tagen in Wilhelmshaven überwog bei Anneliese das Gefühl der Erschöpfung. Zugleich war sie erleichtert darüber, dass sie endlich bei ihrem Mann war, und dass sie und ihre Schwiegermutter vorläufig in Sicherheit waren.

Arndt war ihr in dieser Situation eine große Hilfe gewesen: Er war bei ihr, tröstete sie und lenkte sie ab, so dass sie nicht immer daran denken musste, welche schrecklichen Dinge hinter ihr lagen.

Nun, allein in Hamburg, tauchten die schlimmen Ereignisse immer wieder in ihrer Erinnerung auf, so, als erlebte sie alles noch einmal. Wenn sie dann ohne Arndt in dem fremden Zimmer saß, wurde ihr die ganze Tragik der vergangenen Tage bewusst.

Anneliese war tief traurig und unglücklich. Der Tod des Sohnes nahm ihr jede Lebensfreude. Außerdem vermisste sie ihren Mann. Arndt musste am 15.2.45 wieder nach Wilhelmshaven abfahren, und sie war mit ihrer Schwiegermutter allein im Zimmer.

Die Monate in Liegnitz waren damit ausgefüllt gewesen, dass sie sich um ihren kleinen Sohn gekümmert hatte. Die Versorgung des kleinen Hanns-Jörn bestimmte ihren Tagesablauf. Der Kleine hatte sie glücklich gemacht und hatte sie darüber hinweg getröstet, dass Arndt nicht bei ihr war. Das alles entfiel nun, und sie empfand eine große Leere. Der Verlust des Kindes schmerzte sie. Womit sollte sie ihre Zeit ausfüllen?

Besonders in den ersten Hamburger Briefen wurde Annelieses große Verzweiflung deutlich:

Am 16.2.45 schrieb sie zum ersten Mal von Hamburg aus an Arndt:
Mein liebster, guter Arndt,
Nun sind es genau 24 Stunden her, dass wir mit Dir auf dem Hauptbahnhof standen. ... Gestern Abend bin ich sehr traurig nach Hause gegangen, Onkel Willy war noch bei uns.
Wir sind beizeiten ins Bett gegangen. Ich habe zunächst gut geschlafen, aber in der Nacht wachte ich auf und konnte mich gar nicht zurechtfinden. Erst dachte ich, ach, der Junge hat aber gut geschlafen, und dann allmählich merkte ich, dass ich ja in Hamburg war, und dass Du mich wieder verlassen hast.
Da war ich sehr unglücklich, mein Büberchen.
Und doch müssen wir noch froh sein, dass wir so gut untergekommen sind. Frau Schaper hat eine Freundin, die eine Dame zu Besuch hat, die schon drei Wochen hier ist und nirgends eine Unterkunft findet. Täglich schläft sie woanders und meist nur auf einem Stuhl.
Wir waren heute Morgen in der Stadt. Euer Safe liegt nun auf dem Steindamm. Alle Fächer von Hamm sind nach dort in die Keller der Ruinen gekommen. ...
Dann waren wir bei Euch am Haus und auch bei Euch im Keller. Trostlos und verlassen sieht das alles aus und war doch einmal voller Leben.

Das Haus, in dem Arndts Familie gewohnt hatte, war bei einem Bombenangriff zerstört worden. Arndts Mutter war daraufhin zu den Verwandten ihres Mannes nach Liegnitz gezogen. Dort fühlte man sich damals noch einigermaßen in Sicherheit. Die Front war weit entfernt, und trotz des Fliegeralarms hatte es noch keine Bombardierungen gegeben.

Dann sind wir noch im Ratsweinkeller gewesen, schrieb Anneliese weiter, *und hernach auf der anderen Sparkasse. Ich habe mir dort von meinem Liegnitzer Buch 350,00 RM abgeholt. Danach waren wir bei Heimadinger. Sehr viel hat man uns nicht eingepackt. Jedenfalls nur Sachen, die wir auch so im Laden kaufen konnten.*

Wir haben uns im Alsterkaufhaus auch Kleider angesehen. Man hofft dort, Anfang der kommenden Woche eine neue Sendung zu bekommen.

Um 4 Uhr waren wir mit unseren Einkäufen wieder in unserem Zimmer. Jetzt haben wir auch Kartoffeln und Rotkohl im Haus.

Von Günter ist noch nichts nach hier gekommen. Ob Du wohl Post vorgefunden hast? Wir schreiben gleich an Heinrichs, vielleicht haben die etwas von Jutta und Rena gehört. Ich weiß von den alten Tanten auch nichts, denn Post hatten wir heute nicht.

Hoffentlich gehen Deine Briefe recht schnell zu mir, damit ich wenigstens lesen kann, dass Du mich lieb hast, weil Du es mir nicht mehr sagen kannst. Du bist Alles für mich, mein Arndt. Ich habe jetzt keinen süßen Jungen mehr, den ich voll Liebe an mein Herz nehmen kann.

Ach, Arndt, wie werde ich bloß über dies alles hinweg kommen. Mein ganzes Leben, mein Alltag, alles ist anders geworden. Ich komme mir so richtig unnötig vor, wenn Du nicht hier bist.

Hoffentlich finde ich nur eine nette Arbeit, die mich ablenkt. Ich bin so glücklich gewesen mit meinem Kindchen. Ich kann es nicht fassen, dass mein Hanns-Jörn nie mehr zu mir zurückkommt, und dass ich seine kleinen Händchen nicht mehr in meine Hände nehmen kann. Jede Frau, die mit einem Kinderwagen geht oder ein Kindchen trägt, beneide ich glühend.

…

Ach, liebster Arndt, Du hast es nicht einfach gehabt, aber glaube mir, ein ganzes Jahr hat sich alles nur um das Kind gedreht, ich kann mich doch nicht davon lösen. Wenn Du immer bei mir bist, wenn wir wieder bessere Zeiten haben, dann kann ich wohl wieder froher werden. Aber da sind die Aussichten schlecht. Wenn Du mir bloß erhalten bleibst, mein Büberchen.

Vielleicht spreche ich Dich ja noch heute am Telefon und höre Genaues von Dir. Und nun muss ich zum ersten Mal den Brief an Dich schließen, ohne dass ein Kindchen Dich grüßen lässt. Ich küsse Dich ganz, ganz lieb und bin immer
Deine Anneliese

Ähnlich deprimiert klangen viele Zeilen in Annelieses nächstem Brief:
Den 17.2.45
Mein geliebter, guter Arndt,
Heute am Sonnabend gehen meine Gedanken ganz besonders lieb und herzlich zu Dir. Du hast um 1 Uhr Schluss und packst zum letzten Mal Deine Sachen in der Werft zusammen. Ich war ja so glücklich, dass Du mich gestern angerufen hast, konnte ich doch Deine liebe Stimme so gut hören, als ob Du neben mir standest.

Nun ist Dein Schicksal schon so schnell besiegelt. Gott sei Dank konnten wir wenigsten die ersten Tage und Wochen nach der Flucht mit Dir gemeinsam verbringen. Und was wird nun?

Ich kann, solange der Krieg ist, nie mehr froh werden. Das Kind fehlt mir so, und Du musst nun auch bald in den direkten Kampf.

Ich habe es ja noch weit besser als Du, aber all die seelischen Aufregungen machen mich doch so langsam kaputt.

Seit Du nicht mehr bei uns bist, ist es wieder sehr still und einsam bei uns geworden, und ich grause mich direkt vor jedem Tag und jeder Stunde. Du wirst mich sicher für sehr undankbar halten, mein Arndt, aber mein Herz ist so traurig, und ich bin so unglücklich. Abends gehe ich schon um 8 ½ Uhr ins Bett. Was soll ich noch aufbleiben? Kein Kind erwartet mich um 10 Uhr, es ist zu traurig.

Ich bin so hoffnungslos, und keiner kann mir helfen. Wärst Du immer bei mir, dann käme ich über alles besser hinweg. Ich warte schon sehnsüchtig auf Deinen ersten Brief, vielleicht erreicht er mich schon am Montag. ...

Meine Gedanken kreisen nur noch um Dich und begleiten Dich mit lieben Segenswünschen, mein Büberchen.
Ich küsse Dich ganz lieb und bin immer
Deine Anneliese
Heute ist unser Junge 3 Wochen tot, wer weiß, wie sein kleiner Hügel aussehen mag. Ich kann es immer noch nicht fassen.

Die Trauer über den Verlust des kleinen Sohnes kam auch in den folgenden Briefen immer wieder zum Ausdruck. Das Einzige, was Anneliese aufrecht hielt, war die Liebe zu ihrem Mann und die Hoffnung auf eine gemeinsame Zukunft – wenn nur dieser schreckliche Krieg erst einmal vorüber wäre.

Trotz ihrer Trauer erinnerte sich Anneliese auch an die schönen Stunden mit Arndt:

Und nun, mein liebstes Büberchen, grüße ich Dich ganz lieb. Ich habe so Sehnsucht nach Dir und dem Bäumchen. Wie gerne würde ich wieder auf meinem »Kopfkissen« liegen. …

Arndts Briefe aus Wilhelmshaven an seine Frau begannen ebenfalls pünktlich am 16.2.45.

In seinen Briefen vom 16. und 17.2.45 berichtete Arndt von den Schwierigkeiten, die seine Einberufung mit sich brachte. Man hatte ihn nicht richtig eingestuft, die finanzielle Seite musste entsprechend geklärt werden, und vieles mehr. Anneliese bekam Vollmachten und Anweisungen, damit sie einiges bei den Ämtern regeln konnte, falls Arndt nicht die Gelegenheit dazu hatte:

Ich weiß ja nicht, ob ich das alles noch selbst machen und beantragen kann. … Ich muss mich wieder bei der Marine melden, ob ich da nun bleibe oder nicht, weiß ich nicht. …

Ich werde wohl am besten meinen Koffer mit den Sachen zu Euch schicken, denn wer weiß, was richtig ist, und dann kann Günter beim Urlaub mein Zivil tragen. Hier kann es verloren gehen, wenn meine Bekannten vom Krankenhaus eines Tages nicht mehr hier sind.

Was genau wird, weiß ich natürlich auch nicht, ich erfahre es erst am Montag. Meine Aktentasche werde ich bei mir behalten, da ich dann ja keinen Koffer mehr habe und nicht alles im Karton haben kann. Wenn die Gefahr des Beklaut-werdens auch groß ist, so muss man es in Kauf nehmen. Sonst nehme ich so wenig wie möglich mit zum Militär, denn alles ist nur unnützer Ballast. ...

Meine Kleiderkarte schicke ich Dir morgen mit.

Wie geht es Dir nun, mein so geliebtes Herzel? Meine Gedanken sind immer bei Dir, und ich bin immer recht bedrückt, wenn ich Dich so traurig in Hamburg weiß, und unser Kindchen kann Dich nicht mehr aufheitern und Dir große Freude machen. Ich denke da nur an Dich, und es bedrückt mich doch sehr, Dich in solcher Stimmung in Hamburg zu wissen.

Über das bevorstehende Militär sorge ich mich in keiner Weise, und ich gehe keine Sekunde mit unruhigem Herzen dorthin.

Was da noch alles kommen mag, kann mich nicht bedrücken, denn ich muss und werde für Dich leben. ... Ich werde immer nur daran denken, dass alles nur für mein geliebtes Frauchen ist. Du musst mir nur erhalten bleiben und die bleiben, die Du immer gewesen bist. Wir wollen beide unser Glück nicht wieder aus den Händen geben.

Wie gern hätte ich Dich bei mir, um Dich zu trösten und mit Dir zusammen zu sein.

Am 18.2.45 berichtete Arndt von der netten Frau Wentrup, die sich immer so hilfsbereit um alles gekümmert hatte. Sie war schwanger und wusste nicht, wo sie in Zukunft wohnen würde, wenn ihr Mann versetzt würde. Für ihren Verbleib und eine Unterkunft für sie und das gemeinsame Kind schien ihr Mann keine Vorsorge zu treffen.

Aus Arndts Schilderung von dem Wiedersehen der beiden Eheleute hörte man seine Missbilligung deutlich heraus:

Um 18.00 Uhr kam dann auch Herr Wentrup wieder zurück. Du hättest Dich bestimmt gewundert, wie die Begrüßung wieder so typisch von ihm war. Er kam in die Messe, seine Frau kam ihm entgegen, und er gab ihr kurz einen Kuss, setzte sich dann zu uns und erzählte uns eine längere Zeit, wie es ihm ergangen war, ohne sich um seine Frau weiter zu kümmern und sich nach ihrem Befinden etc. näher zu erkundigen.

Sie ging dann raus und machte ihm das Badewasser fertig, und er stieg ins Bad.

Nein, mein Herzel, da werden wir uns immer anders begrüßen. Eine große Liebe wie die zwischen uns beiden ist wohl doch nicht so allgemein üblich; wir sind nun schon ein Jahr verheiratet, und sie ist noch in keiner Weise kleiner geworden. Im Gegenteil, wir sind nur immer fester und inniger zusammen gewachsen, und so muss es auch immer bleiben.

Unser gemeinsamer Schmerz durch den Tod unseres Jungen hat uns nur noch tiefer vereinigt. Du kannst mir glauben, wie tief mich das im Innersten bedrückt, dass unser Süßer nicht mehr da ist, und ich Dich nun so einsam und traurig in Hamburg weiß.

Solange Du bei mir warst, hat mich Deine Nähe so sehr abgelenkt, die Reaktion kommt bei mir aber jetzt erst richtig, wo ich wieder ganz alleine bin, und ich Dir nicht helfen kann, und Du mir nicht, das Schwere zu vergessen. Ich kann wohl sagen, das bedrückt mich z.Zt. doch sehr.

Ich gehe morgen ohne Bedrückung zum Militär und glaube, durch den Dienst dort mehr Ablenkung zu finden, als wenn ich hier so sitze und nur an dies denken kann.

Was Millionen von Männern aushalten können, kann ich auch, und man muss einmal sehen, wohin mich das Schicksal verschlägt.

Ich hoffe ja, dass ich Dir immer regelmäßig Nachricht geben kann. Wenn die Freizeit auch manches Mal nur sehr knapp sein wird, so werde ich doch jede freie Minute ausnutzen, um an Dich zu schreiben und an Dich zu denken. Wenn Du einmal einige Zeit ohne Post sein solltest, dann darfst Du Dir nicht gleich Sorgen machen. ...

Nun, mein heiß geliebtes Annelies, will ich für heute Schluss machen. Ganz innige und liebste Küsse sende ich Dir für heute und nehme Dich ganz fest in meine Arme und wünsche Dir weiterhin alles Gute und bin immer Dein treuer, Dich so innig liebender Arndt

Viele Grüße auch an Mutti

Am 17.2.45 schilderte Anneliese, wie sie und Mutti sich mit Frau Schaper, ihrer Zimmerwirtin, arrangieren mussten:
Hier im Zimmer haben wir es nett, aber die Frau (Frau Schaper, die Wirtin) ist ja so püttschig, man fühlt sich direkt ungemütlich.
Heute haben wir gewaschen. Es war ihr nicht recht. Aber da sie fort war und die Flamme nicht brauchte, konnten wir es doch tun. Heute Mittag meinte sie dann, wir hätten den ganzen Fußboden schmutzig gemacht. Mutti hat den Herd sauber gemacht, sie hat ihn eben noch einmal gemacht.
Die Vorgänger von uns sind ja auch ausgezogen, weil die Frau sie verrückt gemacht hat. Die ganze Geschichte ist über den Richter gegangen.
Der hat auch gesagt: »Dass Leute sich über Schmutz beklagen, habe ich erlebt. Aber über zu viel Sauberkeit noch nie.«
Dies hat mir gestern Frau Schaper selbst erzählt. Man merkt, dass die Frau nie Kinder gehabt hat, und auch sonst hatte sie wohl stets jemanden neben sich, der jeden Fleck sofort weg macht. Ich sehe für Mutti schwarz darin, weil sie alles nicht einsieht.
...
Anschließend haben wir dann noch mit Schumachers und Frau Schaper uns die laufende Arbeit geteilt. Es wird immer so gemacht:
Jeder macht sein Zimmer, dann einer den Flur, einer Klo und Badezimmer und einer die Küche, und das immer abwechselnd.

In seinem Brief vom 19.2.45 gab Arndt seinen Kommentar zu dem Bericht seiner Frau:
Ich habe mir schon gedacht, dass Frau Schaper ein furchtbarer Scheuerteufel ist und Euch so einiges zu schaffen machen wird. Ihr müsst besonders in der Küche darauf achten, dass alles recht sauber bleibt, und Euch darauf mit ihr nur sehr wenig einlassen. In Eurem Zimmer kann sie Euch ja nur sehr wenig sagen.
Den Safe habt Ihr nun auf dem Steindamm wieder gefunden, antwortete Arndt auf Annelieses Bericht über die zerstörte Wohnung der Familie Heinrich, *und habt die Sachen dort untergebracht. Die Trümmer unserer*

alten Wohnung hast Du nun auch gesehen, viel kannst Du Dir darunter nicht mehr vorstellen.

Am 20.2.45 fand dann Arndts *Abschied vom Zivilleben* statt. *Als er sich aus gegebenem Anlass in einem Lokal ein schönes Schnitzel zu Gemüte führte, traf er einen alten Kumpel von der Insel Hlwar, der alles bis zum Schluss mitgemacht hatte.*
Da habe ich wieder so allerhand gehört, und ich kann nur froh sein, von dort noch zur rechten Zeit weggekommen zu sein. Auf dem Festland haben sie schwere Kämpfe gehabt und sind dann so ziemlich zerstreut worden. Der größte Teil unseres Bataillons ist wohl gefallen bzw. schwer verwundet worden. Er konnte mir so allerhand Bekannte nennen, die gefallen sind.
…
Nach einiger Zeit bin ich dann weiter gegangen und habe das Tor der Kaserne betreten. … Ich habe vollkommen neue Papiere und ein neues Soldbuch bekommen. …
Die Wohnverhältnisse sind hier katastrophal. Wir liegen auf dem Boden, was früher Wäschekammer war und kaum Fenster hat. … Es hausen fast 60 Mann darin, ganz miese Verhältnisse jedenfalls, aber es kann mich nicht erschüttern.
Ich bin dann gleich zum Hauptfeldwebel gegangen und habe einen Erlaubnisschein zum Anlandgehen von 18.00 – 7.00 Uhr bekommen. Nachdem ich also gegessen habe, das Essen war gar nicht so schlecht, bin ich an Land gezogen und bin ins Krankenhaus gegangen, wo ich dann auch geschlafen habe.
Dazu kommt, dass es hier in der Kaserne ganz unbeheizt ist, so dass es auf die Dauer reichlich kalt ist. Nur gut, dass es draußen nicht so kalt ist, sonst wäre es für uns nicht auszuhalten.

Über seinen weiteren Einsatz erfuhr Arndt vorläufig immer noch nichts.
Bei diesem Gammeltempo wird es wohl noch einige Zeit dauern, bis es losgehen wird.
Hier ist ein ewiges Kommen und Gehen, täglich kommen hunderte von

Soldaten dazu, und genau so viele hauen hier jeden Tag wieder ab. Ich glaube nicht, dass ich noch sehr lange hier bleiben werde, denn die meisten werden schon nach 8-10 Tagen abkommandiert, kommen dann aber meistens noch in ein weiteres Auffanglager bzw. Aufstellungs-Kompanie. Ich werde Dich heute oder morgen wieder anrufen.

Arndt nutzte seine Kontakte zum Krankenhaus und versuchte, möglichst oft eine Ausgeh-Erlaubnis zu bekommen, um im Krankenhaus übernachten zu können. Dort war es für ihn erheblich angenehmer als in seinem Soldatenquartier. Er genoss auch die Geselligkeit mit seinen Bekannten, die noch im Krankenhaus Dienst taten. Außerdem hatte er dort die Möglichkeit, mit seiner Frau zu telefonieren.

Den gestrigen Abend habe ich sehr gut verbracht, wir haben noch einmal ordentlich Doppelkopf zusammen gespielt.
…
Heute Abend werde ich dann wieder ins Krankenhaus gehen, um dort wieder einen besseren Abend zu verleben, denn hier ist es wirklich recht ungemütlich und kühl. Man muss ja auch den ganzen Tag in dieser Dachbude die Lampe brennen lassen.
Aber Du kannst beruhigt sein, mir geht es sonst sehr gut, und wenn es nicht schlimmer werden sollte, dann habe ich ja wirklich nicht zu klagen. Du brauchst dich wirklich nicht um mich zu sorgen, ich schreibe Dir aber immer alles ganz genau, wie es hier ist, damit Du Dir immer ein ganz genaues Bild machen kannst, wie Dein kleiner Mann sich hier durchschlägt.

So oft es ging, versuchte Arndt, mit seiner Frau zu telefonieren. Für beide Eheleute war es immer wieder sehr tröstlich, wenn sie miteinander reden konnten. Das Telefonieren war nicht billig: ein Anruf kostete 5 RM, das war damals eine Menge Geld, aber das war es ihnen wert.

Die Briefe und die wenigen Telefonate waren für die beiden Eheleute wie ein Rettungsring, der sie in dieser schwierigen Zeit über Wasser hielt und ihnen die Hoffnung auf eine bessere, gemeinsame Zukunft gab.

Glücklicherweise gab es in Frau Schapers Wohnung ein Telefon, so dass Arndt seine Frau ab und zu anrufen konnte. Frau Schaper schien es aber nicht gern zu sehen, wenn das Telefon von ihren Untermietern benutzt wurde. Manchmal vergaß sie, Anneliese zu informieren, wenn Arndt angerufen hatte. Es geschah auch, dass Anneliese ihren Mann am Telefon kaum verstehen konnte, weil sich Frau Schaper und ihre Gäste während des Telefonats ungewöhnlich laut unterhielten.

Eines Tages funktionierte das Telefon nur noch, um Anrufe entgegen zu nehmen. Eigene Telefonate zu führen, war nicht mehr möglich, jedenfalls nicht für Anneliese und ihre Schwiegermutter.

Immer wieder zeigte Arndt Verständnis für Annelieses Kummer und versuchte sie zu trösten:

Wie geht es Dir nun, mein Herzel, bist du immer sehr traurig, oder fängst Du Dich so langsam, denn es muss ja doch sein, und Du musst Dich für mich erhalten, mein Herzel, denn ohne Dich kann ich nichts mehr anfangen. …

Ich bin so viel in Gedanken bei Dir, und alle meine guten Wünsche eilen immerzu zu Dir. Du leidest schwer unter dem Verlust unseres Süßen, und keiner kann die Tatsache wieder rückgängig machen. Deine ganze Liebe und Fürsorge galt unserem Jungen, und das Alleinsein war so für Dich viel, viel leichter. Ich verstehe Dich so gut, mein Herzel, und wenn ich es auch nicht immer so zeigen kann, wie es bei mir aussieht, und ich nur immerzu besorgt war, Dir zu helfen und ein kleiner Trost zu sein, so ist mein Schmerz um unseren Jungen auch recht tief. Nur Du hast es noch ganz bedeutend schwerer.

Solange wir beide aber noch gesund und munter sind, dürfen wir keine Sekunde unseren Mut verlieren, und unsere große Liebe wird uns schon über alles hinweg tragen.

Arndt suchte immer wieder tröstende Worte, um seine Anneliese aufzumuntern und von ihrem Schmerz abzulenken. Er glaubte fest daran, dass sie beide eine schöne, gemeinsame Zukunft haben würden.

Am 19. hast Du auch so viel an unseren Kleinen gedacht, und ich verstehe Dich schon sehr gut, dass es Dich immer wieder arg packt, weil Du all dies hast wieder hergeben müssen.

Ich habe heute Nacht geträumt, und zwar so klar, dass wir wieder ein Kindchen haben. Dieses Mal ist es ein kleines Mädchen.

Am 23.2.45 wurde Arndt dann eingekleidet:

Gestern habe ich nun meine Uniform bekommen. Ich habe recht gute Sachen bekommen, alles fast neu, die Unterwäsche ist jedenfalls ganz neu. Die Uniformen sind zwar schon getragen, aber sonst sehr gut. Die Schuhe sind ganz neu und sehr gut. Am Montag werde ich nun die Klamotten anziehen, und dann bin ich auch äußerlich Soldat.

So oft wie möglich versuchte Arndt, die Abende in netter Gesellschaft im Werft-Krankenhaus zu verbringen:

Wir haben dann noch sehr angenehm den Geburtstag von Herrn Gerth zusammen gefeiert. Er hatte noch ein paar Flaschen Wein besorgt, die wir dann sehr nett zusammen geleert haben. Wir hatten zum Schluss eine gute Bettschwere, und ich bin dann um ½ 12 Uhr nach der Kaserne gegangen, nachdem noch vorher Alarm gewesen war. ...

Als Flüchtlinge mussten Anneliese und ihre Schwiegermutter manch bittere Erfahrung machen. Man sollte doch denken, dass Menschen, die durch den Krieg alles verloren hatten, von ihren Mitmenschen besonders herzlich behandelt würden. Das war aber leider oft nicht der Fall.

Es mussten viele Formalitäten erledigt werden, und auf den Ämtern war man alles andere als freundlich und zuvorkommend zu den Flüchtlingen, berichtete Anneliese am 20.2.45:

Wir waren heute bei der Bezugsscheinstelle. Man war wieder sehr unfreundlich zu uns. Wir haben dort einige Sachen beantragt, aber es soll noch recht lange dauern, bis eventuell etwas bewilligt wird.

...

Jedenfalls kann ich nur sagen, dass es in Hamburg so ist, und dass die Leute in Wilhelmshaven viel entgegenkommender waren.

Darauf antwortete Arndt:
In Hamburg wirst Du überall recht übel behandelt, ja, da war man in Wilhelmshaven doch ganz erheblich zuvorkommender, und man wird es in Hamburg wohl auch wieder lernen müssen.
Was sagt Mutti denn dazu, da kann sie gar nicht so stolz auf ihr Hamburg sein?

Man kann es nicht fassen, wie die Flüchtlinge selbst bei Flieger-Alarm behandelt wurden:
Gestern hatten wir ja Alarm und sind auch im Keller gewesen. Man behandelte uns Untermieter wie Aussätzige, wir durften nicht bei den anderen bleiben, sondern mussten nach nebenan in einen anderen Keller gehen.

Annelieses Zorn über die abweisende Behandlung war verständlich.
Womit hatten sie das verdient? Was hatten denn die Flüchtlinge getan, dass man so schlecht mit ihnen umging? Sie waren doch nicht schuld an ihrer misslichen Situation. Sie hatten alles verloren und hätten ein viel größeres Entgegenkommen verdient.
Am 20.3.45 schrieb sie sich ihren Ärger vom Herzen:
Gebe Gott, dass wir verschont bleiben, wenn ich auch dem Hauseigentümer bzw. Verwalter mal wünsche, selbst irgendwo einmal unterzukriechen, so wie wir es tun müssen. Wir sind bei ihm nur Menschen 3. Grades.
Zu einem späteren Zeitpunkt, am 22.3.45, berichtete Anneliese von einem netten, älteren Herrn, der auch *ein Mieter 5. Grades* war:
Er wohnt im 3. Stock, ist schwer herzleidend. Die Mieter dürfen den Fahrstuhl benutzen, ihm ist es untersagt.
Es war empörend, wie manche Mitmenschen mit den Flüchtlingen umgingen. Von einer Solidarität mit ihren Volksgenossen war oft wenig zu spüren.

So allmählich gewöhnten sich die beiden Frauen an die neue Situation. Dabei erwies sich Onkel Willy, der Hamburger Trauzeuge, als sehr hilfreich. Von den alten Bekannten und Verwandten aus Hamburg war er der erste, mit dem Anneliese und ihre Schwiegermutter Kontakt hatten. Onkel Willy besuchte sie regelmäßig. Oft brachte er nützliche Dinge mit, über die sich die Frauen sehr freuten. Manchmal unternahmen die drei Ausflüge nach Manhagen, das lag vor den Toren Hamburgs.

Onkel Willy kam eben und hat nun für morgen Pläne gemacht. Gott sei Dank hat er uns Nivea Creme mitgebracht und braune Schuhwichse, damit wir endlich unsere Schuhe einfetten können.
...
Onkel Willy hat uns noch 3 niedliche handgemalte Tässchen mit Kaffee- und Milchkännchen gebracht. Es ist zwar für Mokka, aber wir freuen uns über die ersten eigenen Stücke wieder sehr.

Gestern kam Onkel Willy und brachte uns ein Schnäpschen mit, und es war wie im Frieden. Nur Du hast mir gefehlt, mein Büberchen.
Wenn Günter kommt, so kann er vielleicht doch hier schlafen, und zwar in dem kleinen Zimmer, wo Deine Matratze lag. Onkel Willy wird versuchen, ein Bett zu besorgen. Hoffen wir, dass es klappt, damit Mutti mal ihren Jungen, der noch ganz ihr gehört, bei sich hat.

Die Übernachtungsmöglichkeit für Günter hatte sich dann am 20.2.45 geklärt:
Außerdem bekommen wir für Günter ein Bett von der Hapag geborgt, und so hat er wenigstens die Möglichkeit, bei uns zu wohnen. Hoffentlich kommt er nun auch.

Onkel Willy half den beiden Frauen, indem er ihnen oft einige Besorgungen abnahm. Denn selbst wenn man Bezugsscheine hatte, bekam man die benötigten Dinge nicht in jedem Geschäft. Man musste oft in mehreren

Geschäften nachfragen, ob die Artikel vorrätig waren. Das war immer mit zeitaufwendigen Laufereien verbunden.

Eben kam Onkel Willy. Er hat uns 4 Kopfkissenbezüge, 2 Inletts und 2 Handtücher für unsere Bezugsmarken besorgt. So haben wir schon wieder etwas Eigenes. Wir sind über jedes neue Stück, das uns selbst gehört, von Herzen froh.
Gestern Abend kam Onkel Willy auch noch zu uns. Wir spielten mit ihm ein neues Kartenspiel. Erst war ich ganz großer Gewinner, und jetzt bin ich schon wieder ganz unten. Ich verspiele noch Haus und Hof, mein Arndt. Aber man sagt ja immer »Glück im Spiel, Unglück in der Liebe«. Ich habe nun Glück in der Liebe und darum Unglück im Spiel. Du bist ja ein Sonntagskind und hast darum in allem Glück.

Einmal ließ sich Onkel Willy mehrere Tage nicht sehen, so dass sich Anneliese Sorgen machte. Als er dann wieder erschien, neckte sie ihn damit, ob sie und Mutti ihm wohl zu langweilig wären, weil er so lange nicht gekommen war.

In der folgenden Zeit besuchte Onkel Willy die beiden Frauen wieder öfter. Es war immer eine schöne Abwechslung, wenn er kam, wie Anneliese in vielen Briefen schrieb. Selten erschien er mit leeren Händen, meist hatte er ein kleines Mitbringsel dabei.

Onkel Willy schüttelt immerzu den Kopf, dass ich täglich so viel an Dich zu schreiben habe. Eben sagt er zu mir, ich sollte mich auf das kleine Tabakpäckchen setzen, damit es schön platt wird. Ich sollte es Dir auch schreiben, sagt Onkel Willy.
Heute Nachmittag aßen wir mit Onkel Willy Kuchen, zu dem er neulich die Rosinen gestiftet hatte. Gestern Abend war er wieder bei uns und hat mit uns gespielt. Erst war ich großer Gewinner, und nachher ging es wieder bergab mit mir. Vielleicht hast Du an mich gedacht, mein Arndt.
…
Onkel Willy ist gestern Nachmittag bis ½ 6 Uhr bei uns gewesen und

abends noch einmal zum Kartenspielen gekommen. Heute Abend wird er auch bei uns sein und eine Flasche Wein mitbringen.

So gut es ging, wurde Arndt mit *Rauchwaren* versorgt. Anneliese rauchte ab und zu mal eine Zigarette, aber die Kippen wurden aufgehoben und an Arndt geschickt. Manchmal machte sie ihm eine besondere Freude, indem sie die Zigaretten nur kurz anrauchte und extra lange Kippen für ihn übrig ließ.

Anbei schicke ich Dir wieder vier Stummel, sie sind noch schön groß, und dazu ist noch ein nettes Gedichtchen dabei.

Mein Junge! Wenn die Zigarre kaputt ist, musst Du sie in die Pfeife stopfen. Schicken können wir gar nichts mehr als 20 g.

Ich mag tatsächlich seit gestern Mittag nicht rauchen. Ich wollte mir eben eine Zigarette nehmen, aber da mochte ich auch nicht. Ich bin ja gespannt, ob ich doch noch ein Kindchen bekommen werde.

Anneliese hatte gehofft, dass Arndt am 31.3.45 ein Wiedersehen in Hamburg arrangieren konnte. Onkel Willy hatte geholfen, ein paar schöne Sachen zu Arndts Begrüßung zu besorgen. Aber leider kam das Treffen nicht zustande.

Mein liebster Arndt, was wäre es doch für eine große Freude für uns gewesen, wenn Du zu uns gekommen wärst. Ach, ich kann mir Deine große Enttäuschung vorstellen, als es auf einem Mal nichts wurde. Und gerade jetzt, wo wir Kuchen gebacken hatten, Pudding haben, Zigarillos und Zigaretten für unseren Arndt zum Empfang hatten. Ach, Büberchen, ich wäre sehr, sehr glücklich gewesen.

Immer wieder gelang es Onkel Willy, für kleine Annehmlichkeiten zu sorgen:

Gestern Abend (3.4.45) kam Onkel Willy und brachte süßen Rotwein mit. Er schmeckte recht gut und hat uns innerlich schön warm gemacht.

Das enge Zusammenleben mit der Schwiegermutter in dem einen Raum war sicher nicht immer angenehm. Kein Wunder, wenn es ab und zu Spannungen gab, die sich gelegentlich zu einem Streit auswuchsen.

Am 9.3.45 schrieb Arndt:
Mutti hat sich also bei Dir beklagt, dass Du nicht mehr so zärtlich zu ihr bist. Ja, mein Herzel, es ist bestimmt nur gut, dass Ihr in dieser schweren, kritischen Zeit nicht den ganzen Tag zusammen seid, denn zu vieles hat sich doch verändert. Und deswegen begrüße ich es, wenn Du eine einigermaßen gute Arbeitsstelle findest. ... Mutti glaubt nur manchmal, dass eben alles mit ihr verheiratet ist und sich alles um sie dreht.

Als ob die ständigen Alarm-Meldungen und die Einschränkungen in der Lebensführung nicht schon Ärger und Aufregung genug wären! Zu all dem allgemeinen Ungemach kam am 3.4.45 wieder einmal Zank mit Mutti hinzu:

Mutti und ich haben uns heute mal wieder schwer in den Haaren gehabt. Ich sagte, dass Günter bei unserem Haushalt mitgezählt worden ist, und ich doch alle seine Sachen schriftlich aufgeführt habe. Sie wollte mir weismachen, dass Günter zu ihr nach der Schadlitzer Straße gehört hat, usw.. Es ist die alte Leier mit der Wohnungsinhaberin, sie müsste Günters Rechte schützen, usw. . Ich sagte daraufhin, du tust ja so, als ob wir Günter betrügen wollen. Im übrigen steht das gar nicht zur Diskussion. Sie denkt, wir wollen ihr keine Wohnung gönnen, kurzum, es ist ihre fixe Idee.

Aber schreib darüber nichts, auch nicht an mich. Mutti ist so misstrauisch und merkt sofort, wenn ich etwas in Deinem Brief beim Vorlesen auslasse. Ich habe jedenfalls gesagt, dass, wenn sie für Günter ist, ich für Dich bin. Sonst geht alles ganz gut mit uns, aber sie muss ab und an mal Streit machen.

Im Großen und Ganzen kamen die beiden Frauen aber erstaunlich gut miteinander aus. Sie wussten, dass die Situation nicht zu ändern war, und dass sie froh sein mussten, ein eigenes Bett zu haben und ein Dach über dem Kopf. Es gab so viele Flüchtlinge, denen es erheblich schlechter ging.

Alte und neue Kontakte

Nachdem sie sich in ihr neues Zuhause eingewöhnt hatten, versuchten Anneliese und ihre Schwiegermutter, den Kontakt zu Freunden und Verwandten wieder herzustellen.

Von vielen wussten sie nicht, wohin die Flucht sie vertrieben hatte. Sie waren in alle Winde verstreut. Man schrieb an alte Adressen oder an Kontaktadressen und hoffte, dass die Geflüchteten sich auch von selbst irgendwie melden würden. Es war immer eine große Freude, wenn Informationen über den Verbleib von Freunden und Verwandten eintrafen.

Die Briefe, die man selbst bekam, wurden aufgehoben und den nächsten Verwandten zugeschickt. Sie konnten sie auch lesen und waren so über alles informiert.

Ende Februar 1945 trafen dann Nachrichten von einigen Freunden und Verwandten ein.

Arndt hatte einen gemeinsamen Bekannten getroffen, er war in Cherbourg Sanitäter auf Annelieses Station gewesen und hieß Hans Naumann. Er ließ Anneliese herzlich grüßen und wünschte ihr alles Gute.

Auf Hänschen Naumann kann ich mich noch recht gut entsinnen, antwortete Anneliese am 26.2.45.

Er muss jetzt 22 Jahre alt sein, damals war er 17 Jahre, und als man ihn zum ersten Mal vorführte, war ich sehr wütend. Der Kleine lief ganz verstört umher. Im Zivilberuf hatte er Drogist gelernt. Er war damals noch ein kleiner Junge, dem das Käppchen recht verwegen auf dem Kopf saß. Er hat damals auch nichts zu lachen gehabt bei mir. Ich hatte vier so junge Kerlchen, aber er war der jüngste Gefreite der ganzen Kriegsmarine. Mit diesen jungen Burschen musste ich Schwerkranke pflegen. Da konnte ich irgendeine Vergesslichkeit nun einmal nicht dulden.

Sie haben mich auch dreimal verwünscht, und doch nach und nach haben sie gemerkt, dass ich es gut mit ihnen meinte.

Der kleine Naumann ist schon abkommandiert, schrieb Arndt am 2.3.45, *er hatte hier seine Mütze auch noch so schief auf dem Kopf sitzen wie damals. Du erinnerst Dich ja noch ganz genau an ihn.*

Die Post von Dr. Meyer schickte Anneliese ebenfalls weiter an Arndt.
Ich sende dir den beiliegenden Brief von Dr. Meyer, schrieb sie. *Er ist ja nun auch wieder Sanitätsgefreiter geworden.*
Es folgte noch die Erwähnung einiger Zahnärzte und deren Verbleib. Dann schloss sich ein langer Bericht über die Erlebnisse von Schwester Käthe an:
Im Lazarettzug sind sie gut fort gekommen durch Frankreich. Krisen war gleich nach meiner Abreise nach Marseille kommandiert worden und ist im Rücken verletzt.
Als das Lazarett von Freiburg nach Sanderbusch kam, hatten sie unterwegs Tieffliegerangriff. Stabsarzt Küsen war verwundet, desgleichen eine Schwester und ein Verwaltungsmann, Rosenbohm ist getötet worden. Bis auf 20 m sind die Flugzeuge herunter gekommen, alles hat unter dem Zug gelegen, und trotzdem noch so viele Verletzte und 2 Tote.
Sieben Jäger sind aufgestiegen von uns, alle sieben abgeschossen und tot. Sie sind mit den beiden verstorbenen Verletzten vom Lazarett beerdigt worden. ...
In Freiburg hatten sie in der R.O.A. gelegen, die nach dem schweren Angriff zwei Volltreffer bekam und restlos vernichtet ist.
Danach kam Käthe auf die »Stuben. Dort wurde sie schwer krank und musste in Borkum aussteigen. Das war ihr Glück, denn die »Stuben« ist mit Mann und Maus gesunken. Sie ist in zwei Teile zerbrochen, und nur drei Mann sind gerettet worden. ...
Von anderen Lazaretten wusste Käthe nicht viel, wohl aber von Breslau. Die lieben Offiziere sind samt Chefarzt getürmt. Und wenn die Mannschaften mit den Unteroffizieren sich nicht so geschlagen hätten, wären die Schwestern nicht mehr heraus gekommen, da sie mit Invasionen zu tun hatten.
Das ist wahr, denn Lisa Diesel ist noch mit heraus gekommen. Die Herren saßen vorm Kriegsgericht, bei Euch soll auch so etwas Ähnliches sein.

Heute bekam ich Nachricht aus Berlin, schrieb Anneliese am 1.3.45, *auch die Schöneberger haben an Dich bzw. an Deine Adresse geschrieben. ...*

Von Guben weiß niemand etwas, wie ist das bloß traurig. Rose schreibt heute an uns beide. *Ihre Eltern haben auch eine Nachricht von ihr, sie schreibt täglich. Sie sitzt ebenfalls mit gepacktem Ränzel.*
Rena ist dort gleich zum Schulrat gegangen, der ihr eine Stellung besorgen will und zugleich eine Wohngelegenheit für ihre Angehörigen.
Jutta will gleich versuchen in Erlangen zu studieren.
Ob Onkel Willy Riedberg wohl noch sein Heim hat? Hoffentlich hat er nicht Erika mit den Kindern nach dort geholt.
Was wohl Heinrichs und Pruschwitz tun? Und wo mag Günter sein?

Vom Liegnitzer Onkel Willy traf dann die Nachricht ein, dass er in Leipzig war, Erika und die Kinder waren in Neustadt an der Drau, und Familie Pruschwitz befand sich in Oberfranken, beide Familien waren in Flüchtlingslagern untergebracht.

Wo Tante Else und die anderen alten Herrschaften geblieben waren, war vorläufig noch ungewiss.

Am 27.2.45 schrieb Anneliese:
Heute hat Jutta Geburtstag, ich werde ihr gleich schreiben. An Renas Geburtstag waren wir noch alle so froh beisammen, und unser kleiner Liebling saß mit roten Bäckchen und sehr beobachtenden Äuglein bei Tante Martha auf dem Schoß. Als alle sich über den Süßen freuten, da war ich sehr glücklich und sehr stolz auf mein Söhnchen. Und nun hat der Tod es geholt. Heute ist der traurigste Tag meines Lebens gerade einen Monat her. Du wirst auch daran denken, mein Arndt.

Die Erinnerung an den kleinen Sohn und an das verlorene Glück überkamen Anneliese immer wieder. Ihre Gedanken kreisten ständig um den Verlust des geliebten Kindes und um die Hoffnung auf ein neues Kindchen. So gern Arndt auch wieder einen Familienzuwachs gehabt hätte, er sah doch, welche Schwierigkeiten ein Baby in der augenblicklichen Situation bedeutet hätte:

In der Zwischenzeit sind nun wohl auch wieder Deine Tage gewesen, sind sie prompt eingetroffen? Ja, mein Herzel, in der jetzigen schweren Zeit ist es wohl bestimmt das Allerbeste, wenn Du kein Kind erwartest, denn man weiß ja nicht, wie alles noch werden wird. Die Zukunft ist zu ungewiss, und man kann es nicht verantworten, ein Kind in die Welt zu setzen. Die Ernährungsfrage wird ja auch immer schwieriger, und daran wird noch manches Kind und manche Mutter schwerstens leiden.

Wir wollen erst einmal ruhig abwarten, wie sich alles weiter entwickelt. Es kann sich ja um eine längere Zeit nicht mehr handeln, dann muss sich alles entscheiden. Die Feinde arbeiten mit aller Macht darauf hin, und wir müssen Schritt halten. Dieses Tempo können beide Seiten nicht lange aushalten, und die Entscheidung kommt bald, daran zweifle ich keine Sekunde. Am Ende des Jahres sehen wir schon erheblich klarer. Dann sind wir auch noch lange nicht zu alt, um Kinder zu bekommen, und klappen wird es dann schon bestimmt.

Sehr wichtig ist dann nur, wie und unter welchen Umständen leben wir, wie wohnen wir, usw., danach wird sich dann auch noch sehr viel richten.

Eins steht jedenfalls bombenfest, mein geliebtes Herzel, ganz gleich, was kommen mag: Wir beide stehen zusammen in all unserer Liebe. Keiner lässt den anderen im Stich, dann werden wir unser Leben auch schon in jeder Situation schaffen.

So, mein allerliebstes Annelies, will ich für heute einmal wieder Schluss machen. Die Briefe werden zu Dir wohl immer ziemlich unregelmäßig gehen, da wir hier nicht jeden Tag einen haben, der ins Dorf zur Post geht. Ein Boot zum Festland fährt jeden Tag außer sonntags.

Nimm für heute meine innigsten tausend Küsse und recht herzliche Grüße. Ich hab Dich ja so lieb, und Dein Bäumchen wäre zu gerne wieder bei Dir, um sich mit dem Grübchen zu vereinigen.

Herzinnigst grüßt und küsst Dich für heute Dein Dich so liebender treuer Arndt

Viele Grüße auch an Mutti

Am 2.3.45, berichtete Anneliese, traf dann endlich Post ein von der Tante aus Guben:

Sie sind aus Guben noch heraus gekommen, und zwar ist sie mit dem alten Onkel zusammen nach dem Ostharzland gekommen. Sie haben auch von Donnerstag bis Sonnabend auf dem Bahnhof gesessen, sind am Sonnabend Abend in den Zug gestiegen, der dann im Laufe des Sonntags abfuhr und am Montag Nachmittag endlich in dem kleinen Ort ankam.
Der alte Onkel hatte offene Beine bekommen. Onkel und Tante sind z.Zt. im Altersheim und sollen ein Privatquartier bekommen. So schrecklich ist das alles, und doch bin ich froh, dass ich endlich Nachricht habe.

Am 6.4.45 erreichte Anneliese dann ein weiterer Brief von der Tante:
Nun ist der alte Onkel gestorben, und das war so jämmerlich. Wie leid tut mir meine Tante. Ich schicke Dir ihren Brief mit. Nun ist sie ganz, ganz einsam und alt, und sie kann mit ihrem traurigen Leben auch nie wieder etwas anfangen. Es ist doch gar zu traurig, wenn man ein so unerfülltes Leben gehabt hat und keine Kinder hat.

Die Verbindung zu den Hamburger Freunden und Verwandten wieder herzustellen oder jemanden ausfindig zu machen, war etwas einfacher.
Der Trauzeuge Rolf Roderich, Arndts bester Freund aus den guten alten Zeiten, meldete sich bei Anneliese, und sie nahm den Kontakt zu ihm und seiner Familie auf:
Gestern Abend (28.2.45) habe ich Roderichs angerufen. Rolf hatte mir seine Nummer durchsagen lassen, aber Frau Schumacher hat es verschwitzt mir zu bestellen. Rolf ist schon wieder eingezogen nach Billstedt, angeblich für 2 Tage. Vera nimmt an, zum zweiten Aufgebot. Hoffentlich hat sie recht. ...
Vera bat mich dann auch, dass ich sie in der kommenden Woche besuchen soll, wenn Rolf wieder da ist. Ich werde das auch tun.

Anneliese freute sich über die Einladung. Sie dachte an die fröhliche Stimmung bei ihrer standesamtlichen Heirat, als sie Roderichs kennengelernt hatte. Vielleicht konnte sie jetzt die Kontakte zu Rolf und Vera intensivieren. Rolf war der beste Freund ihres Mannes, und es wäre schön, wenn sie in seiner Frau Vera eine Freundin gewinnen könnte.

Voll freudiger Erwartung traf sie bei Roderichs ein. Wie der Besuch dann verlief, schilderte sie in ihrem Brief vom 10.3.45:

Gegen 5.20 Uhr ging ich dann zu Roderichs und traf dort Inge, eine gute Bekannte aus Eurem Sportverein. Aber das habe ich Dir soeben am Telefon erzählt, denn Dein Gespräch kam nun doch noch zu mir, und ich bin sehr glücklich, Dich nochmals gesprochen zu haben, mein Arndt.
　Ja, Inge, sie war da und war aus Neugierde geblieben bis ich kam, weil Vera es ihr erzählt hatte. Ihr Kind ist im 2. Monat wieder abgegangen. Sie sah für meine Begriffe sehr niedlich aus. Gesprochen haben wir kaum, sie ging gleich fort.
　Rolf war sehr rührig um Inge, und er kam vom Begleiten gar nicht wieder. Vera sagte zu mir:
　»So ist das immer: Ist Inge fort, lässt Rolf kein gutes Haar an ihr. Ist sie da, ist er von ihr gefangen.«
　Jedenfalls habe ich noch nicht das rechte Gefühl für Roderichs, in irgend etwas sind sie wohl doch nicht offen. Wenn sie an Dich schreiben, oder wenn Du sie siehst, wird Inge wohl mal erwähnt, als ob sie sie ganz zufällig mal gesehen hätten. Und das scheint mir, ist eine dicke Lüge.
　Als Rolf dann kam, erzählte er mir, dass Du in Inge sehr verliebt gewesen wärst, aber mit ihrem Charakter nicht klar gekommen wärst, während Dir ihr Aussehen immer sehr gefallen hat. Rolf hat Dich so quasi von ihr abgehalten. Und dann fing er wieder an, auf sie zu schimpfen.
　Vera war inzwischen in der Küche und wurde mal wieder nicht mit dem Essen fertig. Rolf war in Fahrt und hat sich bitter beklagt. Er muss die Marken ausrechnen, sonst haben sie sich mit dem Brot verausgabt. Und obwohl er ihr am Abend sagt, wie viel sie kaufen soll, sie macht es anders.
　Er isst so gerne Kartoffelklöße, wie seine Mutter sie macht, und sie lässt sich das Rezept nicht geben, usw. .
　Am schlimmsten aber treibt sie es mit ihm in ehelicher Beziehung. Sie weicht ihm aus, hat so viele Gründe: mal keine Lust, mal ist es ihr zu kalt, mal gibt es vielleicht Alarm. Da er nicht mehr bitten und betteln will, hat er jetzt Geschlechtstage eingerichtet.

Ich kann nur sagen, das finde ich schrecklich, und ich bin darüber doch sehr platt. Jedenfalls kann man wohl nicht von einer glücklichen Ehe sprechen.
Rolf ist ja pedantisch und steht auf dem Standpunkt, die Frau ist ihm untergeordnet, aber sie hat ihren Kopf und fügt sich in nichts. In der fast 10jährigen Ehe hätten sie doch ein bissel mehr sich einleben müssen und eben die Eigenarten des Einzelnen beachten.
Auf dem Weg zur Straßenbahn sagte Vera, dass sie kein Kind mehr bekäme und auch keins mehr wollte. Sie würde das nicht mehr machen können, auf ihren Zustand so lange Rücksicht nehmen usw. .
Ich sagte ihr dann nur, dass sie das für ihren Mann und Christa schon tun müsste, sowie man überhaupt wieder an eine bessere Zukunft glauben kann. Mehr konnte und wollte ich auch nicht sagen.
Übrigens ist es Rolf auch sehr aufgefallen, wie sehr wenig Dich der Tod unseres kleinen Jungen berührt hat.
Er sagte gestern zu mir:
»Ich war platt, und ich konnte gar nichts sagen, als Arndt mir so strahlend entgegen kam.«

Rolfs Worte hatten Anneliese zutiefst irritiert. Was bezweckte er mit dieser Äußerung? Wollte er das gute Einvernehmen stören, dass zwischen Arndt und Anneliese bestand?

Er sah doch, dass Anneliese die Tränen gekommen waren, als sie von der Flucht und dem Tod des Kindes berichtete. Musste er ihr dann noch solch einen Stich verpassen, indem er Arndt ein mangelndes Mitgefühl und »strahlende Gleichgültigkeit« unterstellte?

Es war doch normal, dass Arndt fröhlich guckte, als er seinen alten Freund begüßte. Er freute sich einfach über das Wiedersehen. Arndts Verhalten hatte doch nichts mit mangelnder Trauer über den Tod des Sohnes zu tun gehabt. Erwartete Rolf etwa, dass Arndt nun ständig mit einer tieftraurigen Miene umher lief?

Aus ihrem Brief wissen wir, dass Anneliese mit ihrem Mann über Rolfs Äußerung gesprochen hatte, als er abends mit ihr telefonierte.

Diese Sache war ihr zu wichtig, sie musste angesprochen und geklärt werden:
Ja, darüber habe ich ja schon mit Dir gesprochen, und es ist wohl das erste Mal, dass ich für einige Zeit an Dir irre geworden war.

Du schriebst mir ja neulich und jetzt auch noch oft, wie sehr Du es jetzt merkst (den Verlust des Kindes), und ich will es auch glauben, mein Arndt. Wenn plötzlich normale Zeiten wären, und wir säßen mit all Deinen Freunden zusammen, die ein Kind haben, ich glaube, Du würdest es doch merken, welchen großen Verlust wir hatten.

Vielleicht ist es gut, dass meine letzten Hoffnungen auf ein Kindchen nun auch nicht wahr werden, denn ich habe meine Tage wieder bekommen. Ich muss erst merken, dass Du auch wieder Sehnsucht nach einem Kind hast, sonst kann ich mich auf ein neues nur noch für mich und Mutti freuen. Denn wir beide haben unseren süßen, kleinen Hanns-Jörn heiß geliebt, und sein jäher Tod hat uns die Sonne verdunkelt.

Ich habe dieses Kapitel noch einmal aufgeschlagen, weil auch Dein bester Freund über Dein Strahlen betroffen war. Wie viel mehr musste es Deine Frau treffen, die dieses verlorene Kind damals von Dir und nur erst für Dich und dann erst für sich selbst empfangen und geboren hat.

Mein liebstes Büberchen, ich weiß, dass Du mich sehr lieb hast, dass ich alles für Dich bedeute, und ich hoffe es auch sehr, dass diese erste Enttäuschung von mir erst verwunden werden muss. Ein Mann hat wohl noch keine Beziehung zu seinem Kind, wenn es noch so klein ist, und er nicht immer bei ihm ist. Vielleicht habe ich Dir Unrecht getan, aber als Rolf das gestern sagte, ist nochmals alles in mir aufgewühlt.

Mir ist leichter, wenn ich Dir darüber geschrieben habe. Du brauchst nichts mehr darüber zu sagen, wenn Du es nicht magst.

Dass ich Dich von Herzen lieb habe, dass ich nur an Dich denke, dass ich nur mit Dir wieder glücklich sein kann, das sollst Du wissen.

Meine liebsten Wünsche begleiten Dich auf Dein neues Kommando, möge es wieder für Dich und Dein liebes Leben ein glückhaftes sein.

Ich küsse Dich ganz lieb und bin
Immer Deine Anneliese

Auch wenn das Wiedersehen mit Roderichs nicht so angenehm verlaufen war, wie es sich Anneliese erhofft hatte, so hielt sie doch den Kontakt zu ihnen aufrecht, um Arndt einen Gefallen zu tun. Er hatte sie darum gebeten.

Wahrscheinlich konnte sich Arndt gar nicht vorstellen, wie unangenehm sich sein bester Freund aufgeführt hatte.

Gell, mein Herzel, bat Arndt in einem seiner Briefe, *Du hältst die Verbindung mit Roderichs aufrecht, er ist ja einer meiner besten Freunde.*

Am 10.3.45 schrieb er zu Anneliese Besuch bei Roderichs:

Hat Mutti Dich denn alleine gehen lassen? Du kannst aber nicht immer alles mit Mutti zusammen machen und musst Dich ruhig etwas freier machen, denn sonst glaubt sie, es müsste immer so sein.

Am 12.3.45 berichtete Anneliese, dass sie einen weiteren Besuch bei Roderichs plante:

Eigentlich wollte ich ja zu Roderichs gehen, denn die kleine Christa hat Geburtstag. Schade, dass man gar nichts hat für das Kind. Ich habe es mir schon hin und her überlegt, ich habe nichts. Aber am Mittwoch gibt es Blümchen, da werde ich mich anstellen und Vera welche bringen.

Vielleicht gehe ich dann vormittags gratulieren. Die größte Freude ist ja für die Eltern doch, wenn sie ihr Kind haben und es heil und gesund durch den Krieg bekommen. Gebe Gott, dass ihnen dieses beschieden ist.

Es war rührend, wie sich Anneliese darum bemühte, dem kleinen Mädchen zum Geburtstag eine Freude zu bereiten:

Ich habe für Christa das Buch »Der Prinz ohne Land« bekommen, das Du unserem Söhnchen einmal gekauft hast. Ich war natürlich froh, das einzige Exemplar zu erhalten. Von Mutti bekommt sie nun noch ein Holzwichtelmännchen, und dann bin ich wenigstens nicht mit leeren Händen gekommen.

Am 16.3.45 gingen Mutti und Anneliese zu Roderichs, um der kleinen Christa zu gratulieren. Eine richtige Freundschaft schien sich zwischen

Anneliese und Vera aber nicht zu entwickeln. Anneliese war von Roderichs doch recht enttäuscht und ging innerlich auf Distanz zu ihnen. Sie hatte auch nicht Eindruck, dass Vera an einer Freundschaft mit ihr interessiert war.

Arndt zuliebe ließ sie aber den Kontakt zu seinen alten Freunden nicht abreißen.

Am 22.3.45 antwortete Arndt auf Annelieses Bericht über den ersten Besuch bei den Roderichs:

Du hast schon recht, Inge sieht recht nett aus. Du bist mir aber viel hübscher und viel, viel lieber, mein Herzel. Von Rolf und Vera schreibst Du ja sehr interessant. Ja, die Ehe, die früher ganz blendend war, hat wohl etwas gelitten und macht jetzt durch den Krieg bedingt, das ist wohl der Hauptgrund, eine Krise durch. Wir wollen nur hoffen, dass es bei uns nie so sein wird, und das glaube ich auch bestimmt.

Halte Du Dich Roderichs gegenüber so, wie Du es für richtig hältst. Ich bin mit Rolf eben so zusammen, wie wir es als alte Freunde von früher sind, und ein genaueres Verhältnis werden wir erst nach dem Krieg bekommen können.

So weit wird es bei uns doch nie kommen, dass man extra auf seinem Recht bestehen muss, und die amtlich zugelassenen Geschlechtstage einrichten muss.

Was Du über den Tod unseres Jungen noch geschrieben hast, darauf gehe ich nicht mehr näher ein. Wir haben uns darin eben nicht verstanden, und ich kann es Dir nicht näher erklären. Du musst eben auch damit fertig werden, genau so wie ich. Schade ist es jedenfalls, dass es so gekommen ist. …

Anneliese ließ es sich jedoch nicht nehmen, am 25.3.45 deutlich zu schildern, wie sich Roderichs verhielten, und welche Meinung sie von solchen Leuten hatte:

Es ist so schön warm, und man muss nun immer in den alten Plünnen herum laufen. Noch nie bin ich so dürftig gekleidet gewesen. Wir können keinen Schnitt bekommen, um ein Kleid zu schneidern, und so ganz ohne Anhalt geht es nun mal nicht.

Vera zeigt keine große Lust mir zu helfen. Jetzt hat sie keine Zeit, und überhaupt sind Deine Freunde alles andere als nett. Ich glaube jedenfalls, dass Du viel zu viel für Roderichs übrig hast.

Diese Erkenntnis hat mir nicht Mutti beigebracht, sondern es ist mein eigenes Urteil.

Vera und Rolf sind damals im Mai einmal ganz nett gewesen, aber wie sie sich jetzt anstellen, finde ich nicht besonders.

Anneliese fand es auch ungewöhnlich herzlos, wie sich Roderichs am Geburtstag ihrer Tochter verhielten. Sie selbst hätte alles für ihr Söhnchen getan, aber diese Eltern wussten es offensichtlich nicht zu schätzen, dass sie eine kleine, gesunde Tochter hatten:

Neulich hatte das Kind Geburtstag. Nichts haben sie für das Kind zurecht gemacht, kein Tischchen, kein Blümchen, nicht ein einziges Geschenk! Und dabei ist dieses kleine Mädchen doch damals so erwünscht worden.

Vielleicht ist es auch alles nur durch die nicht sehr frohe Ehe gekommen. Jedenfalls würdest Du es ganz anders machen, wenn es umgekehrt der Fall ist. Ich werde ab und zu hin gehen, denn ich will Dich nicht mit Deinen Freunden entzweien, aber mich zieht es nicht dahin.

Auch haben sie eine Art, sich das Pflichtjahrmädchen zu organisieren, dass ich sprachlos bin. Ich kann Dir das gar nicht schreiben, denn sonst könnte womöglich etwas passieren, wenn Unbefugte den Brief lesen würden.

Du hast Roderichs ja hauptsächlich in netten Zeiten kennen gelernt, aber jetzt muss sie vielleicht auch der Krieg durcheinander gerüttelt haben.

Von mir haben sie ja auch keinen sehr schönen Eindruck. Als wir heirateten, musste ich spucken, und als wir jetzt wieder da waren, habe ich immerzu geweint.

Wenn ich hier mein Heim hätte, und Vera wäre hier nach all dem, was ich hinter mir habe, ich würde mich fragen, wie ich ihr entgegen kommen könnte. Aber Rolf sagt ja selbst, dass Vera so gleichgültig ist.

Ich freue mich, dass wir beide, mein Büberchen, in der Beziehung uns einig sind, in Bezug auch auf Bewirtung von Bekannten. Wer weiß, was noch alles kommt, wo wir später einmal unser Heim aufschlagen werden.

Vielleicht müssen wir uns dann erst einen Bekanntenkreis schaffen. Aber eh man davon träumen kann, steht noch so viel Ungewisses vor uns. ...

Anneliese hielt sich an ihr Versprechen, die Verbindung zu Roderichs aufrecht zu erhalten. Nach heftigen Bombenangriffen erkundigte sie sich telefonisch, ob alles gut gegangen war:
Noch sind die Schäden des Sonntags (16.3.45) nicht vorbei. Es war ein doller Angriff, man schätzt 850 Flugzeuge. Die Gegend vom Hofweg hat es doll getroffen, Rolf und Vera hatten sich schon aufgegeben.

Direkt am Haus ist eine Bombe detoniert und hat die Treppe nach dem Garten weggerissen, die die Leute im Parterre haben, statt der großen Veranda.

Direkt in nächster Nähe sieht man 10 Bombentrichter. Auf einem Umkreis von 800 m sind 150 Sprengbomben gefallen. Es ist ein Bombenteppich gelöst worden. Heute noch kann die 18. nicht sicher durch die Straßen nach dem Hauptbahnhof fahren.

Für Roderichs war die Katastrophe vom 4.3.45 ein Kinderspiel gegen den letzten Großangriff. Unsägliche Bomben sind Gott sei Dank in die Alster gegangen. Diese Weisheit habe ich von Rolf.
...
Gestern Abend habe ich noch mit Rolf telefoniert, bei ihm ist alles klar gegangen. Vera hatte den Festbraten auf dem Ofen vergessen, und der ist während des Alarms angebrannt. Inzwischen ist es Rolf eingefallen, er rannte nach oben, als es etwas ruhiger war. Und plötzlich fällt in der Beethovenstraße noch eine Luftmine. Aber ihre Scheiben sind heil geblieben, d.h. in der Veranda haben sie ja keine mehr.

Rolf muss am 7.4. auch wieder nach Harburg in die Kaserne. ...

Eben erfuhren wir, dass heute früh, am 31.3.45, Barmbek, Hohenfelde, Lübeckerstraße, Günterstraße und Uhlenhorst von dem Angriff besonders schlimm getroffen worden sind.

Ich habe bei Roderichs sofort angerufen, aber noch niemanden erreicht. Ich will es nachher noch einmal versuchen, denn ich nehme an, dass sie mit Christa dann nach Hause kommen. ...

Trotz aller Vorbehalte war Anneliese besorgt um Rolf und Vera, wenn es Luftangriffe auf Hamburg gegeben hatte. Sie erkundigte sich stets, ob Roderichs alles heil überstanden hatten. Rolf hingegen fragte niemals nach, wie Anneliese und ihre Schwiegermutter die Bombenangriffe überstanden hatten.

Wenn er in der Stadt unterwegs war, schien er Anneliese und ihre Schwiegermutter gar nicht zu bemerken:

Rolf sah ich vorhin in der Stadt auf dem Fahrrad. Er hat uns aber nicht bemerkt.

Oder wollte er Anneliese und ihre Schwiegermutter nicht bemerken? Er bekam doch sonst immer alles mit, was um ihn herum geschah?! Einem Bekannten auf der anderen Straßenseite winkte er zu, aber Anneliese und ihre Schwiegermutter sah er nicht?

Ob er Dir wohl auch einmal geschrieben hat? fragte Anneliese in einem Brief. *Er hat Deine Adresse bereits bekommen.*

Rolf sollte sich am 7.4.45 in Harburg melden. Ob dies nun geschehen ist, weiß ich nicht. Ich lasse nun noch einige Zeit vergehen, denn ich finde, Roderichs könnten mich auch einmal anläuten. Aber wenn ich dann gar nichts von ihnen höre, frage ich doch selbst mal an, weil Du doch gerne wissen möchtest, was Dein Freund macht.

Du bist ein viel zu treuer Kerl, mein Arndt, dass ich nicht wüsste, wie sehr Du noch an den beiden hängst.

Hier hatte sich Anneliese sehr umständlich ausgedrückt. Sie wollte damit sagen, dass Roderichs, so wie sie sich Anneliese gegenüber benahmen, einen so treuen Freund wie Arndt gar nicht verdient hatten. Vielleicht handelt es sich auch um einen »Übersetzungsfehler«, der beim Lesen von Annelieses Schrift entstanden ist.

Was Du über Roderichs schreibst, mag z.Zt. stimmen, schrieb Arndt am 6.4.45, *aber in normalen Zeiten wird das schon ganz anders sein. Vera muss sich ja ziemlich verändert haben. Du brauchst die Verbindung nur locker aufrecht erhalten, das andere ergibt sich schon später.*

Hier sollte sich Arndt in seiner optimistischen Einstellung seinen

Freunden gegenüber leider täuschen. Aber das lag noch in der Zukunft und geschah erst später.

Die Begegnungen mit den Roderichs waren für Anneliese insgesamt enttäuschend. Sie hatte sich von Arndts besten Freunden aufrichtiges Interesse und freundschaftliche Zuwendung erhofft. Die Sticheleien, die Rolf über Arndt machte, verletzten und irritierten sie. So ging man nicht mit Freunden um, fand sie.

Glücklicherweise verlief das Wiedersehen mit anderen alten Freunden und Verwandten viel erfreulicher und harmonischer.

Zu Muttis großer Freude traf am 6.3.45 wieder Post von Günter ein:

Heute lagen auch viele Briefe von Günter da, ein von ihm selbst geschriebener, und die anderen enthielten schon wieder alte von ihm. So beginnt das Sammeln auch hier wieder. Natürlich lasen wir mit Interesse von Aline Jensen. Ich finde, sie streicht Günter recht schön aufs Butterbrot, was sie so eigentlich will.

Dein Paket kam auch, die Sachen werden wir auslüften und klopfen und dann in den Keller bringen. Deinen Hut muss ich aber erst einmal aufdämpfen, er sieht schrecklich aus. Ich freue mich, dass alle Sachen nun hier sind. Vielleicht verlieren wir ja nun noch alles ein drittes Mal wieder. …

Als *Mutti* am 21.3.45 gerade fort ging, um einen *Schuhbesohl-Schein* für sich und ihre Schwiegertochter anzumelden, klingelte es an der Tür:

Kaum war sie fort, da läutete es, und wer steht draußen?

Aline Jensen!

Sie kam Mutti besuchen, mit einem Tulpensträußchen, und lud uns zu Sonntagnachmittag ein. Günter hatte sie geschickt. Sie ist ein sehr nettes Mädchen, ich schätze, so cirka 6-7 Jahre jünger als ich.

Uns beiden hat sie sehr gut gefallen, und wenn das Muttis zweite Schwiegertochter würde, wären wir alle sehr froh. Mutti hätte mit ihr bestimmt nicht so viele Scherereien wie mit mir. …

Man konnte sich förmlich Arndts Schmunzeln vorstellen, als er die Zeilen seiner Frau las. Am 30.3.45 schrieb er seinen Kommentar dazu:

So, die Aline Jensen habt ihr nun persönlich kennen gelernt, und sie hat Dir gut gefallen. Ich habe lachen müssen, als Du schriebst, dass Du den Eindruck hast, dass Mutti mit Aline als Schwiegertochter nicht so viele Schwierigkeiten hat! Na, so schlimm ist es nun doch nicht mit Dir, denn was sich liebt, muss sich auch mal zanken.

Ich bin ja gespannt, wie sich das weiter entwickeln wird. Ich tausche meine Frau jedenfalls mit keinem Menschen auf der Welt und liebe Dich auch vielleicht gerade wegen Deiner Eigenarten und kleinen Fehlern. Und Du musst Dich mit den meinigen, die sich ja immer mehr zeigen, auch schon abfinden, nicht wahr, mein Herze!

In ihrem Brief vom 26.3.45 berichtete Anneliese dann von dem Besuch bei Familie Jensen:

Nun muss ich Dir noch erzählen, was wir am Sonntag Nachmittag getrieben haben. Wir waren ja bei Jensens eingeladen und sind sehr herzlich aufgenommen worden.

Es sind recht nette Leute. Der Vater ist Lehrer gewesen, im vorigen Krieg war er Offizier.

Im Mai wird nun Günters Freund Enno Jensen auch Vater. Die Freundin von der jüngeren Schwester ist die Schwiegertochter (von Jensens) geworden, und ich habe den Eindruck, dass sie nun hoffen, dass der Freund ihres Sohnes (gemeint ist natürlich Günter) ihr Schwiegersohn werden soll.

Wenn ich persönlich auch ganz gegen solche Komplotte bin, und auch nicht verstehen kann, dass ein Mann sich heiraten lässt, so wäre es in diesem Fall nicht schlecht. Günter bekäme ein Mädchen aus gutem Haus und fühlt sich vor allem in der Familie wohl. Aline scheint ungefähr 27 Jahre alt zu sein und ist ein nettes Mädel. Mutti mag sie auch recht gern leiden.

Nun soll Günter erst mal auf Urlaub kommen, dann wird sich alles schon klären. Ich würde mich für Mutti freuen, wenn er käme. ...

So wurde in der Heimat alles dafür vorbereitet, dass Günter in den

Hafen der Ehe einlaufen könnte – wenn er denn endlich auf Urlaub nach Hause käme.

Bei Jensens war es also recht nett. Ja, vielleicht kann sich Günter die Aline ja schnappen, das wäre in diesem Fall bestimmt keine schlechte Lösung, schrieb Arndt, nachdem er Annelieses Bericht über den Besuch bei Familie Jensen gelesen hatte.

Eine schöne Abwechslung war auch der Besuch bei Hanne Wulf:
Heute Nachmittag (30.3.45) gehen wir zu Frau Wulf. Mutti meint, dass ich da ordentlich viel Familienklatsch hören werde. Na, ich freue mich schon.

Am 31.3.45 berichtete Anneliese, wie der Besuch verlaufen war:
Gestern war es bei Tante Hanne Wulf sehr nett. Sie hatte noch Anna Wendler geladen. Wir haben Torte mit herrlichen Sauerkirschen und Kuchen bekommen.

Dann hat sich Mutti nach allen möglichen Verwandten und Bekannten erkundigt. Wir haben Familienalben besichtigt, und einige Bilder hat Mutti wieder zurück bekommen. Ich musste natürlich auch gleich wieder »Du« zu den beiden sagen. Jedenfalls sind auch das sehr nette Leute, und wir hatten wieder Abwechslung.

Am 15.3.45 hatte sich Dr. Meyer bei Anneliese gemeldet:
Er war in der Nacht gekommen und hat sofort angerufen, als es schicklich war. Ich habe mich mit ihm zum Mittagessen verabredet. ...
Wir werden uns im Ratsweinkeller häuslich niederlassen und dann ins Vaterland gehen. Anschließend gehen wir zu uns. ...
Mutti will ihn ja auch einmal kennenlernen. Er soll ja auch ein Freund unseres Hauses sein, und so ist das die allerbeste Lösung. Er tut mir direkt leid, dass er nicht als kleiner Matrose, sondern als Oberfähnrich jetzt herum läuft. ...
Ich schreibe Dir heute nur einen kürzeren Brief. Da ich nun endlich beim Friseur war, so ist meine Zeit nur kurz bemessen. Beim Friseur mussten

wir lange warten, wir mussten Handtuch und Seife mitbringen. Mutti ist nun noch da. ...

Mein Büberchen, ich treffe mich nun zum ersten Mal mit Dr. Meyer wieder, so unter ganz anderen Voraussetzungen, aber ich weiß, dass Du mir völlig vertraust, und das kannst Du auch. ...

Tausend liebste Küsse Deine Anneliese

Am 16.3.45 erfolgte ein genauer Bericht über das Treffen mit Dr. Meyer:

Mein geliebter, guter Arndt,

Heute kann ich Dir wieder so allerhand erzählen, denn wie Du aus meinem gestrigen Brief erlesen hast, ist Dr. Meyer da gewesen, und ich bin sehr vergnügt gewesen. Erstens war der Mann wieder sehr drollig, und zweitens bin ich auf andere Gedanken gekommen. Er hat mir von alten Bekannten erzählt.

...

Ich traf mich also gestern mit ihm auf dem Rathausplatz. Er war recht alt geworden und sah mager und übernächtigt aus. Wir saßen dann im Ratsweinkeller. Es gab Brühwürste mit Kartoffeln und Bayrisch Kraut. Man eilte nur so, weil es sich um einen Soldaten handelte. Wir bekamen das Essen sehr schnell und Rhabarber extra.

Plötzlich gab es Vollalarm. Wir konnten den Drahtfunk hören und verfolgen. Man durfte unten bleiben, wenn man wollte.

Ich sagte aber zu Hermann, dass ich, so wie irgend eine Gefahr im Anzug wäre, sofort in den Luftschutzkeller gehen würde. Er wollte nämlich im Lokal sitzen bleiben. Ich hätte das Euch zu liebe nie getan. Was hätte das auch für einen Eindruck gemacht, wenn uns dort wirklich etwas passiert wäre, und ich mit einem verflossenen Liebhaber zusammen den Tod gefunden hätte.

Nein, mein Büberchen, so etwas macht Deine Anneliese nie. Ich gehöre doch zu Dir, und das vergesse ich nie, dazu haben wir uns viel zu lieb, und ich habe das Vergangene begraben. ...

In den letzten Wochen war Dr. Meyer krank und hat im Revier gelegen.

Dann erzählte Anneliese ausführlich, wie sie *an der Alster entlang gepilgert* waren und anschließend *ins Vaterland* gingen. Sie empfand auch nach Jahren noch eine große Vertrautheit, wenn sie Dr. Meyer wiedersah und mit ihm eingehakt durch die Straßen ging. Ihr Ehemann vertraute ihr in dieser Angelegenheit und hatte keine Einwände, wenn sich die beiden gelegentlich allein trafen.

Wir hatten schon Kuchenmarken gegeben und bezahlt, da kam wieder Alarm. Es handelte sich aber nur um Rückflüge. Nach beendetem Alarm aßen wir dann zu Ende.

Onkel Willy erschien plötzlich auch dort mit dem bekannten gelben Päckchen. Ich begrüßte ihn, aber er sagte, ich solle mich nicht stören lassen.

Danach gingen wir ins Hotel.

Dr. Meyer hatte für seinen Aufenthalt in Hamburg ein Hotelzimmer gebucht.

Ich blieb diesmal unten sitzen und ging nicht mit aufs Zimmer. Ganz ulkig kam mir das auf einmal Mal vor, und ich sah zum ersten Mal, dass doch jetzt viel Vertrautes zwischen Hermann und mir nicht mehr ist, bzw. nicht mehr sein darf.

Aber diese Begegnung ist sehr gut gewesen, und ich konnte mein Herz prüfen, und es hat diese Prüfung bestanden.

Hermann brachte uns ein bisserl Butter, etwas über ¼ Pfund durchwachsenden Speck und ein ganzes Kommissbrot mit. Er hat dafür bei uns zu Abend gegessen. Bei Heimadinger hatten wir ja Wermutwein bekommen, einige Plätzchen waren auch da.

Mutti findet ihn nun auch ganz nett, glaubt jedenfalls, dass er ein anständiger Kerl ist, und sie findet nur nicht, dass wir zusammen gepasst hätten. Das sagtest Du ja auch gleich damals.

Prompt kam abends gegen 8 Uhr wieder Alarm, und so fuhr er erst gegen 10 Uhr fort. Sein Haus in Plauen hat auch schon so leichte Schäden bekommen, durch die Bomben. Sein Elternhaus ist auch kaputt, nur gut, dass sein Vater zu ihm gezogen ist. …

Er sagte uns, dass wir, wenn wir wollten, nach Plauen ziehen könnten. Er meinte nur, dass wir uns mit seiner Kusine nicht verstehen könnten.

Vorläufig haben wir ja kein Interesse daran, aber es könnte ja alles mal sein.

Am nächsten Tag wollte Dr. Meyer nach Altona fahren, um einen Koffer für einen Bekannten abzuholen. Aber von Dammtor nach Altona fuhr keine Bahn mehr, die Strecke war zerstört.
So musste er sich mit seinen Sachen beladen und zu Fuß laufen. Er hatte ja Furunkel am Knie und hinkte durch die Gegend, als ich ihn traf, schrieb Anneliese. *Jetzt ist er schwer in Sorge um Plauen. ... Ja, so hat er nun auch Angst, und sonst war seine Familie doch wenigstens 5 Jahre sicher gewesen.*

Mit dem Brief vom 3.4.45 traf Arndts Antwort auf den ausführlichen Bericht über Dr. Meyers Besuch ein:
Du hast also den Besuch von Dr. Meyer gehabt, da hast Du doch eine nette Abwechslung gehabt, und Du hast viel über die frühere Zeit plaudern können.
Du weißt ja, mein Herzel, dass ich für keinen Schimmer etwas dagegen habe, wenn Du Dich mit Dr. Meyer triffst. Nicht eine Sekunde denke ich daran, Du könntest mich nur etwas vergessen. Da genießt Du mein vollstes Vertrauen, und wir wollen ja gerne Dr. Meyer als Freund des Hauses behalten. Und so war es ganz richtig, dass Du ihn mit in unser kleines Heim gebracht hast.

Arndt wurde immer genau darüber informiert, wenn sich alte Bekannte gemeldet hatten, oder wenn Anneliese etwas über den Verbleib der Freunde und Verwandten erfuhr:
Heute bekam ich eine Karte von der Schwester von Klärchen, die in Oberschlesien lebt, und die ich damals besucht habe. Klärchen ist nach Italien abkommandiert, und Magda Schmidt, jetzt Ruhbaum, ist mit ihrem Kind in Weimar gelandet. So habe ich nun drei neue Adressen erfahren.

Die Sorge um die allgemeine Lage klang immer wieder in den Briefen durch. Wie sollte das nur weiter gehen?
Die Leute in Oberschreibergau haben auch den Räumungsbefehl bekom-

men, und doch wollen sie nicht fort. Vielleicht wird ihnen dort auch die Pistole auf die Brust gesetzt werden, und sie werden auch bald so heimatlos auf der Straße sein.
Wenn man bloß auf eine Änderung der Lage hoffen könnte, aber ich sehe einfach keinen Ausweg, und immer enger wird der deutsche Raum. ...
Frau Schumachers Mann ist verwundet und liegt in Breslau im Bunker. Er hofft, noch heraus zu kommen. In Breslau ist keine Fensterscheibe mehr heil. Diese Verwundung halte ich für das Beste, was es gibt, so besteht doch auch eine Hoffnung auf ein Wiedersehen.
...
Gestern Nachmittag waren wir erst mal bei Magdas Eltern. Ganz klein und bescheiden wohnen sie, ich konnte es zuerst gar nicht finden. Die Mutter war schon nett, aber der Vater hat uns noch besser gefallen. Magdas Mutter hatte mir Hanns-Jörns Sparbuch gezeigt. Magda hatte 50 RM zur Geburt drauf getan, und vierteljährlich sollten 20 RM eingezahlt werden. Das hat sie auch gemacht, so dass das Kind mit Zinsen etwas über 70 RM hatte. Ich habe das Sparbuch nun bei Krugs gelassen und gesagt, dass ein zweites Kindchen die gleichen Paten haben soll. Wir beide, Du und ich, wollen uns doch nicht bereichern, weil unser Junge gestorben ist.

Die Treffen mit Freunden und Bekannten brachten Abwechslung ins Leben und lenkten für kurze Zeit ab von der bedrückenden Situation und von der Sorge über die ungewisse Zukunft.

Wangerooge

Am 9.3.45 hatte Arndt endlich erfahren, wohin er abkommandiert werden sollte:
Er wurde auf der Insel Wangerooge eingesetzt.

Ich bin über dieses Kommando eigentlich recht froh, ich gehe dorthin erheblich lieber als zu den Mar.Schützen Div. an die Ostfront oder Westfront. ...

Nur mit der Post wird es nach dort wieder erheblich schlechter klappen.
Arndt zeigte keinen Ehrgeiz, jetzt noch eine Offiziers-Laufbahn anzustreben:
Offizier werde ich in diesem Kriege doch nicht mehr. So lange dauert der Krieg nicht mehr und dazu muss man noch 3 Monate direkten Fronteinsatz machen, usw., ich glaube, mein Herzel, da ist dieses Kommando auf der Insel doch erheblich ruhiger.
Dein Mann ist wieder ein schneidiger Soldat, niedrigsten Dienstgrades, aber er fühlt sich dabei sehr wohl.

In den folgenden Briefen schilderte Arndt genau, wie er es auf Wangerooge getroffen hatte, seine Unterkunft in der einsam gelegenen Holzvilla zwischen den Dünen, seinen Tagesablauf mit den Wachen, die Verpflegung, die Kameraden:
Das kleine Häuschen ist wirklich sehr nett eingerichtet und pudelwarm, was ja sehr wichtig ist. Ich kann wohl sehr zufrieden damit sein, was ich hier erwischt habe.
...
Du kannst also wirklich ganz beruhigt sein, mein Herzel, Dein Mann hat ein gutes und sicheres Kommando erwischt. Hoffentlich kann ich hier auch einige Zeit bleiben, dann können wir ganz zufrieden sein, und ich bin einmal wieder erheblich sicherer aufgehoben als Du, mein Herzel.
Merkst Du eigentlich, dass ich Deinem Bild jeden Morgen und jeden Abend einen Kuss gebe? Du stehst in unserer kleinen Holzvilla und bist der einzige weibliche Schmuck in unserer Stube. ...

Immer wenn Arndt die feindlichen Bomberverbände in Richtung aufs Festland fliegen sah, war er in großer Sorge um seine Frau und um seine Mutter. Die Nachrichtenverbindung war von der Insel aus nicht so gut, wie sie von Wilhelmshaven aus gewesen war. Dort konnte er ab und zu telefonieren und sich vergewissern, dass seine Frau und seine Mutter bei den Bombardierungen keinen Schaden genommen hatten.
Hier auf Wangerooge dauerte es oft viele Tage, bis wieder Post ein-

traf. Nicht jeden Tag konnte jemand ins Dorf gehen, um Post abzuholen oder um Briefe abzugeben. Das Boot zum Festland fuhr auch nicht jeden Tag. So gab es nach jedem Bomberanflug eine lange Zeit der Ungewissheit.

Aber Anneliese beruhigte ihren Mann, die Keller hätten bisher immer gut gehalten. Nie würde sie in einem der kleinen Häuser in den Außenbezirken wohnen wollen, denn dort waren die Kellerräume längst nicht so stabil und sicher gebaut. Wer weiß, ob sie einem Bombenangriff standhalten würden.

An Arndts Leben auf der Insel zeigte seine Frau großes Interesse. Sie wollte wissen, wie sein Tagesablauf verlief, wie die Unterkunft aussah und wie es mit der Verpflegung bestellt war – *Wirst Du auch satt, mein Büberchen?* -, mit welchen Kameraden er zusammen war, und vieles mehr.

Arndt kam Anneliese Bitte gerne nach und schilderte ihr oft Einzelheiten aus seinem Inselleben. Manchmal schrieb er während der Telefonwache, manchmal bei schwachem Licht in der Unterkunft:

Nun will ich Dir einmal über unseren näheren Kreis etwas berichten.

Wir sind 1 Feldwebel, 2 U-Offiziere und 9 Mann. Ich liege so etwas abseits mit einem U-Offizier und 2 Mann. Dazu gehört noch einer, der z.Zt. auf Urlaub ist.

Der U-Offizier ist recht nett, ist aus Kiel und sitzt schon zwei Jahre auf der Insel, ist aber bestimmt sehr kameradschaftlich.

Der eine meiner Kumpel ist aus Gleiwitz und hat seit Januar von seiner Frau und seinen beiden Kindern keine Nachricht mehr und leidet schwer darunter. Er spricht das eher gebrochene Deutsch der Oberschlesier, die sonst als Hauptsache Polnisch sprechen.

Der andere Kumpel ist anscheinend ein ruhiger, ordentlicher Kerl, der seine Arbeit macht und nicht viel sagt. Ich muss ihn erst einmal näher anschauen, mit dem wird man nicht gleich am ersten Tag warm.

Mit diesen 3 wohne und schlafe ich also und bin sehr zufrieden damit. Die anderen Kumpels, mit denen ich Wache schiebe und sonst Dienst mache, sind meistens jünger. Zwei sind auch noch aus Oberschlesien, aber mehr Polen, haben sich freiwillig gemeldet.

So, nun kannst Du Dir darüber auch ein Bild machen.
Nun, mein Herzel, wenn Du also eine Zeitung bekommen kannst, dann schicke sie mir möglichst ganz, denn wir haben hier überhaupt nichts zum Lesen! Du kannst sie ja Deinen täglichen Briefen beilegen.
Wie sieht es bei Dir denn mit den Raucherwaren aus? Bei mir ist der Ofen aus. Bei Dir wird es ja auch kaum besser sein. Günter wird wohl auch kaum noch viel helfen können.
Nimm nun für heute ganz innige Küsse und viele Grüße von Deinem Dich so unendlich liebenden, treuesten Mann
Arndt, dem Insulaner

Anneliese wollte gern wissen, wie die Verpflegung der Männer geregelt war, und wer ihnen in der entlegenen Stellung das Essen brachte.
Arndt klärte sie auf:
Du fragst, wer uns das Essen bringt. Das müssen wir uns in einer Küche selbst holen. Wir haben diese Essensträger, die man auf dem Buckel trägt, und dann geht es los. Die Küche ist nur 400-500 Meter von uns entfernt, so dass es nicht so schlimm ist.
Essen tun wir von einem tiefen Teller, wo eben alles der Reihe nach drauf kommt. Das ist aber viel angenehmer, als wenn wir aus dem Kochgeschirr essen müssten.

Das Kommando auf der Insel war zwar eintönig, mitunter auch etwas langweilig, aber Arndt machte das Beste daraus. Er legte sich mittags in die warme Sonne, hörte den Lerchen zu und genoss die gute Seeluft.
Die frische Seeluft tut einem ja überhaupt sehr gut. Heute Morgen habe ich dann von 10-12 Uhr Sand geschaufelt und Sandgras gepflanzt. ...
Wir bekommen noch immer so reichlich Kartoffeln, dass wir uns abends selbst Bratkartoffeln machen können. Am Sonntag habe ich mir welche gemacht, und heute Abend haue ich mir auch wieder welche in die Pfanne. ...
Die Lerchen schmettern schon so herrlich über unseren Köpfen, man kann dann gar nicht glauben, dass ein solches Morden auf der Welt ist.

Wenn Du mir nur erhalten bleibst, mein Herzel! Wir beide haben doch schon unser Opfer bringen müssen, unser süßes Kind ist uns genommen worden. Wir werden jedenfalls zusammen bleiben und wollen dann auch mutig an unser gemeinsames Leben dran gehen, und wir werden es unter allen Umständen schon schaffen.

Arndt wusste es zu schätzen, dass er auf Wangerooge einigermaßen in Sicherheit war, *auch wenn es mit den Rauchwaren hier ganz essig war:*
Ich habe nun schon 5 Tage nicht mehr geraucht, und es geht auch so sehr gut.
Meine Kumpels habe ich schon näher kennen gelernt, es sind fast alles Burschen von 18-20 Jahren. Nur die beiden von meiner Bude und noch einer, wir sind 30-Jährige.
Die Jungs machen noch so richtige Jungenstreiche, stechen beim Unterricht dem anderen mit der Nadel in den Hintern und haben den Kopf voller Flausen. Ist ja gut, sie sind jedenfalls von allen Sorgen noch ziemlich unbeschwert, da ist man mit meinem Alter und dazu noch als Familienvater schon abgeklärter.
Ich fühle mich aber zwischen den Jungens sehr wohl und komme auch körperlich glatt mit, da von uns nur so viel verlangt wird, wie es ein gesunder Mensch auch schaffen kann.
Ich fasse dieses Kommando unbedingt für einen großen Dusel auf. Ich habe es hier tausend Mal besser als unsere Soldaten im Osten oder Westen, das steht außer jedem Zweifel...
Nun, meine Herzallerliebste, tausend innigste Küsse begleiten diesen Brief, bleib mir gesund, ich habe Dich so lieb. Dein Bäumchen ist voller Sehnsucht, das macht wohl der Frühling, herzinnigste Küsse und Grüße von Deinem treuesten
Arndt

Was den Männern in der abgelegenen Holzvilla noch zu schaffen machte, war der Mangel an Papier. Keine einzige Zeitung gelangte in ihre weit abgelegene Stellung.

Der Maat teilte Arndt besonders gerne zum Anzünden des Ofens ein, und das war ohne Papier recht schwierig. Man musste mühsam Holzspäne machen, um das Feuer in Gang zu bringen. Holz gab es genug auf der Insel, und zwar am Strand. Immer wieder wurden Holzstämme oder Balken angeschwemmt. Vor einigen Wochen wurden dort sogar einige Fässer mit englischem Bier angespült, aber davon hatte Arndt leider nichts mehr gesehen.

Wie wichtig die Zeitungen waren, die Anneliese in ihren Briefen mitschickte, schrieb Arndt sehr anschaulich:

Ganz große Freude hast Du mir und all unseren Kameraden mit dem Übersenden der Zeitung gemacht, ist es doch der erste Lesestoff, der hier eingetroffen ist. Die Zeitung wird von allen bestimmt ganz genau durchgelesen und bekommt dann die feierliche Bestimmung, um als Klopapier zu dienen, denn mit dem Dünengras geht es doch ziemlich schlecht.

Selbst wenn die Stellung auf der Insel in dieser kriegerischen Zeit als recht sicher galt, so gab es auch hier Gefahr für Leib und Leben.

Der Maat bekam plötzlich *einen sehr üblen Magenanfall*, der nicht aufhörte und immer stärkere Schmerzen verursachte, berichtete Arndt:

Er hat die ganz Nacht gestöhnt, und ich habe alle meine Gelonida-Tabletten geopfert, damit seine Schmerzen etwas erträglicher sind. ...

Arndts Diagnose lautete »*Magengeschwüre*«, aber der herbei gerufene San.Maat tippte auf »*Blinddarm*«.

Um den Kranken ins Lazarett bringen zu können, ging Arndt in den Ort und besorgte einen Handwagen. Es war die einzige Möglichkeit, den vor Schmerzen stöhnenden Mann ins Insel-Lazarett zu transportieren.

Am 29.3.45 kommentierte Anneliese die Leiden des Maat. Sie wusste zu dem Zeitpunkt noch nicht, wie schlimm es um den Mann stand, und wünschte ihm baldige Besserung:

Er muss wohl ein perforiertes Magenulcus haben. ... Jedenfalls bist Du all die schönen Gelonida los und hast damit nichts genützt, sondern der Maat hat zuviel genommen. Aber wenn man solche Schmerzen hat und so abgelegen ist, dann versucht man halt alles.

Im Lazarett wurde der Maat in den folgenden Tagen zweimal operiert, aber die Eingriffe kamen zu spät. Der allseits beliebte Maat starb an den Folgen der Operationen, bzw. an seinen Magengeschwüren.

Der San. Maat hatte sich mit seiner Diagnose geirrt; Arndts Diagnose, *so aus der Hand heraus*, war leider richtig gewesen.

Wenn das Schicksal einen packen will, dann findet es einen auch im entferntesten Winkel, kommentierte Arndt die traurige Nachricht.

Von den Neuzugängen, die auf der Insel ankamen, wurde auch ein Soldat in die Holzvilla abkommandiert.

Der Neue ist ein Bayer, wir sind jetzt in unserem Zimmer ein Bayer, ein Oberschlesier, ein Kieler und ich als Hamburger.

Der neue Kumpel hat sich gestern gleich gut eingeführt. Wir haben ja alle nichts mehr zu rauchen, er hatte 2 Zigarren bei sich, die haben wir dann durchgeschnitten, und jeder hat eine halbe Zigarre rauchen können. Das ist doch nett, nicht wahr.

Der bayrische Neuzugang zeigte aber auch Eigenheiten, die Arndt als nicht so angenehm empfand, mit denen man aber leben musste:

Ich hatte schon zeitig gegessen, und eben kommt der aus Bayern von der Wache und isst jetzt neben mir. Der macht dabei einen ganz furchtbaren Lärm. Man darf dazu ja nichts sagen, das würden die nicht verstehen, aber schön ist das wirklich nicht. Ja, so gibt es oft nur Kleinigkeiten, die einen doch sehr stören, und worüber man hinweg sehen muss.

Auch am nächsten Tag, und vermutlich ebenso an allen folgenden Tagen, sorgte der Bayer für zusätzliche Beschallung:

Es ist wieder Mittagszeit, das Radio geht nicht, aber Konzert habe ich doch, da gerade der Bayer kommt und fängt laut zu essen. Da geht das Schreiben besonders gut.

Arndt nahm die Situation mit Humor, was sollte er auch anderes tun. Seine Frau war voller Mitgefühl, weil ihr Mann so ein *Robinson-Kommando* erwischt hatte:

Ich muss so oft an all die Primitivität denken, die Du nun um Dich herum hast, und in der sich Dein Leben jetzt abspielt. Dieses Mal ist auch kein einziger gebildeter Mann dabei wie damals auf der dalmatischen Insel. ... Deine Kameraden sind ja scheinbar auch nicht allzu unterhaltend, wenn es meist nur halbe Pollacken sind. Hat denn der eine inzwischen Nachricht von seiner Familie? Wie schrecklich muss das sein, da kannst Du ja noch von Glück sagen, dass Du uns unmittelbar nach der Flucht gleich gesprochen hast.

Eines Tages sah Arndt ein kleines Gänseblümchen. Er pflückte es ab und legte es in den nächsten Brief an Anneliese.

»Ein kleiner Frühlingsgruß«, schrieb er dazu.

Noch funktionierte die Postverbindung, das wusste Anneliese zu schätzen, auch wenn es oft mehrere Tage dauerte, bis ein Brief ankam:

Deine Post geht immer circa 5 Tage zu mir.

Gott sei Dank bin ich noch so glücklich dran und bekomme Post von Dir, während so viele Frauen schon vergeblich auf Nachricht hoffen. Auch Mutti wartet sehnsüchtig auf Günters Brief, und keiner kommt. Sie ist jeden Tag traurig, wenn nichts von ihm dabei ist.

Dein kleiner Frühlingsgruß, das Gänseblümchen, hat mich sehr erfreut, habe vielen Dank dafür, Du liebster Arndt.

Hoffentlich erreichen Dich auch weiterhin unsere Briefe mit den Zeitungen und Zigarren.

Anneliese legte in ihren Brief an Arndt auch eine Kreuzworträtsel-Zeitung mit hinein, *sie wird Dir ein wenig die Zeit vertreiben helfen. Du musst ja ganz rammdösig werden, kein Licht, kein Radio, kein Buch. Da muss ich mir tüchtig den Kopf zerbrechen, damit ich Dir etwas zur Unterhaltung beisteuern kann.*

Über die Zeitungen und über die Rätsel war Arndt *hocherfreut*. Er freute sich schon auf seine *Mußestunden*, wenn er sich mit den Rätseln befassen konnte.

Um ihrem Mann einen noch interessanteren Zeitvertreib zu verschaffen, besorgte Anneliese ein Schachspiel zum Zusammenklappen. Aber sie war sich nicht sicher, ob *Du dort überhaupt* einen *Kumpel hast, der so schlau ist und das Spiel versteht.*

Arndt bestätigte ihre Befürchtungen:

Ich glaube kaum, dass ich hier in meiner Stellung einen finden werde, der Schach spielen kann. So hohe Anforderungen darfst Du hier nicht stellen. Aber es sind zum größten Teil ordentliche Jungs, meistens jünger als ich. Nur die Neuen, die jetzt gekommen sind, sind etwas älter.

Leider war das Spiel dann zu schwer, um in einem Brief verschickt werden zu können.

Insgesamt war Anneliese jedoch froh über das ruhige Kommando, das Arndt auf der Insel erwischt hatte.

Ja, Wache schieben und Arbeitsdienst, das ist unsere Hauptbeschäftigung. Für die Wache haben wir warme Mäntel und große Filzschuhe, da braucht man wirklich nicht zu frieren.

Ja, mein Herzel, wie glücklich bin ich, dass ich von Dir immer noch Post bekomme. Bei uns sind es schon 6 Mann, die jetzt ihre Angehörigen im besetzten Feindland wissen. Sie warten immer vergeblich auf Nachrichten von ihrem Zuhause.

An anderer Stelle schrieb Arndt:

Die Lage spitzt sich ja immer mehr zu. … Der Feind ist nicht mehr aufzuhalten. Von den 15 Mann, die wir hier in der Stellung sind, haben jetzt schon 9 Mann keinerlei Hoffnung mehr, von ihren Familien etwas zu hören, da ihre Heimatstadt bereits besetzt oder umgangen ist. Wie lange wird es bei uns noch dauern, dass unsere Verbindung noch geht? Das kann jeden Tag zu Ende sein, und dann beginnt für uns beide eine schreckliche Zeit.

Wie die Lage im Augenblick ist, weiß ich nicht, denn wir haben keinerlei Nachricht oder Wehrmachtsbericht mehr bekommen. Es soll aber jetzt versucht werden, dass um 20 Uhr für kurze Zeit Strom kommt, so dass wir dann die Nachrichten hören können, falls kein Alarm sein sollte.

Heute ist das auch wieder schlecht für mich, da ich von 18-20 Uhr Wache habe und so wohl zu spät zum Hören kommen werde. Ich kann es mir dann aber von den Kameraden erzählen lassen.

Wie ich schon zu Anfang schrieb, ist die Kameradschaft hier in dieser Stellung auch wieder nicht sehr groß, und ich vermisse das bei meiner ganzen Militärzeit fast überall. Ich hätte es mir früher erheblich besser vorgestellt. Wir haben unter den 14 Mann, die wir in der ganzen Stellung sind, zwei ganz üble Radfahrer, die sich ihre Stellung durch Verpetzen erwerben wollen. Die anderen halten auch wieder nicht so zusammen, dass sie dagegen eine geschlossene Front bilden können. Und so herrscht nur sehr wenig Eintracht hier.

Bei uns Vieren, die wir in unserer Villa ja ganz alleine wohnen, ist es schon erheblich besser, wenn auch nicht ideal, was aber wohl durch die schlechte Stimmung wegen der allgemeinen Lage kommt. Keiner kann sich so frei und ungezwungen geben, wie er gerne möchte. Die Sorgen um seine Lieben bedrücken einen jeden doch sehr.

Der Bayer, der aus Regensburg ist, hat von seiner Frau und seiner Tochter schon seit dem 28.1.45 keine Post mehr bekommen, hat in der Zwischenzeit allerhand Kommandos gewechselt und hat nun auf zwei Telegramme keine Antwort bekommen. Auf Regensburg waren auch sehr schwere Angriffe gewesen, so dass er natürlich sehr in Sorge ist.

Der andere Kamerad aus Leipzig, der ein etwas schwieriger und sehr reaktionär eingestellter Bursche ist, hat auch seit einem Monat keine Nachricht. Nur nach dem letzten großen Angriff auf Leipzig Ende Februar hat er ein Telegramm bekommen, dass er Totalschaden hat, seine Angehörigen aber leben.

Der andere Kamerad aus Oberschlesien hat ja seit Mitte Januar keine Post mehr. So etwas drückt auf jeden Menschen. Die Hauptsache ist doch einmal die Sorge um seine Lieben, ohne die will keiner weiter leben.

Über die mangelnde Kameradschaft beklagte sich Arndt oft, wenn es darum ging, die Post mit ins Dorf zum Postamt zu nehmen:

Es ist für mich jetzt schon immer sehr, sehr schwer die Post ins Dorf zum Postamt zu bekommen, denn da wir ja auch Alarmstufe haben, kommen

immer nur sehr wenige weg. Die meisten sind dann noch so unkameradschaftlich, die Post nicht mitzunehmen, obwohl sie im Fach liegt, da sie selbst an ihre Angehörigen nicht mehr schreiben können. Die Kameradschaft in unserem Haufen kann man überhaupt nur als schlecht bezeichnen. Damit muss man sich abfinden, die meisten sind große Egoisten. ...
Ich beiße mich aber schon durch, habe aber hier noch keinerlei persönlichen Anschluss an einen Kameraden gefunden und behandele selbst die anderen auch danach. Das wird aber alles bald vorbei sein, dann hat man das auch schnell vergessen, und die Hauptsache ist ja nur, dass dieses Kommando einem über die kritische Zeit hilft.
Es lebt sich hier auf der Insel ja alles noch wie im Frieden, es ist auch Zivilbevölkerung darauf. Wenn Alarm kommt, dann kümmert sich keiner darum. Hier ist in diesem Kriege noch keine einzige Bombe gefallen. Hoffentlich bleibt es auch weiterhin so ruhig hier.

Ein wichtiges Thema war immer wieder die Ernährung, die Versorgung mit Nahrungsmitteln:
Wie kommt Ihr denn mit dem Essen klar? Reicht es auch, mein Herzel? erkundigte sich Arndt besorgt.
Als er noch in Wilhelmshaven war, konnte er seiner Frau ab und zu ein Paket mit Lebensmitteln schicken, aber hier auf der Insel hatte er keine Gelegenheit dazu.
Bei uns hier ist nach meinem Begriff das Essen immer noch reichlich genug, wenn auch einige dieser jungen Kerle ewig Hunger haben und so mit dem Brot nie auskommen. Ich bin ja kein so großer Esser und komme bis jetzt immer reichlich aus. Heute Abend werde ich mir auch wieder Bratkartoffeln machen, dazu habe ich noch etwas Erbsen und Karotten von heute Mittag. Das gibt also zusammen mit Brot und Käse ein vortreffliches Abendbrot.

Zu Ostern gab es für die Männer ein paar Extra-Zuteilungen: ein halbes Paket Tabak, für vier Mann eine Flasche Schnaps und eine Rolle Drops.
Nun konnte die Pfeife für ein paar Tage wieder rauchen.

Das Essen war wirklich ausgezeichnet und reichhaltig. Es gab so viel Pudding, dass ich ihn nicht aufessen konnte, um nicht zu platzen. Dazu gab es noch als Überraschung drei Eier extra, so dass wir nicht klagen können.

Arndts Tagesablauf war durch die ständigen Wachdienste eingeteilt, *auch der Sonnabend oder Sonntag unterscheidet sich bei uns von einem Alltag überhaupt nicht. Zu den anderen Zeiten muss man noch Reinschiff usw. machen, und dann will ich noch meine Wäsche waschen, die Strümpfe hauptsächlich. …*

Meine große Wäsche habe ich auch schon geschafft, und jetzt werden die großen Löcher der Strümpfe fachgemäß gestopft. Ich habe aber nur ältere Strümpfe, so dass ich nicht viel daran verderben kann, mein Herzel. Ich stopfe aber auch wirklich ganz blendend, bin jedenfalls sehr damit zufrieden.

Ich habe es hier tausend Mal besser als unsere Soldaten an der Front im Osten oder Westen, das steht außer jeden Zweifel.

Nun, mein allerliebstes Annelies, will ich für heute Schluss machen. Ich habe Dich so lieb, mein Herzel, dass ich nur noch an Dich denken kann und die Stunde herbeisehne, wo ich wieder und immer bei Dir sein kann. Meine Sehnsucht ist so groß, das habe ich sonst so stark noch nicht gehabt. Ich küsse Dich ganz lieb und heiß, auch das liebe Grübchen und bin immer Dein treuester Mann
Arndt
Viele Grüße auch an Mutti.

Es war schon lange nicht mehr zu übersehen, dass die allgemeine Lage sehr ernst war; ja, sie drohte noch ernster und aussichtsloser zu werden. Die feindlichen Armeen rückten immer näher.

Da wir keinen Strom haben, hören wir kein Radio mehr, und wir wissen auch nicht, wie weit die Feinde jetzt im Reich stehen. Aber bei dem Tempo, wie es jetzt geht, kann es ja nicht sehr lange dauern, und sie haben alles besetzt. Uns wird man hier wohl vergessen, schrieb Arndt. …

Ich glaube ja kaum, dass die Engländer und Amerikaner viel Interesse an unserem Sand hier haben, dann wollen wir doch sehr zufrieden sein. Es ist leicht möglich, dass Ihr in Hamburg früher von den Feinden besetzt sein werdet als wir hier, denn bei dem jetzigen Tempo werden sie ja bald nach dort kommen, besonders, wo ihnen die guten Autobahnen zur Verfügung stehen.
Wir werden wohl kaum noch große und schlagkräftige Truppen entgegen stellen können. Ich glaube da jedenfalls an nichts mehr, man hat schon zu viel versprochen und nichts gehalten.

Jeden Tag musste man mit dem Abbruch der Postverbindung rechnen.
Arndt riet seiner Frau, auf jeden Fall in Hamburg zu bleiben, zumindest aber in Norddeutschland, falls Hamburg *vom Feind direkt bedroht ist. Denn ausweichen könnt Ihr ja doch nicht mehr.*
Arndt rechnete damit, dass der Krieg bald beendet sein würde, lange konnte er nicht mehr dauern. Bei Kriegsende würde er dann schnellstens versuchen, seine Frau in Hamburg aufzusuchen:
Falls aber Eure Adresse geändert sein sollte und Ihr außerhalb von Hamburg habt wohnen müssen, dann frage ich bei folgenden Stellen nach, wo Ihr alle möglichst Eure Anschrift hinterlassen sollt:
1. bei Heimadinger, 2. bei Deinem Mutterhaus, 3. bei der Hapag.
Ich glaube, bei solchen Institutionen hat man die größte Sicherheit, dass sie noch in der Stadt sein werden, während alle Privatanschriften sehr fraglich sind. Bei unseren Bekannten oder Verwandten in Hamburg wie Roderichs etc. frage ich in solchem Falle ja sowieso nach. ...
Mein Herzel, man muss in diesem Punkt ja ganz klar sehen und darf sich nicht verstecken, die Lage erfordert so etwas. Nur eins darfst Du nicht: den Kopf verlieren, wenn Du ohne Nachricht bist. Denn glaube an unser gemeinsames Glück. ...

Der letzte Brief, den Anneliese von der Insel Wangerooge erhielt, datierte vom 17.4.45.

6.h. 29/3/45

Meine allerliebste süße Annelise!

Das Boot hat gestern auch keine Post mitgebracht und so warte ich nun schon 8 Tage wieder auf Post und überhaupt keine kommt hier an. Viele meiner Kameraden können keine Post mehr bekommen, da der Feind in ihrer Heimat sitzt, das ist aber bei uns doch nicht der Fall und so muß ich weiter warten und hoffe wieder auf das heutige Boot, denn durch die Osterfeiertage wird die Post ja noch eine weitere Verzögerungen bekommen. So sitzen wir alle hier ziemlich abgeschnitten und gestern habe ich dem Boot wehmütig nachgeschaut, daß die beiden mit der Dienstreise nach Brunsbüttel mit sich nahm. Ich habe dem einen Kamerad aber einen Brief mitgegeben und ihn auch noch gebeten, bei Euch anzurufen, damit ich schnell durch ihn Nachricht bekomme, wie es Euch geht und ob Ihr die schweren Angriffe um den 22. herum gut überstanden habt. So bin ich immer noch in Sorge um Euch, nehme aber an daß wenn etwas passiert sein sollte, ich schon ein Telegramm bekommen hätte. Ich habe mich gestern nun genau erkundigt, ob die Angaben des Kumpels, der für mich die Dienstreise macht, stimmen, aber es ist nichts daran zu deuteln. Wer weiß, wofür es gut ist und so will ich hoffen, daß ich auch bald über Hbg fahren kann. Ich würde dann versuchen Dich telefonisch von dort zu erreichen evtl. über W'haven durch Herrn Gerth. Aber ich schaue ja auf die Tage so, daß ich nicht glaube, daß noch viele Wochen vergehen werden, wie wir jetzt von den Feinden militärisch erobert werden. Wundern muß man sich, daß wir hier immer mehr werden, nach uns sind in unsere Stellung noch 6 Mann eingezogen, in unsere Villa ist aber keiner mehr eingezogen, die ist nicht für mehr Menschen bestimmt, die sind alle in dem anderen Bau, so sind wir jetzt mit dem anderen Bau 16 Mann. – Heute morgen mußte ich dienstlich ins Dorf gehen bezw. einen Handwagen hinfahren und Gasschutzsachen holen. Da habe ich plötzlich

Arndts Wangerooger Blümchen-Brief

Versorgungslage

In vielen Briefen berichtete Anneliese davon, dass sie und ihre Schwiegermutter mittags zum Essen gingen. Sie schrieb genau, in welchen Lokalen sie eingekehrten, und welche Speisen sie sich bestellt hatten. Der Nachtisch wurde ebenfalls erwähnt, und es wurde geschrieben, ob ihnen das Essen geschmeckt hatte. Anfangs liest man etwas verwundert, wie oft die beiden Frauen in den unterschiedlichen Lokalen einkehrten.

»Ganz schön nobel«, mag man denken, denn es war in den normalen Familien nicht üblich, so oft außer Haus essen zu gehen. Das konnten sich die meisten nicht erlauben.

Bei Anneliese und ihrer Schwiegermutter waren es aber die häuslichen Zustände, die sie veranlassten, auswärts zu essen; denn sie durften den Herd ihrer Wirtin normalerweise nicht benutzen. Wenn sie also eine warme Mahlzeit zu sich nehmen wollten, mussten sie zum Essen in einem Restaurant einkehren.

Nur ab und zu zeigte sich Frau Schaper gnädig und erlaubte den beiden Frauen die Benutzung ihres Herdes.

Heute haben wir uns einmal wieder selbst bekocht. Es ist doch etwas ganz anderes, als immer nur in irgendwelche Lokale zum Essen gehen, schrieb Anneliese am 28.2.45.

Es war ein seltener Glücksfall, wenn sich die beiden selber eine Mahlzeit zubereiten durften oder einen Kuchen backen konnten.

Morgen werden wir im Hause bleiben und uns selbst bekochen. Das ist viel schöner, als immer essen zu gehen.

Bei einem ihrer Restaurant-Besuche traf Anneliese einen ehemaligen Patienten wieder.

Am 28.3.45 berichtete sie von dieser Begegnung:

Wir haben heute im Deutschlandhaus gegessen und sind fabelhaft satt geworden. Dort steht ein Portier, den ich in Marne als Patient gehabt habe. Damals nannten mich alle nur »Schwester Sonnenschein«.

Ich habe mich zu erkennen gegeben, er drückte mich vor versammeltem

Publikum an sich, alles lachte. Dann sagte Mutti, dass sie meine Schwiegermutter sei, und da zog er gleich seine Brieftasche und zeigte Mutti Bilder von mir. Das ist doch nach 5 Jahren allerhand.

Anneliese freute sich, dass ihr ehemaliger Patient sie wiedererkannte und sich nach all den Jahren noch an ihre gewissenhafte und liebevolle Pflege erinnerte. Sie war zu Recht stolz auf die Arbeit, die sie in ihrem Beruf geleistet hatte.

Nun konnte Mutti einmal einen kleinen Eindruck davon bekommen, wie sehr die Arbeit ihrer Schwiegertochter von den Patienten geschätzt worden war. Mutti kannte ihre Schwiegertochter ja nur als Ehefrau ihres Sohnes und als Mutter ihres Enkels. Sie hatte Anneliese ja gar nicht in ihrer Tätigkeit als Krankenschwester und als verantwortungsvolle Leiterin der Krankenstationen kennengelernt.

Die allgemeine Versorgungslage wurde immer kritischer, das merkten die Frauen auch bei ihren Restaurantbesuchen. Es war schon lange üblich, bereits bei der Bestellung des Essens die Lebensmittelmarken abzugeben.

Am 21.3.45 fuhren wir gegen 1 Uhr zum Essen in die Stadt. Erst wollten wir bei Hübner wieder speisen, bekamen aber dort nichts, nachdem wir eine halbe Stunde dort gesessen hatten. Unsere Marken waren verschwunden, und inzwischen war das Essen alle. Die Kassiererin hat uns von ihren eigenen Marken dann Ersatz gegeben, und wir zogen ab nach der Rathaushalle. Dort haben wir dann noch ganz gut gespeist. Die Portionen werden natürlich immer kleiner.

An einem anderen Tag schrieb Anneliese:

Eben, am 1.4.45, haben wir also fein gegessen. Es gab gebratene Schollen und Gemüse und Schweinskotelett mit Brot, weil es keine Kartoffeln mehr gibt. Wir sind satt geworden.

Wie magst Du wohl speisen? Hoffentlich bekommst Du Pudding wie am vergangenen Sonntag.

Ostern ist nun bald wieder vorbei (2.4.45). Ich bin glücklich darüber, denn Feiertage sind zu schrecklich.
Wir waren wieder in Manhagen. Es ist so traurig, dass man bei solch schlechtem Wetter nur um Essen ohne Kartoffeln zu bekommen, fortfahren muss. ...
Wir haben uns eine Monatskarte gekauft und sind bis Großhansdorf gekommen. Dort sind wir sofort im Bahnhofshotel untergetaucht, weil es derartig stürmte und regnete. Wir tranken eine Tasse Kaffee und spielten Skat, dann fuhren wir nach Manhagen zurück.
Bisher ist Ostern ohne Ostereier aus der Luft geblieben, auch eben ist die Sonne durchgekommen.
Wie mag es bei Dir gestürmt haben auf der Insel. Wir wurden ja nur so getrieben.

Im selben Brief berichtete Anneliese über die neuen Bestimmungen für die Zuteilungen der Lebensmittel an die Bevölkerung:
Heute kann ich Dir leider nicht die ganze Zeitung schicken. ...
Es stehen die Richtlinien für die neue Kartenperiode drin, und die müssen wir uns aufbewahren.
Es wird jetzt so werden, dass wir in der Woche
250 g Fleisch,
125 g irgendwelches Fett,
keine Magermilch mehr,
1700 g Brot, einschließlich Mehl (das sind gerade 4 Schnitten am Tag),
58 g Nährmittel,
33 g Kaffee-Ersatz,
21 g Käse, 41 g Quark,
125 g Zucker oder ½ Pfund Marmelade bekommen.
Das ist sehr wenig, und ich bin gespannt, was die Bevölkerung dazu sagt. Jedenfalls haben die besetzten Städte jetzt bestimmt noch viel, viel weniger. Ob die Kartoffeln gekürzt werden, wissen wir nicht, desgleichen auch nichts über die Raucherkarte.
Es gibt keine Mohrrüben, keine Nährmittel, angeblich soll auch die Milch eine Woche länger reichen. Alle Welt hat kein Brot mehr. ...

Wir haben ja durch das Kommissbrot von Dr. Meyer eine große Hilfe gehabt. Außerdem haben wir in der letzten Woche 12 Eier bekommen und sind darüber natürlich selig. Frau Schumacher, die vom Land 150 Eier mitgebracht hat, schenkte uns auch 2 Knickeier. Wir müssen mit allem sehr sparsam sein.

Abends, wenn wir keine Bratkartoffeln haben, und die haben wir heute noch, dann machen wir von einem Ei Rührei mit etwas Mehl. Das ist dann unser Brotaufstrich für unsere Schnitten.

Am 11.4.45 schrieb Anneliese:

In dieser Woche kann man noch so essen gehen, aber von der nächsten Woche ab muss man sich die Kartoffeln selbst mitbringen, bzw. Marken dafür abgeben.

Frau Schaper, die Wirtin, tat nichts, um den beiden Frauen die Versorgung mit warmen Mahlzeiten zu erleichtern, im Gegenteil. Sie gab immer seltener ihre Erlaubnis zur Benutzung des Herdes. Eigentlich mochte sie ihre Untermieter gar nicht mehr in ihrer Küche sehen.

Neulich hatte man uns im Sprinkenhof bei der Hauptkostenstelle gesagt, dass uns Kohlen zuständen, die Händler wüssten auch, wie viele pro Rate. Als Frau Schaper fragen ging, bekam sie zur Antwort, es gebe keine Kohlen, und in kürzester Zeit würde eine Gemeinschaftsverpflegung eingerichtet.

Wir haben uns heute erst mal einen Überschlag gemacht, 211 g Brot können wir jeder am Tag essen, wenn wir kein Mehl abholen. Aber wenn wir Mehl kaufen, brauchen wir noch weniger. Zur Zeit haben wir aber noch alte Marken, und es wird für uns nicht so fühlbar sein.

Heute haben wir eine kleine Schüssel und einen Tiegel erstanden. Aber es scheint, als ob Frau Schaper uns nicht mehr kochen lassen will. Wir sollen zur Gemeinschaftsverpflegung gehen. Heute läuft diese nun zum ersten Mal an, und man muss abwarten, wie sie ist.

Ach, es ist ein Krampf, wenn man bei Leuten wohnt, die so gar keine Ahnung davon haben, wie schwer alles ist.

Aber ich will Frau Schaper doch nicht wünschen, dass sie alles verliert, weil wir dann auch die Leidtragenden sind.

Als Frau Schaper von einem alten Polizeiarzt den Rat bekam, Hamburg zu verlassen, weil die Stadt zur Festung erklärt werden sollte, erkundigte sie sich in Reinbek nach einer möglichen Unterkunft. Das beunruhigte Anneliese und Mutti sehr:
Sollte sie fortgehen, kann es uns passieren, dass wir wieder wandern müssen. Was ist das bloß für eine Zeit, und ich frage mich, was man nur verbrochen hat, so gestraft zu werden. Immer mehr spitzt sich alles zu.

Trotz aller Unannehmlichkeiten waren die beiden Frauen bei Frau Schaper noch einigermaßen sicher untergebracht. Die Vorstellung, eventuell schon wieder alles verlassen und verlieren zu müssen, war aber bedrückend.

Das Thema »Essen und Verpflegung« tauchte immer wieder in den Briefen der beiden Eheleute auf. Man fragte nach, ob der andere auch genug zu essen bekam, und ob er satt wurde. Umgekehrt wurde genau berichtet, was gegessen wurde, wie es geschmeckt hatte, und ob es ausreichend war.
Wenn Arndts Mittagessen einmal kalt geworden war, weil sein Kamerad sich beim Essenholen mit der Zeit vertrödelt hatte, bedauerte Anneliese ihren Mann sehr.
Je kritischer die Verpflegungslage wurde, umso wichtiger war es, genügend Nahrung zu bekommen.

Das Ende des Krieges naht

Aus den Briefen wurde ersichtlich, dass sich die allgemeine Lage immer mehr verschlechterte und zuspitzte.
Besonders deprimierend war die Ungewissheit darüber, was die Zukunft bringen würde. Es kursierten alle möglichen Gerüchte, die bei den Menschen Angst und Unsicherheit hervorriefen:

Hamburg sollte von Frauen und Kindern geräumt werden, Hamburg sollte zur Festung ausgebaut werden, alle Flüchtlinge sollten Hamburg wieder verlassen, und vieles mehr.

Was sollte man glauben? Was sollte man für seine Sicherheit tun? Was konnte man überhaupt tun? Wo war man überhaupt noch sicher? Welchen Informationen konnte man trauen?

Ja, Gerüchte schwirren hier mächtig rum, so ist z.b. jetzt Berlin dran. Dort sollen die Einwohner nur noch Kartoffelschalen zu essen haben.

Das Leben hier in Hamburg ist durch das Essen gehen auch viel teurer geworden. 80 RM habe ich Mutti heute für einen Monat gegeben.

In Liegnitz kostete
1 l Magermilch 10 Pf. – hier 15 Pf.;
2 Pfund Brot kosteten 27 Pfennig – hier 1 Pfund 26 Pfennig.
Solch Unterschied herrscht.

Ab dem 24.3. 45 gibt es keine Heizung mehr. Sei froh, dass Du noch Deinen Ofen anmachen kannst. Ich schicke Dir heute auch eine Zeitung dafür.

Die Versorgung der Bevölkerung mit Nahrung, Kleidung, Wasser, Heizung, Gas und Strom wurde immer unzuverlässiger. Wichtige Einrichtungen waren durch die Bombenangriffe zerstört worden, und weil große Gebiete des Reiches von den feindlichen Armeen kontrolliert wurden, waren viele Versorgungswege unterbrochen.

Eben hat Mutti noch Fisch bekommen, den wir heute essen. Hamburg muss den Fisch jetzt aufessen, der eigentlich für andere Städte bestimmt ist, aber wegen der Transportschwierigkeiten nicht weiter geliefert werden kann.

In ihrem Brief vom 30.3.45 berichtete Anneliese:
Frau Schumacher kam gestern mit dem Gerücht nach Hause, dass der Krieg in 14 Tagen aus sein soll. Wenn die Feinde im Westen weiter so vorwärts kommen, dann ist es wohl möglich, aber ganz, ganz negativ für uns.

Die Nachrichten über das Vordringen der feindlichen Armeen ließen böse Ahnungen aufkommen:
Wie lange konnte dieser Krieg noch dauern?
War überhaupt noch an eine positive Lösung zu denken?
Wie würde eine feindliche Übernahme aussehen?
Was würde bei einer Kapitulation geschehen?

In Anbetracht der Lage schrieb Arndt:
Ich bin froh, dass ich Euch nun aus den Händen der Russen frei weiß, und muss doch wieder in Sorge um Euch sein. Wenn man jetzt die Berichte über die Taten der Russen liest, dann kann man nur Gott danken, dass Ihr aus der Hölle heraus gekommen seid. Ich wüsste nicht, was ich machen würde, wenn ich Euch jetzt noch in Liegnitz wüsste.

Das Risiko, das wir durch die Flucht eingehen mussten, war schon vollends berechtigt. Und dass unser Junge es nicht durchgehalten hat, ist sehr schmerzlich und traurig, für mich aber doch noch leichter zu ertragen, als wenn ich Dich in den Händen dieser Unmenschen wüsste, oder dass Du Dir auf der Flucht auch den Tod geholt hättest.

Ein Zurückbleiben hätte den sicheren Tod für Dich bedeutet, denn die Russen hätten Dich genau so geschändet wie alle anderen Frauen. Die das wirklich überleben, gehen seelisch ja bestimmt daran zugrunde. Der Krieg hat doch Formen, die einfach unmenschlich sind.

Die Kriegslage ist ja nun so, dass man keine zu großen Hoffnungen mehr haben kann. …Trotz allem hoffe ich auf unser gemeinsames Leben und glaube ganz fest, wenn wir beide gesund zusammen bleiben können, dann werden wir das Leben schon zusammen meistern. Daran müssen wir immer denken, mein Herzel, auch wenn die Stimmung einmal recht trübe sein sollte.

So versuchte Arndt, seiner Frau Mut zu machen, nach dem Motto:
Auch wenn die Welt in Trümmer fällt – wir beide halten zusammen und schaffen einen neuen Anfang.

Wildungen war besetzt, und Bremen war schon Feindgebiet; was würde dann mit der Postverbindung werden?

Hamburg wurde an den Randgebieten stark befestigt, man erwartete einen Angriff von Süden.

Es werden immer mehr Barrikaden gebaut, man kann nur noch rechts und links direkt an den Häusern vorbei gehen, schrieb Anneliese.

Bis 100 km südöstlich von Hannover waren die Panzerspitzen bei Paderborn schon gewesen.

Küsterin, die große Festung vor Berlin, ist gefallen, und nun wird wohl auch der Generalansturm auf die Reichshauptstadt los gehen.

Es geht im Westen alles so unheimlich schnell, man kann gar nicht folgen. Wer weiß, was uns noch so alles bevorstehen mag, schrieb Anneliese in ihrem Brief vom 2.4.45.

Hier werden die Leute nur so zum Volkssturm einberufen. Teils in Uniform und teils in Zivil mit Wolldecke, berichtete Anneliese am 5.4.45.

Frau Schapers Bruder und auch ihr Schwager mussten sich innerhalb von zwölf Stunden zum Dienst melden.

Die Sorgen um die Zukunft beherrschten immer öfter die Gesprächsthemen.

Ob wohl doch noch Gas kommt? fragte man sich bang. Erinnerungen an die Berichte über die Gasangriffe im Ersten Weltkrieg kamen wieder hoch.

Es ist meine allergrößte Sorge, dass ich einmal gänzlich ohne Post von Dir sein muss, der Krieg zu Ende ist, und man findet sich nicht wieder. Wenn wir nun schon überrannt werden sollen, dann lieber bald.

Mit wie viel Sorge wird auch Günter an uns denken. Mutti tut mir so leid. Sie sagt immerfort, dass sie nun bald keine Post mehr von ihm bekommen wird, und dass sie ihn auch nicht mehr wieder sehen wird. Wie magst auch Du sorgenvoll am Radio sitzen.

Noch habe ich Dich, Deine Liebe und Deine Briefe, aber wie lange noch? Das Herz ist mir so schwer. Ich habe neulich zu Mutti gesagt, ob ich wohl noch einmal wieder werde vor mich hin trällern können? Seitdem der Süße mich verlassen hat, ist alles so traurig geworden, und die Lage wird immer angespannter und trostloser. Nur wenn ein Brief von Dir kommt, bin ich glücklich. Ich weiß nicht, wie lange das noch weitergehen mag.

Hier wird erzählt, dass Hitler vor einigen Wochen gesprochen haben soll und bei seiner Rede gesagt hat: »Die letzten vier Tage des Krieges, die möge Gott mir verzeihen«.

Eine Bekannte von Frau Schaper hat es selbst gehört und dazu gesagt: »Das ist so wahr, wie ich hier sitze.«

Also muss ja vielleicht doch noch irgend etwas im Geheimen sein. Man möge hoffen, dass ein Wunder geschieht.

Vor dem Elend und vor all den Zerstörungen ringsum konnte niemand mehr die Augen verschließen. Was hier geschah, bzw. was in den letzten Monaten geschehen war, erschütterte bei vielen Menschn das Vertrauen in die Versprechen der deutschen Führung, auch wenn es niemand laut zu sagen wagte.

Am 10.4.45 äußerte Anneliese ihre Enttäuschung und ihre Zweifel:

Ich habe immer so bedingungslos an Hitler geglaubt und alles für reine Wahrheit gehalten, was unsere Führung gesagt hat. Aber die ersten Zweifel kamen mir schon in Cherbourg, als wir den Schiffsbeschuss hatten. Es war die schrecklichste Nacht meines Lebens, und die amtliche Mitteilung schrieb, dass sich ein Schlachtschiff dem Hafen genähert hat, aber dank unserer fabelhaften Küstensicherung nicht zum Schuss gekommen war. Und dabei hatte die ganze Küste versagt, so dass Trouville sich gewundert hat, und wir sind ganz schön beharkt worden.

Dann die »Beruhigungspillen« in Liegnitz. Man hörte den Gefechtslärm, aber das waren angeblich nur »komische Geräusche«. Gott sei Dank, dass uns damals die Unteroffiziersschule Jauer so beschützt hat. Das hätte man dem Volk sagen sollen, dass da Helden gekämpft haben für uns und unsere Kinder. Unser Junge hätte nicht sterben müssen, wenn man mehr dafür gesorgt hätte, dass Frauen und Kinder schneller raus kommen.

Die Lage ist so todernst für uns geworden, dass die Herren dort oben nichts beschönigen können. Es kann nur noch ein Wunder geschehen, und das können nur unsere Soldaten vollbringen. Sie sind noch immer voller Optimismus, und das ist ein großes Glück.

Ich staune über Breslau, wie sich das hält. Der Gauleiter Hankel ist auch ganz fabelhaft, sie rücken dort immer mehr zusammen, aber die haben Schnaps und Zigaretten, und dann sind die Männer zufrieden.

Könnte ich Dir das doch wenigstens schicken. Man steht so abwartend und kann gar nichts tun. Man bangt um sein Liebstes. ...

Ach, Büberchen, wenn ich abends ins Bett gehe, stelle ich mir dann so vor, wie schön es doch immer war, wenn ich mich so ganz dicht an Dich kuscheln konnte. Wie glücklich waren wir doch, und wie geborgen kam ich mir auf meinem Kopfkissen vor! Du wirst sicher auch manchmal daran denken.

Was macht mein liebes Bäumchen? Hat es wohl sehr viel Sehnsucht nach meinem Grübchen? ...

Die Versorgung der Bevölkerung mit Gas war unterbrochen, elektrischen Strom gab es nur zeitweise, oft erst mitten in der Nacht. Aber dann nutzte er nicht viel, denn nachts war Flieger-Alarm. Am Tage wurde der Strom bei Alarm nicht mehr eingeschaltet. Die Versorgung mit Wasser fiel öfter aus. Wenn das Wasser dann wieder lief, war der Druck so schwach, dass man nur im Keller Wasser holen konnte.

In den Zimmern war es kalt, Anneliese und Mutti froren:

Wir frieren hier schrecklich im Zimmer. Aber was soll man machen, man muss froh sein, noch ein Dach überm Kopf zu haben.

Kein Sonnenstrahl drang in ihren Raum. Mutti legte sich zum Lesen ins Bett, weil es im Sitzen zu kalt gewesen wäre.

Wir können es nur aushalten, wenn wir in Decken gehüllt sind.

Man muss 3-4 Stunden anstehen, wenn man ein bisschen Milch haben will. Aber man kann froh sein, wenn man überhaupt etwas bekommt.

Fast täglich gab es Fliegeralarm und Bomben-Abwürfe über der Stadt.

Heute ist wieder ein Sonntag, der über Hamburg viel Leid gebracht hat.

Wir haben diesen schweren Angriff nicht miterlebt, denn wir waren in Manhagen. ... Es soll ganz schrecklich gewesen sein. An der Hoheluft und Rothenbaumchaussee soll ein Bombenteppich herunter gegangen sein. Altona brennt. ...
Es soll am Dammtor, am Hauptbahnhof und am Uhlenhorster Fährhaus brennen. Die Straßenbahnen fahren noch nicht, bloß Hoch- und S-Bahn.

In vielen Briefen erwähnte Anneliese Straßen und Stadtteile, in denen die Bomben niedergegangen waren und Schäden hinterlassen hatten. Das Postamt am Hühnerposten wurde getroffen, und viele Briefsendungen gingen verloren. Das war besonders bedauerlich für die vielen Angehörigen, die nun wieder keine Nachricht von ihren Lieben erhielten.

Jeden Abend pünktlich erscheint der Tommy, hoffentlich fliegt er nun heute vorbei.
Gestern war der schwerste Angriff seit langem, Tausende sind wieder obdachlos geworden.
Am Sonntag hat es im Lohmühlenkrankenhaus ganz anständig geraucht, das Hauptportal ist ausgebrannt, und ein Pavillon ist getroffen. Die U-Bahn fährt heute noch nicht zwischen Feldstraße und Hauptbahnhof. Es muss viel kaputt sein, in der Innenstadt gibt es kein Licht. ...
Der Angriff im 8.3.45 war viel schlimmer als der am 7.3.45. Am 8.3.45 waren zum ersten Mal abends wieder 150 - 200 viermotorige Bomber da, während es an den anderen Tagen zweimotorige waren.

Onkel Willy Riedberg sandte den beiden Frauen eine »Eilnachricht«, die über 14 Tage unterwegs gewesen war. Er teilte darin mit, dass er den großen Angriff auf Leipzig am 28.2.45 gut überstanden hatte.

Hamburg war nicht die einzige Stadt, die unter den Bombardierungen zu leiden hatte. In vielen Städten waren die Schäden enorm. Die Angriffe auf Hannover waren so heftig, dass man sogar in Hamburg die Detonationen hörte.

Die Feinde haben neulich nach Hannover so wahnsinnig schwere Bomben mitgebracht, die eine Sprengkraft enthielten gleich einem Eisenbahnwaggon. Ich würde es nicht glauben, wenn ich nicht selbst noch in Hamburg die Detonationen gehörte hätte, die so groß waren, dass unsere Fensterscheiben klirrten. Gleich darauf hat auch der Drahtfunk gemeldet, dass diese von Hannover kämen.

Während Mutti bei den Angriffen jedes Mal in großer Angst und Sorge war und am ganzen Leibe zitterte, blieb ihre Schwiegertochter relativ ruhig, ihr war *nur einige Male gruselig gewesen.*
  Mutti zitterte gestern ganz schrecklich. Sie läuft immer ganz aufgeregt hin und her. Dann sagt sie: »Das war eine Bombe, und jetzt sind sie schon ganz nah.«
  Wenn die Flak schießt, glaubt sie es uns nicht. Aber sie ist erst dann ruhig, wenn wir im Keller sind und wirklich etwas los ist. Ich bin merkwürdigerweise gar nicht so ängstlich. Ich muss mich bloß sicher fühlen und in Deckung sein. Bis jetzt hatte ich auch noch keinen Grund Angst zu haben.

Nun ist Königsberg schon gefallen. Es muss dort mörderisch zugegangen sein, notierte Annelie am 11.4.45. *... Göttingen ist auch schon gefallen.*

Der Mann von Frau Schumachers Freundin hatte gestern geschäftlich mit Hannover telefoniert. Mitten im Gespräch sagte der Mann dort: »Eben kommen die ersten Panzer«, und Schluss wars mit dem Sprechen. Hannover ist nun auch gefallen.
  Gestern war Frau Schaper in Altona. Trostlos soll es da aussehen. Nur Trümmer und Häusergerippe. Ganz erschüttert kam sie heim. Alle ihre Verwandten stehen vor dem Nichts.
  80 km vor Hamburg steht der Engländer, ob er zu uns kommt?

Es war erstaunlich, dass bei den ständigen Angriffen und Beeinträchtigungen das öffentliche Leben überhaupt noch einigermaßen funktionierte.

Heute Nacht war ein toller Angriff, denn die Bomben fielen schon, als Alarm kam. Wir ziehen uns nun nicht mehr ganz aus. Es kann dies jetzt sehr oft kommen, denn Hamburg ist eine frontnahe Stadt geworden. So muss es den ganzen Winter über am Rhein gewesen sein ...

In Coburg wird schon gekämpft, Weimar ist gefallen.

Im Keller stellen wir nun seit dem 14.4.45 wieder Luftschutzbetten auf, und so kann man sich dann, wenn alles schlimmer wird, dort auch mal hinlegen.

Unten die Dame hat schon lange keine Post mehr aus Königsberg. Auch aus Breslau ist nichts mehr an Frau Schumacher gekommen. Aber diese hat so ein leichte Art: »Leben und leben lassen« ist ihre Devise, und sie kommt durch damit. Sie zermartert sich nicht so.

Ich kann mich einfach nicht so mit allem abfinden, weil ich Freude, Glück und Leid so tief erlebe, dass mir mein Herz still stehen kann. Ich bin zu impulsiv und zu sensibel. Du weißt das ja alles, mein Arndt, wie ich bin, und wirst mich schon so verbrauchen. ...

Der Russe ist im Südosten so schnell vorwärts gekommen. Nun sinkt auch Wien in Schutt und Asche. Diese wunderschöne Stadt. Alles ist versunken, was Deutschland so schön und auch so reizvoll gemacht hat.

Gestern stand in der Zeitung, dass jeder sterben muss, der irgendwelche Feindparolen weiter gibt, die die Engländer aussäen. Aber was brauchen wir noch die Schwarzseher, wo die Wahrheit so trostlos ist. ...

Mein Herz hofft, aber der Verstand sieht keinen Ausweg. ...

Bald wird nun auch vielleicht bei Euch der Feind angreifen, ich flehe den lieben Gott den ganzen Tag an, dass er Dich mir erhält. Das Harmloseste ist ja, dass Du in Gefangenschaft kommst. Du kannst Englisch und auch das amerikanische Englisch durch Deine vielen Reisen. Es wird Dir auch weiter helfen.

Hebe alle Briefe ja gut auf und sieh Dir, wenn wir nichts mehr von einander hören sollten, täglich unsere Briefe und Bilder an. ...

Immer wenn Arndt sah, wie feindliche Bomber seine Insel umflogen und Kurs aufs Festland nahmen, bangte er um seine Frau und um seine Mutter. Der stabile Hauskeller gab zwar einen gewissen Schutz, aber eine vollständige Sicherheit würde es nicht geben. Es konnte immer ein Unglück geschehen, falls das Haus einen Treffer abbekam.

Zusätzlich zu all den täglichen Unannehmlichkeiten bekamen Anneliese und ihre Schwiegermutter die Aufforderung, sich beim Arbeitsamt zu melden. Für Mutti erledigte sich die Angelegenheit bei ihrer ersten Vorladung, sie brauchte nicht zu arbeiten.

Auch Anneliese war *schnell mit dem Arbeitsamt quitt*, da sie zum DRK gehörte. Sie nahm in den folgenden Tagen Kontakt zu ihrer Oberin auf. Die Oberin war *ganz reizend* zu Anneliese und freute sich, ihre DRK-Schwester wiederzusehen:

»Da wohnt das Mädchen in Hamburg und kommt erst jetzt bei mir vorbei!« meinte sie vorwurfsvoll, aber mit einem Lächeln.

Die Oberin war sehr hilfsbereit und versprach, Anneliese bei der Suche nach einer angemessenen Arbeit zu unterstützen:

Sie will mal sehen, ob sie mir etwas Nettes besorgen kann, dass ich für Dich ein Zuhause erhalten und mich selbst erhalten soll. Ich werde aber nichts überstürzen.

Anneliese zog in Erwägung, wieder als Rote-Kreuz-Schwester zu arbeiten, wenn sie eine passende Stellung bekäme:

Wenn sich die Katastrophe nähert, will ich beim Roten Kreuz helfen, und Mutti will dort auch eingesetzt werden.

Wenn der Engländer kommt, wäre ich beim Roten Kreuz noch am sichersten, überlegte Anneliese, denn das Rote Kreuz wurde auch von den Feinden immer geachtet.

Auch nehme ich stark an, dass Verwundete in die Bunker kommen, und ich dann verhältnismäßig sicher bin. Mutti werde ich natürlich versuchen bei mir zu halten, und ich kann das doch dann am besten, wenn man mir selbst etwas Verantwortung überträgt.

Anneliese machte sich immer mehr mit dem Gedanken vertraut, wieder in ihrem Beruf als Krankenschwester zu arbeiten. Von der Frau Oberin erfuhr sie, dass sie ein Truppenrevier übernehmen sollte. Dazu musste sie sich beim Wehrkreisarzt vorstellen, um die entsprechenden Papiere zu bekommen:

Nun werde ich wieder Soldaten pflegen und bei jedem daran denken, dass Du es wärst, mein geliebter Arndt.

Aber eine endgültige Entscheidung ließ noch auf sich warten.

Wären es ruhigere Zeiten, hätte ich schon mehr auf Arbeit gedrungen, aber jetzt ist man ja froh, wenn man nicht getrennt ist (von Mutti). *So lasse ich alles an mich heran kommen und versuche mich zu betäuben. Meine Tage sind nun bald wieder vorbei, dieses Mal war ich wieder sehr bedrückt, mein Arndt.*

Wir haben heute Deine Badehose gestopft. Du wirst es bald bedauern, dass Du sie uns geschickt hast, denn in 2 Monaten kannst Du schon baden. Aber was wird in 2 Monaten sein, ob wir da nicht schon überrannt sind?

Lieber Arndt, wenn es wirklich zum Kippen kommen sollte, versuche nur ja beizeiten zu uns zu kommen, damit wir zusammen sind. Das ist meine allergrößte Sorge, von Dir getrennt zu werden. ...

Am 22.4.45 hatte Frau Schaper am Telefon von einer Bekannten erfahren, dass von *dem jenseitigen Ufer der Elbe schon unser diesseitiges Ufer beschossen wird. Der Amerikaner steht vor unseren Toren, nicht der Engländer. ...*

Der Kampf um Berlin ist nun auch sehr entbrannt. Der Russe konnte soweit eindringen, und nun wird es auch schon beschossen. ...

Mutti und ich sitzen uns oft gegenüber und wissen nicht ein noch aus. ...

Niemals ist Deutschland so erniedrigt gewesen wie jetzt. Es gibt keinen Ort mehr, wohin man flüchten und sich geborgen fühlen kann. Und das alles durch eine Partei, die doch weiß Gott sich zum Plan gemacht hat, Deutschland wieder zur Blüte zu bringen. ...

In Leipzig toben noch immer sehr harte Kämpfe, ob wohl Onkel Willy Riedberg noch sein Heim hat? Hoffentlich hat er nicht noch Erika mit den Kindern nach dort geholt.

Nun sind wir alle vom Osten ins Reich geflüchtet, und jeder ist dem Engländer oder Amerikaner in die Hände gefallen.
  Was wohl Heinrichs und Pruschwitz tun? Und wo mag Günter sein?
  Meine größte Sorge bist Du und Euer Inselschicksal. Man hört nichts mehr voneinander, wer weiß, wann überhaupt mal wieder. Ach Büberchen, man steht so machtlos dem allen gegenüber, und ich kann nur hoffen, dass Du mir erhalten bleibst.

Die Sorge um die Zukunft, die Ungewissheit über das Schicksal der Angehörigen, die Angst vor dem, was noch kommen würde – all das lastete schwer auf den Menschen. Die allgemeine Stimmung war sehr bedrückt.

In Hamburg ist ein unbestimmtes Etwas in der Luft. Wohl fahren die Bahnen, und der Verkehr geht weiter, aber es weiß jeder, dass sich etwas verbreitet, das Tod und Verderben mit sich bringt.
  Die Kleiderkarten sind aufgerufen, ebenso Lebensmittel aller Art, alles muss gekauft werden. Kurzum, die Lager werden geräumt. Alles rüstet sich.
  Ich habe mir nichts gekauft. Was soll ich etwas anschaffen, um es noch einmal zu verlieren! Ganz abgesehen davon, dass mir der Sinn nach Äußerlichkeiten ganz und gar vergangen ist. Ich wünsche nichts anderes, als Dich und Günter lebend zurück zu bekommen. Dann wird sich alles andere finden. Ich glaube, Dir ist es auch egal, ob ich hochelegant einher laufe; mir ist es auch schnuppe, die Hauptsache ist, wir leben.
  Heute las ich in der Zeitung, dass die Kriegsgefangenen in Amerika und England nach der Sowjetunion müssen. Wenn Dir so etwas blühen sollte, gehe ich mit, mein Arndt. ...

Der letzte Brief von Anneliese, den Arndt noch auf dem Postwege erhielt, datierte vom 22.4.45.
  Arndts letzter Brief, den Anneliese von seinem *Robinson-Kommando* auf Wangerooge erhielt, datierte vom 17.4.45. Danach kamen keine Briefe mehr aus Wangerooge bei ihr an.
  Es kann aber durchaus sein, dass Arndt und auch Anneliese noch wei-

tere Briefe abgeschickt hatten, bevor die Postbeförderung endgültig eingestellt wurde. Wahrscheinlich waren einige ihrer Briefe in den Kriegswirren verloren gegangen und hatten ihr Ziel nicht erreicht.

Nun begann für beide eine Zeit der Ungewissheit. In den folgenden Wochen und Monaten erhielten sie kein Lebenszeichen voneinander.

Briefe, die nicht abgeschickt wurden:

3.5.1945 – 29.6.1945

Am 2. Mai 1945 ergab sich Hamburg der feindlichen Übermacht. Fünf Tage vor der deutschen Gesamtkapitulation war für die Hansestadt der Krieg beendet.
Durch die Luftangriffe waren nahezu 50 % der Gebäude zerstört oder beschädigt worden. 45.000 Hamburger waren bei den Bombardierungen ums Leben gekommen, 70.000 starben an der Front.

In den Tagen vor Hamburgs Kapitulation hatte es geheime Verhandlungen gegeben. Der Befehl des Führers, die Stadt Hamburg bis zum bitteren Ende zu verteidigen, wurde dabei von einigen weitblickenden, verantwortungsvollen Männern umgangen. Sie wollten keinen »Endkampf« um ihre Stadt. Das hätte den Kampf Haus um Haus und die völlige Vernichtung bedeutet. Hamburg und seine Bewohner hatten schon genug Schaden erlitten; weitere, sinnlose Opfer wollte man vermeiden.
Das kam auch in der Bekanntmachung von Karl Kaufmann, der als Gauleiter und Reichsstatthalter fungierte, deutlich zum Ausdruck.

In ihren Brief vom 3.5.45 schrieb Anneliese *zum ersten Mal unter der Besatzung,* sie notierte für sich den vollen Wortlaut des Erlasses, mit dem sich Gauleiter Kaufmann an die Öffentlichkeit gewandt hatte.

Annelieses Briefe

Gestern Abend gab Kaufmann folgenden Erlass bekannt:

»Hamburger!
Nach heldenhaftem Kampf, nach unermüdlicher Arbeit für den deut-

schen Sieg und unter grenzenlosen Opfern ist unser Volk dem an Zahl und Material überlegenen Feind ehrenvoll unterlegen.

Der Feind schickt sich an, das Reich zu besetzen und steht vor den Toren unserer Stadt. Verbände der Wehrmacht und des Volkssturms haben sich gegenüber dem vielfach überlegenen Gegner vor unserer Stadt tapfer geschlagen.

Unerschütterlich haben die Hamburger an der Front und in der Heimat ihre Pflicht erfüllt, zäh und unerschüttert nahmt Ihr auf Euch, was der Krieg von Euch forderte.

Der Feind schickt sich an, Hamburg auf der Erde und aus der Luft mit seiner ungeheuren Übermacht anzugreifen. Für die Stadt und ihre Menschen, für hundert Tausende von Frauen und Kindern bedeutet dies Tod und Zerstörung. Das Schicksal des Krieges kann nicht mehr gewendet werden. Der Kampf aber in der Stadt bedeutet ihre sinnlose, restlose Vernichtung. Wem soldatische Ehre gebietet, weiter zu kämpfen, hat hierzu Gelegenheit außerhalb der Stadt.

Mir aber gebietet Herz und Gewissen in klarer Erkenntnis der Verhältnisse und im Bewusstsein meiner Verantwortung, unser Hamburg, seine Frauen und Kinder vor sinn- und verantwortungsloser Vernichtung zu bewahren.

Ich weiß, was ich hiermit auf mich nehme. Das Urteil über meinen Entschluss überlasse ich getrost der Geschichte und Euch Hamburgern! Meine Arbeit und Sorge haben stets nur Euch und der Stadt und damit unserem Volk gehört. Das wird so bleiben, bis mich das Schicksal abruft.

Dieser Krieg ist eine nationale Katastrophe für uns und ein Unglück für Europa. Mögen alle dies erkennen, die Verantwortung tragen.

Gott schütze unser Volk und unser Reich!«

Du siehst, Büberchen, gestern Abend waren wir alle froh und unendlich traurig zugleich. Das ist das Ende unseres schönen Vaterlandes! Und es ist so trostlos nach all den Opfern. Wir haben alle geweint.

Heute ging bis 12 Uhr noch das öffentliche Leben, dann um 13 Uhr musste alles von der Straße sein. Um 14 Uhr sind Übergabe-Verhandlungen gewe-

sen. Bei uns ist es totenstill. Nichts rührt sich draußen. Nur über uns kreisen die Flugzeuge. Jetzt wird nicht mehr nach ihnen geschossen.

Ganz eigenartig ist das nun, dass keine Sirene mehr ertönen wird, und dass alle Keller geräumt sind. Wir müssen nun abwarten, was wird. An sich sollen Versorgung, Sozialverwaltung, Verkehr weiter gehen wie bisher.

Mein geliebter Arndt, von Dir und Günter ist nun eine große Sorge genommen. Möge unsere Sorge um Euch auch bald von uns genommen sein.

Ich lasse den Brief hier liegen, bis ich wieder Briefe an Dich schicken kann. Nur sagen werde ich Dir täglich, dass ich Dich unendlich lieb habe. Komme bald zu mir zurück und lass Dich lieb küssen

Von Deiner Anneliese.

Diesen Brief an Arndt und auch die folgenden Aufzeichnungen konnte Anneliese nicht absenden, da keine Post befördert wurde. Außerdem wusste sie auch gar nicht, ob sich Arndt noch auf Wangerooge befand, oder an welche neue Adresse sie ihre Briefe hätte schicken können. Wochenlang blieb sie ohne Nachricht von ihrem Mann. Sie machte sich große Sorgen, wie es ihm wohl ging, wo er sich aufhielt, und ob es ihn überhaupt noch gab. Sie litt sehr unter dieser Ungewissheit, und Arndt fehlte ihr sehr. Das machte sie in jedem ihrer Briefe deutlich.

Täglich schrieb sie ihrem *allerbesten, guten Arndt*, auch wenn sie die Briefe nicht abschicken konnte.

In ihrem Brief vom 4.5.45 und in den folgenden Briefen schilderte Anneliese, wie das Leben nun unter der Besatzung weiterging:

Mein geliebter, allerbester Arndt,

Gestern sind die Übergabe-Verhandlungen doch erst später gewesen, und heute rollen die Scharen von LKW und Motorräder auch an uns vorbei. Bis in unsere stille Straße hinein verirren sie sich.

In der Umgebung sind nun schon Quartiere beschlagnahmt. Ich habe Sorge, dass auch wir noch unser Zimmer räumen müssen. Nun sind wir ganz abgeschnitten, keine Nachricht, keine Zeitung, Ausgangsverbot. ...

Aber ich danke trotz alledem dem Himmel, dass wir nicht noch gekämpft haben.
Ach, wenn ich Dich doch bloß gesund wüsste und Du recht bald zu mir zurück kämst.
Wie wohl alles jetzt werden wird? Nun sind wir noch ärmer, erst verloren wir alle Sachen, dann unseren guten Hanns-Jörn und jetzt wohl auch noch jegliches Geld.
Es ist jedenfalls erniedrigend, wenn man so danieder liegt. Deutschland ist restlos ausgelöscht. Und dass es sich niemals wieder erholen wird, dafür wird man wohl Sorge tragen. Für mich ist nun zunächst erst einmal die Hauptsache, dass ich Dich zurück habe, mein Arndt. Dann wird und muss das Leben auch wieder weitergehen. …
Heute hat Aline Jensen mal wieder angerufen. Sie hat viel Arbeit, sie wird Jugendleiterin. Aber ob die Ausbildung nun noch weitergeht, ist fraglich. Ihr Bruder, Günters Freund, ist am 1. Mai Vater geworden.
Büberchen, mein Liebster, ich habe Dich sehr lieb und bin immer Deine Anneliese

Am 5.5.45 erfuhr Anneliese, *dass ganz Norddeutschland einschließlich Kiel und Wilhelmshaven kapituliert haben* sollte. Immer wieder gab es allerlei Gerüchte, man war nie ganz sicher, wie viel Wahrheit dahinter steckte.
Ich wage es noch nicht zu glauben, dass Du wenigstens gerettet bist und lebst, notierte sie in ihren Aufzeichnungen.
Sie war erleichtert bei dem Gedanken, dass nun die Kampfhandlungen eingestellt waren, und dass Arndt nicht mehr in kriegerische Kämpfe verwickelt werden konnte.
Jeden Abend von 19 bis 22 Uhr konnte man Radiosendungen empfangen, für die Bevölkerung gab es von 9 bis 18 Uhr Ausgang, und die Geschäfte waren von 10 bis 16 Uhr geöffnet. Man konnte weiter »auf Marken« einkaufen, und es galt noch die alte Währung, die Reichs-Mark.

An unserem Korridor stehen unsere Namen, Alter und Beruf. Überall sind die Verfügungen der Alliierten angeschlagen. Sie wenden sich scharf gegen die Partei und ihre Anhänger. Das ist auch ganz klar, denn diese haben sie bekämpft.

Wie noch alles werden wird, weiß man nicht. Komm Du mir nur recht bald wieder. Wir werden wohl sehr fleißig sein müssen, wenn wir leben wollen, mein Arndt. Und es erhebt sich die Frage: wo? Aber das ist alles ganz egal, wir wollen nur zusammen sein und dann das Schicksal meistern. ...

Morgen, am 7.5.45, kommt erst die Besatzung. Zunächst sind hier nur Elitetruppen durch gekommen und zwar die von El Alamein. Man schwebt so zwischen Niedergeschlagenheit, Freude und Angst. Hoffentlich lebst Du und bist gesund. Alle Leute glauben, dass Du bald wiederkommst und beneiden mich zum Teil schon. Ich aber muss Dich erst gesund an mein Herz drücken, mein Arndt. Wir haben auch noch Zigarillos für Dich und werden Dich gut empfangen. ...

Wir kommen soeben aus der Stadt, dort ist es mehr und mehr lebendig. Jedenfalls läuft alles frei umher, wie auch das Telefon und auch die Elektrizität weiterlaufen.

In Bayern hat das Heer nun auch kapituliert. Dieser unselige Krieg geht zu Ende, und ich bitte den lieben Gott, dass er Dich mir erhält.

Man sieht so viele entlassene Soldaten und solche, die in Kolonnen vorbeimarschieren. Ob sie in die Gefangenschaft kommen, das weiß man nicht. ...

Die Soldaten von uns sind alle ohne Waffen, haben keinerlei Hoheits-Abzeichen mehr. Man sagt, sie sind entlassen. Ob das stimmt?

Heute bekam ich zwei liebe Briefe von Dir, d.h. einer war ja an Mutti, aber meiner war ja sehr lang. ...

Gott gebe, dass Du auch bald vor uns stehst. Von Günter fehlt jegliche Nachricht, und Mutti ist sehr in Sorge um ihn. Ich aber habe die Deutschen (Soldaten) gesehen, und dieser Zug hat mich sehr erschüttert. Genauso ist es mir in Marne ergangen, als damals die Polen einzogen. Vielleicht ziehst

Du nun auch schon längst so einer. Hauptsache, Du lebst, aber unendlich traurig ist das Ganze doch.
Wir dürfen jetzt von 6 Uhr morgens bis 7 Uhr abends auf der Straße sein.

In allen Briefen klang immer wieder die Sorge um die Zukunft durch und die Angst um Arndts und Günters Schicksal. Wenn es doch endlich Gewissheit gäbe!
Deutlich spürbar war aber auch die Erleichterung über das Ende der Kampfhandlungen. Die schrecklichen Bombardierungen waren nun auch beendet. Man konnte nachts wieder schlafen, ohne von den Sirenen geweckt zu werden und um sein Leben fürchten zu müssen.

Am 8.5.45 schrieb Anneliese:
Churchill hat heute gesprochen, ab morgen 0.01 Uhr ist der Krieg zu Ende, und in London tanzen die Leute auf der Straße. Das kann ich mir denken. Wir sind ja auch so froh, dass die Bomben wenigstens aufgehört haben, aber sonst ist es trostlos.
Wenn wir doch nur Post von Dir und Günter hätten und über Euer Schicksal Bescheid wüssten. Aber es geht so vielen so, und doch lastet das auf uns so sehr. Ein geschlagenes Volk sind wir. Aber Du und ich, wir können doch so wenig für alles Elend, was gekommen ist, und alles, was unsere ehemalige Regierung falsch gemacht hat. ...

Über das Schicksal der deutschen Soldaten kursierten Gerüchte, von denen man nicht wusste, ob sie den Tatsachen entsprachen.
Es hieß, dass alle Männer im Alter von 17 bis 45 Jahren eingezogen würden und in die Kriegsgefangenschaft müssten.
Dann wurde im Radio bekannt gegeben, dass eine beträchtliche Anzahl von Kriegsgefangenen nach England gebracht werden sollte, um beim Wiederaufbau Englands zu helfen.
Man erzählte, drei Jahre lang sollten die Soldaten als Kriegsgefangene festgehalten werden. Das waren niederschmetternde Nachrichten für die Angehörigen, die auf die Rückkehr ihrer Männer warteten.

Ach, mein Arndt, der Gedanke, Dich jahrelang nach Kriegsende nicht mehr zu sehen, macht mich trostlos, schrieb Anneliese in ihrem täglichen Brief.

Eines Tages hieß es, aller persönlicher Besitz an Gold und Silber müsste abgegeben werden. Ob das tatsächlich stimmte? Galt das auch für die ganz persönlichen Dinge, wie die Eheringe oder andere Schmuckstücke, an denen besondere Erinnerungen hingen?

Wenn wir wenigstens unsere Trauringe behalten dürften, mehr haben wir ja schon gar nicht mehr. Ganz bettelarm ist man, und wann wird das anders werden? fragte sich Anneliese.

Heute bekamen wir zum ersten Mal wieder Magermilch. Wir rechnen alle damit, dass die Lebensmittel noch knapper werden.

Vorläufig bekam Anneliese noch Geld von der Familienunterstützung, aber sie wusste nicht, wie lange das Geld noch gezahlt werden würde.

Sie bekam:
113 R-Mark Familienhilfe,
zuzüglich 30 RM für die Miete
und 20 RM Räumungszuschlag,
so dass sie monatlich 163 RM erhielt.

Das war recht wenig. Deshalb machte sie sich mit dem Gedanken vertraut, wieder eine Arbeit als Krankenschwester aufzunehmen. Sie wollte noch einmal beim Roten Kreuz nachfragen, ob es für sie eine Beschäftigung gab, auch wenn sie keine Zeugnisse mehr zur Hand hatte.

Unsere Oberin vom Mutterhaus soll abgesetzt sein. Es war zu erwarten, hat sie doch unentwegt uns dazu angehalten, in die Partei einzutreten. Ich habe es ja nicht getan. Und wie gut ist das jetzt. Ich war in nichts drin, außer in dem DRK.

Am 14.5.45 ging Anneliese zum DRK-Mutterhaus am Schlump, um sich nach einer Arbeit zu erkundigen:

Aber da sind nur noch Engländer drin, auch englische Schwestern mit ihrer Oberin. Unsere alte Oberin soll in Langenhorn mit den anderen Schwestern in der SS-Kaserne sein.

Die Engländer waren ganz reizend. Ich sollte sie bald besuchen. Es war dasselbe Bild, wie überall in den Lazaretten. Einer hatte schon ein Bild von einer Hamburgerin auf seinem Schreibtisch. Du siehst, es ist dasselbe wie in Frankreich. Der Einzelne hat nichts gegen den anderen.

Hamburg hat einen neuen Bürgermeister, notierte Anneliese am 16.5.45, *es ist Rudolf Petersen. … Die Leute freuen sich alle darüber.*
Die Straßenbahn fährt wieder ganz wie früher, und die Verdunklung ist nun ganz aufgehoben. In manchen Straßen ist auch schon tüchtig aufgeräumt worden.
Es sollte aber noch einige Jahre dauern, bis die Schäden beseitigt waren, die durch die heftigen Bombardierungen entstanden waren.

Am 20.5.45 erfuhr Anneliese, dass Kriegsgefangene aus Norddeutschland nach Holland, Belgien und Frankreich geschickt wurden. Dort sollten sie zu schweren Arbeiten eingesetzt werden. Der Gedanke, dass auch Arndt davon betroffen sein könnte, bedrückte sie sehr:
Vielleicht bist Du mit dabei und musst nun schwer arbeiten. Man kann da nichts machen und muss das Schicksal ertragen. Ich weiß ja, dass Du Dir durch Dein freundliches Wesen keine Unannehmlichkeiten bereiten wirst.
Ich bin nur froh, dass man die englischen und amerikanischen Kriegsgefangenen damals nicht erschossen hat. Hitler muss verrückt gewesen sein, dass er so etwas überhaupt in Erwägung gezogen hat. Das sagte Mutti schon im vorigen Jahr immer. Ich hatte manchmal Angst, dass man sie schnappen würde, wenn sie ihre Meinung so laut sagte.

Am 24.5.45 stand dann fest, dass Anneliese wieder als DRK-Krankenschwester arbeiten würde:
Nun werde ich morgen nach Rahlstedt ins Lazarett gehen. Ich habe wieder die Tracht bekommen und sehe wieder so aus, wie Du mich kennen gelernt hast. Nun beginne ich zum dritten Mal beim DRK, und hoffentlich ist es das letzte Mal, und ich kann Dich bald bei mir haben.

Annelieses Dienst begann um 7 Uhr und dauerte bis 17.30 Uhr. Sie stand jeden Morgen um 6 Uhr auf und fuhr dann mit dem Zug um 6.39 Uhr nach Farmsen. Von dort musste sie noch 15 bis 20 Minuten zu Fuß gehen, um ihre Dienststelle zu erreichen.

Abends fuhr sie meistens gegen 17.30 Uhr nach Hause. Kurz vor 18 Uhr traf sie am Kellinghusen-Bahnhof ein.

Jeden Tag stellte sie sich vor, wie schön es wäre, wenn sie nach Hause käme, und ihr Arndt würde dort schon auf sie warten. Sie würde die Tür öffnen, und Arndt käme ihr entgegen, um sie in seine Arme zu nehmen. Sie würden sich fest umfangen halten, und alles würde gut werden.

Aber immer, wenn sie nach Hause kam, traf sie nur ihre Schwiegermutter an. Es gab nicht einmal eine Nachricht von ihrem Mann. Sie litt sehr unter der Ungewissheit über Arndts Verbleib. Wie gerne hätte sie ihren Mann wieder bei sich gehabt!

Die Verpflegung an Annelieses Dienststelle war ziemlich schlecht, auch die Unterbringung der Kranken ließ zu wünschen übrig:

Wie armselig liegen unsere Kranken nur da, und wie hat man sie früher verwöhnen können!

Und meine Gedanken sind zu Dir gegangen, und ich sah dann die Landser essen. So wirst Du wohl auch irgendwo ganz klein und hässlich sitzen und ein Gefangener sein. Ach, wenn ich nur wüsste, ob Du lebst und gesund bist! ...

Ich habe eine Station von 127 Mann, die aber nicht mehr im ersten Stadium der Verwundung sind, sondern schon etwas besser dran sind. Es kommen also keine Zwischenfälle vor. Es wird keine Spritze gemacht, kurzum, es ist nicht sehr schwierig. Nur schrecklich dreckig ist es, und es ist wieder ein sehr langer Flur zu bewältigen. Man muss sich ja nun erst einmal wieder eingewöhnen, wenn ich es auch sonst gar nicht merke, dass ich ein Jahr aus dem Betrieb heraus bin. ...

Unter meinen amputierten Patienten ist auch ein 16jähriger Junge, er hat seinen linken Unterarm verloren. Man könnte heulen, dass solche Kinder schon in den Krieg mussten.

Unsere Soldaten sind recht unglücklich, und ich möchte ihnen das Leben so gerne erleichtern. Eben erzählte man mir, dass mich gestern Abend zwei englische Offiziere gesucht hätten. Wer weiß, was sie wollten. Vielleicht sind es gar Bekannte von mir.
Hamburg wird jetzt von Kanadiern besetzt. Einige von ihnen sollen ja auch französisch sprechen.
Ob sich wohl irgendwann eine Gelegenheit zu einer Konversation auf Französisch ergab? Zu gern hätte Anneliese einmal wieder ein Gespräch in der geliebten französischen Sprache geführt.

Ab Ende Mai begann sich das Leben immer mehr zu normalisieren. In den Straßen wurde schon fleißig aufgeräumt, aber es musste noch viel getan werden, um all die Trümmer zu entfernen. So schnell ließen sich die gewaltigen Zerstörungen nicht beseitigen.
Die Sperrstunden wurden weiter reduziert, und von 5 Uhr bis 22.15 Uhr durfte man ausgehen und sich auf der Straße befinden.
Anneliese sah schon wieder *so viele Ehepaare Arm in Arm gehen und wurde ganz neidisch darob. Ach, Büberchen, wie sehne ich mich nach Dir und all Deinen Zärtlichkeiten,* schrieb sie am 29.5.45.

Es hieß, dass zum 1. Juni der Hamburger Hafen wieder eröffnet werden sollte.
Dann würde der Hafen wieder voller Leben sein. Bei dem Gedanken an den lebhaften Schiffsverkehr früherer Jahre musste Anneliese an Arndts Erzählungen denken:
Damals hatte es ihn in die weite Welt hinaus gezogen. Sieben Jahre lang war er als Zahlmeister bei der Handelsmarine mit den Schiffen der Hapag hinausgefahren, hatte sich den Wind um die Nase wehen lassen und hatte sich fremde Länder angesehen. Er hatte diese Zeit genossen.
Und nun, wo Dein Hang nach draußen vorbei ist, und Du so häuslich geworden bist, da bist Du fern von mir. Und für wie lange noch? fragte sich Anneliese voller Sorgen.
Während Anneliese sich schnell wieder in ihrer Arbeit als Kranken-

schwester zurechtfand, tat ihre Vermieterin Frau Schaper alles, um Anneliese und ihrer Schwiegermutter das Leben schwer zu machen.

Das Leben wird hier immer unerträglicher. Frau Schaper ist so gemein. Sie hat uns bestimmt schon im ganzen Haus schlecht gemacht. Aber man kann ja nichts machen. …

Am schlimmsten ist Mutti dran. Um jedes Bisschen muss sie fragen, und nichts macht sie gut genug. Mich kann Frau Schaper ganz und gar nicht leiden. Aber ich mag sie auch nicht mit ihrem albernen Getue.

Eben wurde im Radio bekannt gegeben, dass nun Briefmarken gedruckt werden. Gebe Gott, dass wir dann bald Post haben und endlich Nachricht von einander bekommen. Ach, Büberchen, diese postlose Zeit ist einfach schrecklich.

Zu Annelieses großem Verdruss gab es eine neue Postverordnung, in der stand, dass man im Postverkehr nur noch in lateinischer Schrift schreiben durfte.

Da würde sie sich *gewaltig umstellen müssen*! Sie hatte geplant, sich erst viel später, mit ihrem Söhnchen Hanns-Jörn zusammen, an die lateinische Schrift zu gewöhnen, damit er später einmal lesen konnte, was ihm seine Mutter schreiben würde. Nun musste sie sich wohl oder übel mit der ungewohnten lateinischen Schrift befassen, das gefiel ihr gar nicht.

Aber gegen das, was Frau Schaper plante, war das Erlernen der lateinischen Schrift nur ein geringes Ärgernis.

Frau Schaper drohte damit, den beiden Frauen ein Bett wegzunehmen, wenn Familie Schumacher wieder nach Hamburg käme. Sollte ihr Neffe eines Tages zurückkommen, würden die beiden Frauen dann auch das zweite Bett hergeben müssen. Sie weigerte sich, den beiden Flüchtlingsfrauen Bezüge für die Betten zur Verfügung zu stellen. Zum Glück konnte Onkel Willy ihnen mit Bettbezügen aushelfen.

Dann ließ Frau Schaper deutlich durchblicken, dass sie es gern sähe, wenn Anneliese und ihre Schwiegermutter ausziehen würden. Sie hätte das Zimmer lieber anderweitig vermietet.

Zu Frau Schapers kleinen Gehässigkeiten kam nun noch die Sorge um eine sichere Unterkunft. Anneliese und ihre Schwiegermutter waren verzweifelt. Sie gingen zum Wohnungsamt, um sich über ihre Rechte zu informieren.

Wir sind eben vom Wohnungsamt zurückgekommen und haben den Bescheid erhalten, dass Frau Schaper uns nicht so einfach auf die Straße setzen kann. Gott sei Dank. Ach, Arndt, man entbehrt in jeder Hinsicht den Mann, und es wäre schon gut, kämst Du bald.

An ihrem Geburtstag am 2.6.45 erwachte Anneliese in ihrem Zimmer auf dem Fußboden:

Gestern sind plötzlich Schumachers nach Hause gekommen, und ich musste mein Bett rausrücken und musste auf dem Fußboden schlafen. So erwachte ich in meinem neuen Lebensjahr auf dem Fußboden.

Onkel Willy, der nun mit Frau Schaper verhandelt hat, ist so feige, dass er nicht einmal auftrumpfen kann. Heute hat er wenigstens ein Bett für mich geschickt.

Mutti hatte den Geburtstag ihrer Schwiegertochter nicht vergessen:

Sie hatte ein Lichtlein angezündet, der Kuchen stand auch da, ein Büchlein und 20 Zigaretten hatte sie für Anneliese *bereit gestellt.*

Im Lazarett begrüßte man Anneliese *ganz reizend:*

Die Nachtwache stand noch da mit einem Sträußchen, alle Schwestern kamen mit Blumen und zwei kleine Arbeitsmädchen auch.

Eine kleine Helferin, sie war Medizinstudentin, hatte mir ein Büchlein, eine Zigarette und einen ganz kleinen Storch aufgebaut. Alle wünschen mir, dass Du bald heimkehrst, und dann soll der kleine Storch bei uns einfliegen. …

Magda schickte mir ein Päckchen durch eine Schwester und ein Paket durch ihre Mutter. Im ersten Paket hatte sie von ihrer Verpflegung etwas für mich aufgespart, und im zweiten waren eine kleine Stola und Kaffee, sowie ein Geburtstagslichtchen.

Bis um ½ 4 Uhr war ich im Lazarett, und gegen ¼ nach 4 Uhr war ich zu Hause. Frau Krug war da, und wir tranken Bohnenkaffee und aßen unseren Kuchen.

Jetzt ist es schon 19 Uhr, und bald werden wir Abendbrot essen, und dann wird wohl Onkel Willy kommen.
Wir wollen nun doch versuchen, ein anderes Zimmer zu bekommen. Die Familienunterstützung fällt nun fort, und somit ist es gut, dass ich zur rechten Zeit noch arbeite.
Morgen habe ich frei und werde mich ausschlafen, und dann wollen Mutti und ich nach Hagenbeck fahren und dort essen gehen. Hoffentlich ist das Wetter schön, mein Arndt. Ich denke viel an Dich und wünsche mir immer wieder, dass Du recht bald zu mir kommst.
Ich küsse Dich ganz lieb und bin immer Deine Anneliese.

Am Abend kam Onkel Willy, wie erwartet. Er brachte eine Flasche Sekt mit, zwei Kartenspiele zum Skatspielen und neues Bettzeug für Anneliese. Um ½ 10 Uhr erschien dann noch Frau Schaper, um zu gratulieren. So richtig freuen konnte sich Anneliese aber nicht über Frau Schapers Glückwünsche, weil sie an all die Gehässigkeiten denken musste, die sie von ihrer Wirtin erlitten hatte.

In ihren täglichen Notizen schrieb Anneliese immer wieder, wie sehr sie sich nach ihrem Mann sehnte, und wie sie unter der Ungewissheit litt.
Wenn sie doch nur wüsste, wo sich Arndt befand, und wie es ihm ging!
Anneliese und Mutti waren nicht die einzigen, die sich Sorgen um den Verbleib ihrer Angehörigen machten. Es gab viele Frauen und Männer, die nicht wussten, wie es um ihre Angehörigen stand, schrieb Anneliese in ihrem Brief:
Hier sind auch einige Schwestern, die nicht wissen, wo ihre Männer sind, und Männer, die nichts von ihren Frauen und Kindern wissen.
Die Post scheint noch lange nicht in Gang zu kommen. Jeder ist so gespannt und erwartet den Moment, wo Post ausgetragen wird.

Zu Familie Jensen und zu Familie Roderich hielten Anneliese und Mutti weiter Kontakt. Bei Jensens waren sie eingeladen und verbrachten einen angenehmen Nachmittag im Garten.

Von Rolf und Vera Roderich bekamen sie auch eine Einladung. Sie besuchten die beiden in ihrem neuen Zuhause. Anneliese war sichtlich beeindruckt davon, wie gut es Roderichs getroffen hatten:
Eben sind wir von Rolf und Vera zurück gekommen. Sie haben es jetzt ganz, ganz herrlich in dem schönen Haus. Sie bewohnen die untere Etage und haben das Schlafzimmer, Christas Zimmer und ein großes Zimmer. Vera hat auch noch viele Sachen von ihren Eltern drin, und so ist es sehr hübsch dort.
Christa ist wieder sehr gewachsen, und sie ist sehr zutraulich. Ich habe ihr eine kleine Puppenwiege mitgenommen, und Mutti hatte einige nette Postkarten.
Sie haben auch noch ein Stück Land und für Christa einen Garten ganz allein. Das Kind ist den ganzen Tag in der frischen Luft und hat rote Bäckchen bekommen.

So schön die Kontakte zu alten Bekannten auch waren, wenn sie sich Roderichs ansah, empfand Anneliese, dass manches im Leben ungerecht verteilt war:
Ach, mein Arndt, sie haben nun alles, sich selbst, das Kind, und nichts haben sie verloren. Wenn ich daran denke, dass wir nichts mehr haben, keine Zukunft, kein Kind. Und wenn Du irgendwann zu mir zurück kommst, hast Du keine Stellung. Was machen wir dann?
Für Annelieses Sorgen und für die Schwierigkeiten, die sie und ihre Schwiegermutter meistern mussten, schienen Roderichs kein Interesse zu haben. Sie zeigten keine Anteilnahme und boten auch keine Hilfe an. Und Rolf, der die Kriegsjahre bis auf wenige Tage bei seiner Familie in der Heimat verbracht hatte, wunderte sich dann mit vorwurfsvollem Unterton darüber, dass Arndt immer noch nicht zurück in Hamburg war. Als ob es in Arndts Macht gelegen hätte, darüber zu entscheiden und die Situation zu ändern!
Darüber ärgerte sich Anneliese insgeheim sehr, aber sie ließ sich ihre Verstimmung nicht anmerken. Sie musste daran denken, wie angenehm und erfreulich dagegen der Besuch bei Familie Jensen gewesen war!
Dort waren sie freundlich und herzlich empfangen worden, und Jensens

zeigten aufrichtiges Interesse und Mitgefühl für Annelieses und Muttis Schicksal. Sie stellten Hilfe in Aussicht, falls sich die Situation bei Frau Schaper weiter zuspitzen sollte.

Besonders betroffen machte es sie, dass von Günter und von Arndt immer noch keine Nachrichten angekommen waren. Man hoffte ja so sehr darauf, Günter und Aline zusammenführen zu können. Sie würden doch gut zueinander passen und ein prächtiges Paar abgeben!

Dem konnte Mutti nur zustimmen.

Da Anneliese Aline nur einige Male kurz gesehen hatte und Günter überhaupt nicht kannte, hielt sie sich bei den Gesprächen über die Zukunftsplanung für die beiden zurück. Aber warum sollte man nicht ein Kennenlernen der beiden jungen Leute in die Wege leiten? Ob daraus eine dauerhafte Verbindung werden würde, könnten Günter und Aline dann selbst entscheiden.

Am 12. Juni jährte sich zum zweiten Male der Tag von Annelieses und Arndts heimlicher Verlobung. Auf dem Nachhauseweg von einer netten Feier, es war schon in den Morgenstunden, hatten sich die beiden verlobt.

Anneliese dachte an die *unendlich schöne Zeit, die dann kam, als wir immer mehr merkten, dass wir zueinander gehörten:*

Mein Büberchen, heute vor 2 Jahren, schrieb Anneliese am 14.6.45, *da hatten wir für uns ganz allein eine Flasche Sekt und tranken sie auf unsere Zukunft und auf unser Glück. Unser beider Eheglück und unsere Liebe haben wir erhalten, und hoffentlich bist Du gesund und kannst auch an diesen Abend denken.*

Ich denke manchmal auch an all die französischen Familien, die nun endlich nach vielen Jahren ihre Lieben wieder gefunden haben. So manche französischen Kriegsgefangenen werden auch niemanden mehr wieder finden. Und all die anderen Fremdarbeiter, die nun in ihre verwüstete Heimat heimgeholt wurden. Sie haben mir immer leid getan, und wie oft bin ich deshalb von anderen gescholten worden, dass ich sie bemitleide, zu einer Zeit, da wir noch nicht auf der absteigenden Linie waren.

Ach, Arndt, kämst Du doch bald. Ich hab Dich sehr lieb und bin immer Deine Anneliese.

Aus Annelieses Zeilen wird deutlich, dass sie trotz der kriegerischen Ereignisse kein Feindbild gegen die Menschen entwickelte, gegen deren Länder Deutschland Krieg führte. Jeder Mensch war wertvoll, egal, auf welcher Seite der Front er stand. Wer hatte schon Einfluss darauf, zu welcher Nation er gehörte, und welche schicksalhaften Entscheidungen die Staatenlenker trafen!

Die meisten Menschen wollten doch nur in Ruhe und Frieden mit ihren Familien leben.

Am 16.5.45 notierte Anneliese, dass sie endlich die Gelegenheit hatte zu duschen:

Ich fühle mich direkt einmal wieder sauber. Nach beinahe vier Monaten konnte ich mich zum ersten Mal wieder säubern unter genügend fließendem Wasser. Ich bin natürlich sehr froh darüber. Gleichzeitig habe ich mir die Haare gewaschen und eingedreht.

Es gibt nun keine Dauerwellen mehr, und es wird sich jetzt sowieso manche Frau nichts mehr leisten können, denn man hat kein Geld mehr. Und wie viele Ehen mögen noch so kaputt gehen.

»Schmücken, putzen, ausgehen«, das war herrlich. Aber nun die Groschen halten und damit sparsam sein, das können nur so wenige, und es wollen so wenige.

Ich habe eben noch einmal Deine letzten Briefe gelesen, die ich immer bei mir habe. Ach, Büberchen, schon 2 Monate sind sie alt, und wie lange muss ich noch ohne Nachricht von Dir sein!

Ich kann nachts gar nicht schlafen. Ich bin so müde, aber die trüben Gedanken sind da. Ich denke an Dich und an unseren süßen Hanns-Jörn. Tagsüber habe ich Ablenkung, aber so wie ich alleine bin mit mir, da bricht alles wieder auf. Liebster, komme bald, oder schreibe bald!.

Ich küsse Dich sehr lieb, Deine Anneliese.

Zu den täglichen Schwierigkeiten und dem Kummer über den Verbleib von Arndt und Günter kamen noch die finanziellen Probleme hinzu. Die augenblickliche Situation bereitete Anneliese ebenfalls große Sorgen. Sie wusste nicht, wie lange sie noch als Krankenschwester in dem Lazarett beschäftigt sein würde.

Wie lange man mich noch im Dienst lässt, ist auch noch recht ungewiss. Es werden schon alle Helferinnen, die es wollen, entlassen, und die Lazarette werden sicher auch bald mehr und mehr zusammenschrumpfen.

Man sagt, dass es bald Schluss hier mit dem Lazarett sein soll. Was mache ich dann, um Geld zu verdienen, damit Mutti und ich leben können?

Die Angst, arbeitslos zu werden und keinen Pfennig zu bekommen, quälte Anneliese sehr. Es hieß, dass es nur 2 RM Arbeitslosengeld pro Tag geben würde. Wie sollte man davon leben? Ihre Schwiegermutter hatte zur Zeit gar keine Einkünfte.

Am 18.6.45 bekam Anneliese ihr Gehalt:
Sie erhielt 90 RM Verpflegungsgeld,
30 RM Wohnungsgeld,
7 RM Wäschegeld
und 50 RM.

Das Mutterhaus wollte veranlassen, dass sie noch 10 RM mehr bekommen sollte. Insgesamt waren es 177 RM, eventuell noch 10 RM mehr.

Das war ja nicht viel, aber Anneliese war zunächst einmal froh, dass sie überhaupt etwas Geld verdiente und sich ihr *Leben selbst erhalten konnte.*

Über Günters Verbleib herrschte weiter Ungewissheit. Man wusste nicht, wo er sich befand, ob er in russische oder amerikanische Gefangenschaft geraten war. Hoffentlich lebte er überhaupt noch!

Um Günter machte sich seine Mutter mehr Sorgen als um Arndt. Bei Arndt vertraute Mutti auf den guten Stern ihres Sohnes und auf sein Glück.

Anneliese und ihre Schwiegermutter vermuteten, dass Arndt sich irgendwo in der Nähe von Wilhelmshaven befand, aber eine Gewissheit gab es nicht.

Eines Tages hieß es, dass 1.600.000 Soldaten aus der amerikanischen Gefangenschaft entlassen würden, nur *die Engländer tun es nicht*. Es wurden vorerst nur Landwirte entlassen, und zu denen gehörte Arndt nicht. Man musste also weiter warten.

Bis zum 20.6.45 sind Annelieses tägliche Aufzeichnungen erhalten, aber sie hat ihre Notizen sicher auch in den folgenden Tagen weiter geführt, so lange, bis Arndt wieder bei ihr war.
Immer wieder klingt die Sorge um Arndts und Günters Schicksal durch, die Hoffnung auf eine baldige Rückkehr der beiden und die Trauer um den verlorenen Sohn.
Die ungewisse Zukunft bedrückte Anneliese sehr. Wäre doch nur Arndt bei ihr, dann ließe sich alles leichter ertragen!

Arndts Briefe

Arndt machte es mit dem Schreiben der Briefe genau wie seine Frau:
So weit es ihm möglich war, schrieb er täglich an seine *allerliebste, süße Anneliese*. Aber auch er hatte keine Möglichkeit, seiner Frau eine Nachricht zukommen zu lassen, und so hob er die Briefe erst einmal auf.
Er war in Gefangenschaft geraten und befand sich im Lager Bredderwarden in der Nähe von Wilhelmshaven.
Aber das erfuhr Anneliese erst viel später.

In seinem Brief vom 9.6.45 berichtete Arndt von seiner augenblicklichen Situation im Gefangenenlager und von den letzten Tagen auf Wangerooge:

Meine allerliebste, süße Anneliese!
Heute scheint wieder eine Möglichkeit zu sein, dass eine Postverbindung in Richtung Hamburg geht, denn die Eisenbahner, die hier im Lager liegen, sollen morgen entlassen werden. Und so will ich heute je einen Brief an Dich und einen an Mutti den Männern mitgeben, in der Hoffnung, dass

einer Dich erreicht. Ich werde zwei verschiedene Leute suchen, so ist die Möglichkeit, dass Dich einer erreicht, etwas größer.

Ich will zu Anfang wiederholen, was in den letzten Tagen mit uns geschah, denn ich weiß ja nicht, ob einer meiner auf verschiedene Art in Marsch gesetzten Briefe Euch erreicht.

Wir saßen also nach dem Kriegsende weiter sehr gut auf unserer Insel. Ich war als Dolmetscher und nachher als Telefonist zusätzlich eingesetzt worden. Ich hatte ein sehr gutes Leben, und wir hatten auch genügend zu essen und zu rauchen, so dass wir es schon aushalten konnten. Wenn man nur Post von seinen Angehörigen gehabt hätte! Das bedrückte natürlich alle sehr. ...

Dann hieß es auf unserer Insel, dass alles nach Wilhelmshaven kommen sollte, also der erste Schritt zur Entlassung, dachten wir.

Aber unsere Offiziere bekamen es durch, dass 500 Mann auf der Insel bleiben mussten, und dabei sollte ich auch sein. Ich hatte dann natürlich alles versucht, um mit wegzukommen, und nach schweren Kämpfen konnte ich am 7.6.45 mit dem 2. Transport nach hier direkt mit dem Schiff fahren.

Wir sind also jetzt in einem großen Sammellager, das ganz in der Nähe von Fedderwardengroden liegt, wo ich ja schon einmal war. Wie die Sache nun weiter laufen wird, wissen wir alle nicht. Natürlich hoffen wir alle, bald entlassen zu werden. ...

Entlassen werden bisher nur die Landwirte, was ja auch am wichtigsten ist. Dann werden wohl hoffentlich wir dran sein, die auch ins von den Engländern besetzte Gebiet kommen. Ich hoffe sehr stark, dass ich bis Ende Juni bei Dir eintreffen kann, mein Herzel.

Mir selbst geht es sonst sehr gut, ich habe alles gut überstanden und bin gesund und munter, nur voller Sehnsucht nach meinem Frauchen.

In Wangerooge hatten wir ja noch eine sehr gute Verpflegung, das ist hier im Lager erheblich schlechter. Doch haben wir uns einige Vorräte mitbringen können, so dass ich einige Tage noch gut leben kann. Auch an Rauchwaren bin ich noch nicht ganz am Ende, lange wird es aber nicht mehr reichen.

Wir dürfen aus dem Lager nicht heraus, so dass ich auch nicht ins

Werft-Krankenhaus gehen kann. Zu tun haben wir hier nichts weiter, wir gammeln so den ganzen Tag herum.

Heute ist der letzte Transport aus Wangerooge hier eingetroffen. Ich erfuhr gerade, dass von den 12 Mann, die wir zusammen auf Wangerooge gekommen waren, nur 5 Mann die Insel wieder heil und gesund verlassen haben. Alle anderen sind dort geblieben und teilweise bis jetzt noch nicht gefunden worden.

Ich bin wahrlich nur durch meinen guten Stern dem Schicksal entronnen, besonders noch einmal in der Schluss-Phase.

Wie steht es nun bei Euch mit der Verpflegung? Das wird wohl in Hamburg recht knapp sein.

Ich möchte Dir, mein Herzel, so gerne dabei helfen, Dir Dein Leben zu verschönern. Denn schon unser tägliches Zusammensein und das Genießen unserer tiefen Liebe macht uns ja schon so glücklich, dass alles andere so viel leichter zu ertragen ist. Dann werden wir zusammen auch die Probleme der Zukunft lösen können.

Wenn Du durch Zufall noch ein Zimmer mieten kannst, dann fasse nur zu, … denn wir alle können ja nicht in dem einen Zimmer wohnen.

Hoffentlich geht auch bald wieder die Post, dann können wir nach Liegnitz schreiben, ob da von unseren Sachen noch etwas vorhanden ist. Viel Hoffnung habe ich ja nicht.

Aber mein Herzel, wenn wir in diesem Kriege auch sehr viel haben opfern müssen, das größte Opfer war unser Kind, so wollen wir doch noch sehr froh und glücklich und dankbar sein, dass wir beide uns wieder finden und beide unser höchstes Gut, unser gesundes Leben, mitbringen können. …

Ein Kindchen werden wir uns auch bald wieder anschaffen können, davon bin ich fest überzeugt, und mein fester Wille ist es auch.

Nun, mein heiß geliebtes Annelies, will ich für heute schließen, morgen setze ich diesen Brief fort.

Für heute küsse ich Dich ganz lieb viel tausend Mal und bin Dein Dich so liebender treuester Mann Arndt

Die Gefangenen lebten in ständiger Ungewissheit, ob oder wann man sie entlassen würde. Immer wieder wurden einige Gruppen entlassen, aber niemand wusste, wann er selbst an der Reihe war.

Wenn Arndt von der Entlassung eines Gefangenen hörte, versuchte er ihm einen Brief an seine Frau und einen an seine Mutter mitzugeben, in der Hoffnung, dass die Briefe die Empfängerinnen erreichten.

Tatsächlich erreichten zwei Briefe Anneliese und Mutti, so dass die beiden wenigstens wussten, dass Arndt am Leben war und sich irgendwo in der Nähe von Wilhelmshaven aufhielt.

Wenn doch die Post erst ginge! Mein liebstes, süßes Annelies, ich nehme Dich ganz zart und lieb in meine Arme und bin so voller Sehnsucht nach Dir, küsse Dich ganz lange, auch mein geliebtes Grübchen, und bin immer Dein treuester Dich so liebender Mann Arndt.

Heute ist nun der Tag, wo wir zwei Jahre verlobt sind, und unsere Gedanken werden sehr zueinander gehen, schrieb Arndt am 13.6.45.

Ich hoffe nur, dass Du in der Zwischenzeit einen meiner Briefe erhalten hast, so dass Du an diesem Tag nicht in Angst und Bangen um mich zu sein brauchst. Besonders, da die Bauern nach dem englischen Gebiet entlassen sind, hoffe ich, dass der Kumpel die beiden Briefe nach Hamburg mitgenommen hat und auch einen Weg zu Dir gefunden hat. Gerade an einem Tag wie heute vermisst man besonders, dass noch keine Post geht, und so habe ich heute all Deine bei mir befindlichen Briefe wieder durchgelesen und habe so innig mit Dir Zwiesprache genommen.

Wenn ich auf die zwei verflossenen Jahre so zurück schaue, denn unsere Ehe und unser inniges Zusammenleben hat ja heute vor zwei Jahren begonnen, dann kann ich nur sagen, dass jeder Tag, den ich mit Dir zusammen habe leben können, mich immer glücklicher gemacht hat. Ohne Dich wäre mein Leben nichts mehr wert.

Ich fühle mich so mit meinem Frauchen verbunden, wie nur wenige Männer es sind. Das stelle ich immer wieder fest, wenn ich mit anderen Männern zusammen bin.

Aber, mein Herzel, ich werde Dir schon wieder Glück und Sonnenschein ins Haus bringen! Du bekommst Deinen alten, Dich so tief liebenden Mann zurück, der an Leib und Seele nicht gebrochen ist und nur einen Wunsch hat, bald zu Dir zu kommen.

Mein Herzel, ich lebe nur noch für Dich, und nur für Dich habe ich mich erhalten. Du musst deswegen auch da sein und gesund auf mich warten. Daran glaube ich, und deswegen verzweifele ich auch nicht.

Ich liebe Dich so, wie ein Mann nur seine Frau lieben kann, und ich beschließe diesen Brief mit den innigsten Küssen, nehme Dich ganz lieb in meine Arme und bin voller Sehnsucht nach Dir. Bleib mir gesund und vertraue auf unseren guten Stern!

So bin ich heute Dein Dich so liebender, treuester Mann Arndt

Viele liebe Grüße und Küsse an Mutti, an die ich auch voller Liebe und Dankbarkeit so viel denke.

Ab und zu wurden die Gefangenen mit Varieté- oder Kabarett-Vorführungen unterhalten, um ihnen etwas Abwechslung in das eintönige Lagerleben zu bringen. Es gab Filmvorführungen wie z.B. *den blöden Moser-Film »Schwarz gegen Weiß«* und eine Aufführung des Stadt-Theaters Wilhelmshaven. Auch ein Zauberkünstler trat im Lager auf und zeigte seine Kunststücke, so dass die Gefangenen ab und zu *noch recht nette Kurzweil hatten*.

Arndt berichtete am 15.6.1945 von einer *gereizten Stimmung* unter den Männern, an der er sich aber nicht beteiligte.

Grund dafür war ein *teilweise unerhörtes Verhalten unserer Offiziere. … Obwohl wir keinerlei Bewachung von den Alliierten haben, versuchen die Offiziere ihre Stellung durch unglaubliche Handlungsweise zu festigen, das kann noch einiges geben.*

Einzelheiten nannte Arndt aber nicht, wohl aus Sorge, jemand Unbefugtes könnte seine Aufzeichnungen lesen. Schade, dass man nichts Genaues erfahren hat; es wäre sicher interessant zu lesen, was sich einige der Herren Offiziere herausgenommen hatten.

Eines Nachts, am 18.6.45, wurden plötzlich *150 Mann in Marsch gesetzt, es waren aber alles Männer aus landwirtschaftlichen Berufen.*
Die Entlassungen gehen ja ganz langsam, und was sind 2000 Mann pro Tag, bei den Abertausenden, die hier liegen. Da muss man wohl noch einige Zeit warten, schrieb Arndt am 24.6.45.
Es gab keine Nachrichten von den Angehörigen, und alle Männer litten darunter, dass sie nicht wussten, wie es ihren Familien ging.

Ab Mitte Mai wurde für die Gefangenen ein Arbeitsdienst eingerichtet. Als erstes musste in Wilhelmshaven ein Bombentrichter zugeworfen werden; *also eine Arbeit, die keinen befriedigen konnte, und das Ergebnis war dementsprechend,* kommentierte Arndt den Einsatz.

Ab und zu gelang es Arndt, die Erlaubnis für einen Stadturlaub nach Wilhelmshaven zu bekommen. Er galt von 8 Uhr bis 22 Uhr. Der Weg dahin dauerte zu Fuß zwei Stunden. Wenn Arndt dort war, versuchte er auch immer, jemandem zu finden, dem er einen Brief nach Hamburg mitgeben konnte. Aber ohne eine funktionierende Post war die Wahrscheinlichkeit gering, dass die Briefe ihr Ziel erreichten.

Nur alle vierzehn Tage konnte man die Erlaubnis zu einem Stadturlaub bekommen. Arndt nutzte den Urlaubstag, um ins Werft-Krankenhaus zu gehen, in seine alte Dienststelle. Dort wurde er *sehr nett aufgenommen, durfte ein warmes Bad nehmen und bekam ein gutes Mittagessen.*

Arndt genoss die Stunden in der Freiheit im Kreise seiner alten Bekannten:

Man fühlt sich doch als Mensch, wenn man in solchem Kreis ein paar Stunden sitzen kann. ...

Herr Gerth will versuchen, diesen Brief nach Hamburg in Marsch zu setzen. Er hat auch noch immer keine Post von seinen Angehörigen, und so warten alle Menschen auf das Wichtigste: ein Lebenszeichen von ihren Angehörigen.

Wenn die Gefangenen zum Arbeitseinsatz nach Wilhelmshaven unterwegs waren, gelang es Arndt oft, sich zu *verdrücken und abzuhauen.* Er ging dann ins Krankenhaus, bekam gut und reichlich zu essen und verbrachte dort ein paar angenehme Stunden. Zum Arbeitsschluss traf er dann wieder pünktlich bei seiner Gefangenentruppe ein.

Ab und zu fand Arndt jemanden, dem er einen Brief an Anneliese mitgeben konnte. Er hoffte dann, dass die Post auch bei seiner Frau ankam. Zu gern hätte er gewusst, wie es ihr ging, und ob sie alles heil überstanden hatte. Die Ungewissheit bedrückte ihn sehr.

Am 28.6.45 bekam Arndt die Genehmigung, bis zum 7.7.45 bei Schwester Grete zu arbeiten. Beide kannten sich noch aus der Zeit, als Arndt das Werft-Krankenhaus geleitet hatte. Schwester Grete tat dort immer noch ihren Dienst.

Die Renovierung ihrer Wohnung war für Arndt ein großer Vorteil, weil er das Lager von 7 bis 22 Uhr verlassen durfte und *wie ein freier Mensch herum laufen konnte.*

Bis mittags arbeitete er bei Schwester Grete, dann hielt er sich im Werft-Krankenhaus auf.

Schwester Grete sorgte für eine gute Verpflegung und *steckte Arndt immer allerhand zu, so dass er jetzt mit der Verpflegung gut auskam.* Eines Tages hatte sie ihm noch drei Teller Milchsuppe zurückgestellt. Da die Essensrationen im Lager recht karg bemessen waren, wusste Arndt die zusätzlichen Leckerbissen sehr zu schätzen.

Ihm machte es richtig Spaß, bei Schwester Grete zu arbeiten, nicht nur weil das Essen so gut war. Die alte Dame war ihm sehr sympathisch; er konnte ihr mit seiner Arbeit helfen und Dinge verrichten, die Schwester Grete allein nicht geschafft hätte.

Aus Arndts Brief vom 29.6.45 geht hervor, dass er vor allem damit beschäftigt war, Schwester Gretes Wohnung zu renovieren:

Morgens habe ich meine Arbeit bei Schwester Grete begonnen und habe allerhand geschafft. Da ist viel zu tun, und die Wohnung ist noch gut zurecht zu machen. Ich wäre froh, wenn ich eine solche Wohnung für uns zur Verfügung hätte, die könnte ich uns gut herrichten. Aber wir werden es auch schon schaffen.

Mittags habe ich gut gegessen, es gab sehr feines Essen, Nudeln mit Rhabarber, süß gemacht, und Schwester Grete steckte mir noch allerhand zu.

Die Arbeit bei Schwester Grete und die Besuche im Krankenhaus empfand Arndt als große Glücksfälle und Lichtblicke in seinem Leben als Gefangener. Sein guter Stern ließ ihn auch hier nicht im Stich.

Bis zum 12.7.45 sind Arndts tägliche Aufzeichnungen über die Geschehnisse im Lager erhalten. Seine Gedanken waren oft bei seiner Frau, er erinnerte sich gern an die gemeinsamen Stunden mit ihr.

Da es keine Post gab, las er Annelieses Briefe immer wieder durch. Als am 2.7.45 der Postverkehr wieder aufgenommen wurde, besorgte sich Arndt gleich zwei Karten, mehr gab es zunächst nicht pro Person. Von den Karten, die er in den folgenden Tagen an seine Frau schickte, kamen tatsächlich einige im Woldsenweg an. So erfuhr Anneliese etwas über Arndts Verbleib. Nur er selber erhielt immer noch keine Nachricht von seiner Familie. Jeden Tag wurden Gruppen von Gefangenen entlassen, und jeden Tag hoffte Arndt, dass auch er dabei sein würde.

Endlich, am 12.7.45, bekam er Post von Anneliese und von seiner Mutter. Die beiden Frauen hatten ans Werft-Krankenhaus geschrieben.

Wie war das schön, als Herr Gerth mir die beiden Karten überreichte! So weiß ich nun, dass Ihr jedenfalls gesund in Hamburg auf mich wartet. Ich verstehe ja nicht, dass noch keiner meiner vielen Briefe Dich erreicht hat, denn ich habe mindestens 15 Stück mit Kameraden weggeschickt, die müssen dann wohl abgenommen worden sein.

Ich hoffe ja nur, dass ich in den nächsten Tagen bei Dir eintreffen kann. Dann können wir unser Glück genießen, und alles für die Zukunft wird sich finden.

Nun mein geliebtes Annelies, küsse ich Dich ganz lieb und bin so glücklich, dass Du auf mich wartest. Ich bin voller Liebe Dein treuester Mann Arndt Heinrich

Arndts Gefangenschaft dauerte noch bis zum 17.7.1945, dann wurde er aus dem Lager entlassen. Er machte sich sofort auf den Weg nach Hamburg zu seiner Frau und zu seiner Mutter.

Dritter Teil

Nachkriegszeit

Monatelang hatte Arndt nicht erfahren, wie es seiner Frau und seiner Mutter in der Zwischenzeit ergangen war. Nun konnte er es kaum erwarten, sie wiederzusehen.

Jetzt, wo er endlich wieder in Freiheit war, auf dem Weg zu seiner Familie, gingen ihm Fragen über Fragen durch den Kopf.

Er wusste zwar aus dem letzten Brief, dass Anneliese und seine Mutter am Leben waren, aber wie kamen sie zurecht in dem Zimmer im Woldsenweg?

Wie hatten sie die Bombenangriffe überlebt? Hatte das Haus Schäden abbekommen?

Würde er die beiden Frauen dort antreffen, oder würde er sie suchen müssen?

In welcher Verfassung würde er sie vorfinden?

Waren sie noch gesund?

Als Arndt in die Woldsenweg einbog, sah er, dass das Haus noch stand und äußerlich unbeschädigt war. Das war beruhigend. Er atmete tief durch. Was würde ihn jetzt erwarten?

Mit klopfendem Herzen öffnete er die Haustür und trat ein.

Nun ist leider nicht überliefert, wie Arndts Wiedersehen mit Anneliese und mit seiner Mutter verlief:

Waren die beiden Frauen zu Hause, als er eintraf? Oder hielt sich nur Arndts Mutter in dem Zimmer auf, weil Anneliese noch im Dienst war?

Arndt wusste ja inzwischen, dass seine Frau wieder als Krankenschwester arbeitete.

Vielleicht geschah alles ja so, wie Anneliese es sich immer ausgemalt hatte, wenn sie auf dem Heimweg von ihrer Arbeit war:

Sie kam zu Hause an, und als sie die Tür zu ihrem Zimmer öffnete, trat Arndt ihr entgegen und nahm sie in die Arme. Er hatte schon auf sie gewartet. – So könnte es gewesen sein.

Arndt war wieder bei ihr. Die schreckliche Ungewissheit war endlich vorüber. Nun würde alles gut werden. Gemeinsam würden sie alle Schwierigkeiten in den Griff bekommen.

Die Situation war nicht einfach. Das Geld war knapp, da Anneliese die einzige Verdienerin war. Es war abzusehen, dass ihre Arbeit in dem Lazarett demnächst beendet sein würde.

Die Versorgung mit Lebensmitteln war schwierig, es gab kaum etwas zu kaufen.

Hinzu kam das Wohnungsproblem. Auf Dauer konnten sie nicht zu Dritt in dem einen Zimmer wohnen. Frau Schaper machte alle möglichen Auflagen und Einschränkungen geltend; sie war strikt dagegen, dass nun noch eine dritte Person hier wohnen sollte. Das war im Mietvertrag so nicht vereinbart worden.

Frau Schaper war ja schon dagegen gewesen, dass Anneliese dort immer noch mit ihrer Schwiegermutter zusammenlebte. Und nun sollte noch eine dritte Person einziehen? Das ging gar nicht! Ausgeschlossen!

Die Stimmung war sehr angespannt und gereizt. Was sollte erst geschehen, wenn auch Günter noch nach Hause käme? So konnte man nicht weiter leben Es musste eine Lösung gefunden werden.

Die Wohnungsnot in Hamburg war groß, da viele Häuser durch die Bombardierungen zerstört worden waren. Außerdem war eine große Anzahl Flüchtlinge in die Stadt geströmt. Alle suchten eine Unterkunft: die Ausgebombten, die Flüchtlinge und die Vertriebenen.

Viele Familien wohnten in einfachen, behelfsmäßigen Unterkünften, die in aller Eile errichtet wurden, den sogenannten »Nissenhütten«.

Das waren einfache Wellblechbaracken mit 40 m² Wohnfläche, in denen jeweils zwei Familien untergebracht waren. Die Wohnbereiche waren meist nur durch Stoffbahnen voneinander getrennt. Jede Nissenhütte konnte mit Hilfe eines »Bollerofens« beheizt werden – falls man Brennmaterial hatte. Für Wasser und sanitäre Anlagen gab es separate Gebäude.

Diese Notunterkünfte waren zwar einfach, aber die Hauptsache war, dass die Menschen erst einmal ein Dach über dem Kopf hatten und nicht im Freien leben mussten.

Der Name »Nissenhütte« hatte nichts mit den Nissen der Kopfläuse zu tun. Er leitete sich ab von dem kanadischen Ingenieur und Offizier Peter Norman Nissen. Er hatte in den zwanziger Jahren des vorigen Jahrhunderts für seine Soldaten schnell und günstig zu errichtende Unterkünfte erdacht. Eine Nissenhütte konnte in vier Stunden von vier bis sechs Männern errichtet werden.

Bis zu 14.000 Hamburger lebten noch viele Jahre nach Kriegsende in Nissenhütten. An verschiedenen Orten im Hamburger Stadtgebiet wurden Siedlungen aus Nissenhütten errichtet. Die Bewohner wurden dazu angehalten, umliegende Grünflächen als Gärten zu nutzen, damit sie sich mit Obst und Gemüse versorgen konnten.

Um die Wohnungsnot wenigstens etwas zu lindern, gab es außerdem die Bestimmung, dass die Wohnungs- und Hausbesitzer Wohnraum für Flüchtlinge zur Verfügung stellen mussten. Zwangsweise Einquartierungen wurden angeordnet, gegen die sich niemand widersetzen konnte, man musste sie hinnehmen. Wo immer es möglich war, wurden Flüchtlingsfamilien einquartiert.

Roderichs, Arndts Freunde aus den guten alten Zeiten, bewohnten seit kurzem eine große Villa in der Richardstraße. Auch sie mussten mit Einquartierungen rechnen. Sie durften zwar weiterhin die gesamte untere Etage bewohnen, mit der ollständigen Einrichtung. Küche, Bad, Wohnzimmer, Kinderzimmer und Schlafzimmer waren mit Möbeln und Geschirr großzügig ausgestattet. Nur in den drei Zimmern der oberen Etage mussten Flüchtlinge einquartiert werden.

Da erschien es Arndt anfangs wie ein Lichtblick, dass er und Anneliese bei Roderichs unterkommen konnten.

Ob Roderichs von sich aus Arndt anboten, bei ihnen einzuziehen, oder ob Arndt sie nach einer Unterbringung fragte, ist nicht in den alten Unterlagen überliefert. Fest steht, dass Arndt und Anneliese ein kleines Zimmer im Obergeschoss in der Villa der Roderichs bezogen. In den anderen zwei Zimmern im Obergeschoss wohnten ebenfalls Flüchtlinge.

Arndt war anfangs sehr froh, bei seinem alten Freund eine Bleibe gefunden zu haben. Er sah, in welchem Überfluss die Familie Roderich lebte, was die Ausstattung ihrer Wohnung betraf. Wahrscheinlich hatte Arndt gehofft, dass er von seinem Freund etwas Hilfe und Unterstützung erfahren würde. Natürlich wäre er zu stolz gewesen, Rolf um etwas zu bitten. Er dachte, Rolf und Vera sahen doch, wie es um ihn und seine Frau bestellt war, und sie würden von sich aus Hilfe anbieten.

Arndt und Anneliese besaßen keine Möbel, sie hatten nur das Bett, das Onkel Willy für Anneliese besorgt hatte.

Doch von Roderichs Seite geschah nichts. Sie nahmen die Notlage der Flüchtlinge einfach nicht zur Kenntnis.

Die beiden Heinrichs spürten schnell, dass Vera und Rolf zu ihnen auf Distanz gingen. Sie halfen ihnen nicht im geringsten. Sie behandelten ihre alten Freunde so, wie es die einheimische Bevölkerung häufig mit den Flüchtlingen tat: Man beachtete sie nicht und verschloss die Augen vor ihrer Notlage. Diese Menschen waren für sie unerwünschte Mitbewohner.

Das ließen auch Roderichs die heimatlosen Flüchtlinge deutlich spüren. Dabei machten sie keinen Unterschied zwischen ihren alten Freunden und den fremden Flüchtlingen in den anderen Zimmern. Sie behandelten Arndt und Anneliese keinen Deut besser als die Fremden. Sie machten sich keine Gedanken darüber, welche schlimmen Ereignisse die Flüchtlinge hinter sich hatten. Was die Flucht aus der Heimat, der Verlust ihres Zuhauses und all ihrer Habseligkeiten für die Menschen bedeutete, interessierte Roderichs nicht. Sie sahen auf die Flüchtlinge herab, so als hätten diese ihr schweres Schicksal selbst verschuldet.

Anneliese hatte bei ihren früheren Besuchen schon lange gespürt, dass Roderichs nicht die Freunde waren, auf deren Beistand man hoffen konnte. Dennoch war sie von Veras und Rolfs abweisender Gleichgültigkeit sehr betroffen.

Für Arndt war diese Erkenntnis neu. Wenn Anneliese in ihren Briefen negative Andeutungen über Rolf und Vera gemacht hatte, dann hatte Arndt sich nicht vorstellen können, dass sich seine alten Freunde so ver-

ändert haben sollten. Nun war er zutiefst enttäuscht davon, wie er von seinem besten Freund behandelt wurde. Damit hatte er nicht gerechnet.
Die Flüchtlinge hatten in ihren Zimmern keine Möglichkeit zu kochen. Anneliese hatte geglaubt, dass sie ab und zu Veras Küche benutzen durfte, so wie es bei Frau Schaper üblich gewesen war. Aber Vera untersagte ihr jegliche Küchenbenutzung:

»Wenn ich dir erlaube, hier zu kochen, müsste ich das den anderen Einquartierten ja auch erlauben. Wo kommen wir denn da hin, wenn in meiner Küche ständig irgendwelches Volk herum läuft und alles ruiniert! Das geht auf gar keinen Fall! Nicht mit mir! Da müsst ihr schon sehen, wie ihr klar kommt. Das ist nicht mein Problem.«

Vera erteilte Anneliese schroff und deutlich eine Abfuhr, als diese es gewagt hatte, sie um die Benutzung des Herdes zu bitten.

Anneliese fühlte sich wie vor den Kopf geschlagen. Sie hatte ja geahnt, dass Roderichs nicht zu den besonders hilfsbereiten Mitmenschen gehörten. Aber mit dieser harten Reaktion hatte sie doch nicht gerechnet. Wie betäubt ging sie nach oben in ihr Zimmer. Dort berichtete sie Arndt von dem Vorfall.

Arndt tröstete seine Frau:

»Davon lassen wir uns nicht unterkriegen, mein Herzel! Ich lasse mir etwas einfallen!«

Arndt machte sich ans Werk. Er trug alte Trümmerreste zusammen und stapelte sie draußen im Garten aufeinander. So baute er aus den Trümmern eine richtige, kleine Feuerstelle.

»Unsere Feldküche«, nannte er sein Werk.

Die Feuerstelle war zwar einfach, aber sie erfüllte ihren Zweck, man konnte in der Feldküche richtig kochen. Arndt war glücklich darüber, dass er ein großes Problem gelöst hatte, und Anneliese war stolz auf ihren Mann.

Natürlich erlaubte Arndt den anderen Flüchtlingen, ebenfalls in der Feldküche zu kochen. Er sah die Not der anderen, die in ihren Zimmern auch nicht kochen konnten. Für ihn war es selbstverständlich, dass man sich gegenseitig half.

Wie Roderichs auf die Kochstelle in ihrem Garten reagierten, ist nicht bekannt. Zumindest verboten sie den ungeliebten Quartiersgästen nicht die Benutzung der Feldküche.

Irgendwann gelang es Arndt, einen kleinen Gasherd zu organisieren. Außerdem stand noch ein alter Ofen in ihrem Zimmer, mit dem man notfalls heizen konnte. Es gab zwar nichts, was man hätte verbrennen können, aber es war Sommer, und die Heizperiode war noch weit entfernt. Um Brennmaterial würde man sich später kümmern müssen.

Trotz aller Widrigkeiten waren Arndt und Anneliese fröhlich und glücklich. Die Lebensumstände waren nicht optimal, aber sie waren beide gesund, und sie waren froh darüber, dass sie wieder zusammen leben konnten. Beide strahlten Freude und Optimismus aus und fanden immer ein freundliches Wort für ihre Mitmenschen.

»Wir haben das Talent zum Glücklichsein,« lachte Arndt und nahm seine Frau in den Arm.

Es war offensichtlich, dass die beiden sich mochten und miteinander glücklich waren.

Das konnten auch Roderichs nicht übersehen. Wenn sie an ihre eigene schwierige Beziehung dachten mit den festgelegten Geschlechtstagen, dann kann man sich vorstellen, dass bei Rolf und Vera vielleicht eine Art Eifersucht und Neid auf die beiden Heinrichs entstand, die ihr Glück so offen zeigten. Die beiden waren arm, sie hatten keine materiellen Werte, aber sie waren glücklich.

Roderichs dagegen schienen vom Leben begünstigt, aber sie zerrieben sich in ihrem unglücklichen Ehe-Alltag und wussten nicht zu schätzen, in welch guten äußeren Bedingungen sie lebten.

Die kleine Christa Roderich stieg so oft wie möglich die Treppe hinauf zu den beiden Heinrichs. Sie wurde immer fröhlich empfangen, denn Arndt und Anneliese freuten sich über den Besuch der Kleinen. Sie liebten Kinder und beschäftigten sich nur zu gern mit Christa. Sie unterhielten sich mit ihr, zeigten ihr Spiele und sangen mit ihr.

Anneliese hatte ihren Spaß daran, dem Kind Lieder beizubringen, so wie es ihre eigene Mutter früher mit ihr gemacht hatte, als sie selbst noch ein Kind gewesen war. Christa lernte die Texte und die Melodien schnell. Sie sang die Lieder begeistert vor sich hin, auch wenn sie sich nicht bei Heinrichs aufhielt.

Eigentlich hätte sich Vera darüber freuen sollen, dass ihre Tochter beschäftigt und gut aufgehoben war. Aber Vera schien eifersüchtig zu sein, weil es Christa »oben bei den einquartierten Flüchtlingen« so gut gefiel. Manchmal wurde sie richtig laut und zornig und verbot dem Kind, in die obere Etage zu gehen oder die Lieder zu singen, die sie bei Anneliese gelernt hatte. Dann zog sich Christa traurig in ihr Zimmer zurück.

Christa hing sehr an Arndt und Anneliese, sie fühlte sich wohl bei ihnen und suchte gern ihre Gesellschaft. Auch als Heinrichs eines Tages auszogen, um in einer eigenen Wohnung zu leben, besuchte Christa sie noch oft.

Arndt versuchte so schnell wie möglich wieder eine Arbeit zu finden. Aber das war nicht ganz einfach. Anneliese arbeitete nur noch bis zum 6.9.45, dann war ihr Dienst im Lazarett beendet. Es wurde also immer dringlicher, dass es einen Verdiener in der Familie gab.

Ein alter Bekannter erzählte Arndt von der Firma Sussmann. Die Firma handelte mit Trockenfrüchten als Import-Agent und Makler.

Der Inhaber suchte dringend einen Mitarbeiter für seine Firma, jemanden, der sich im kaufmännischen Bereich auskannte, und der die englische Sprache beherrschte. Das war für die Handelskontakte der Firma zum Ausland wichtig.

Arndt sprach gut Englisch, und kaufmännische Erfahrungen hatte er in seiner Funktion als Zahlmeister und als Leiter des Werft-Krankenhauses ebenfalls gesammelt.

Der Inhaber hatte ihm ein Angebot gemacht. Sollte er den Posten annehmen?

Die Arbeit fand er zwar interessant, die Bezahlung war jedoch recht niedrig. Das Gehalt betrug monatlich nur 250,00 RM, aber für jedes Maklergeschäft, das er tätigte, würde er 15 % Provision bekommen. Arndt war noch unschlüssig.

Der Bekannte, der den Kontakt zu der Firma Sussmann hergestellt hatte, versuchte ihn zu überzeugen:

»Du musst unbedingt das Angebot annehmen! Selbst wenn du jahrelang auf schiefen Absätzen herumlaufen solltest: Die Firma hat gute Aussichten! Die hat Potential für die Zukunft! Es wird wieder aufwärts gehen, und dann bist du am richtigen Drücker!«

Arndt ließ sich alles noch einmal durch den Kopf gehen und besprach die Angelegenheit mit seiner Frau.

Was riskierte er denn schon? Wenn er die Arbeit annahm, hatten sie wenigstens ein kleines Einkommen. Das war allemal besser als gar nichts. Arndt sagte zu. Am 14.9.45 begann er seine Probezeit bei der Firma Sussmann.

Mit ihm zusammen fing ein neuer Kollege an, zu ähnlichen Bedingungen wie Arndt. Gleich am ersten Arbeitstag erschien der Kollege drei Stunden zu spät. Aus lauter Vorfreude auf den neuen Job hatte er sich am Abend zuvor ordentlich einen hinter die Binde gekippt, so dass er an seinem ersten Arbeitstag verschlafen hatte. Aber er hatte Glück: Der Chef ließ Gnade vor Recht ergehen und gab dem Kollegen die Chance, sich durch seine Arbeit zu bewähren.

Arndt und sein Kollege arbeiteten immer gern zusammen, sie wurden gute Freunde und verstanden sich zeitlebens bestens.

Die Entscheidung, für die Firma Sussmann zu arbeiten, schien richtig gewesen zu sein. Arndt gefiel die Arbeit, und der Chef war mit Arndts Leistungen sehr zufrieden.

Einige Monate später, am 17.1.46, unterschrieb Arndt seinen festen Einstellungsvertrag. Das war eine Entscheidung, die er nie bereuen sollte.

Inzwischen hatten Arndt und Anneliese ein kleines Radio erstanden, sowie einen kleinen Tisch und zwei Stühle. Sie waren glücklich darüber, wieder etwas zu haben, das ihnen gehörte, und genossen es, auf ihren eigenen Stühlen an ihrem eigenen Tisch sitzen zu können.

Der Krieg hatte auch in Arndts Freundeskreis viele Lücken geschlagen. Nicht alle Männer waren in die Heimat zurückgekehrt. Einige kamen krank und verwundet zurück. Wenn Arndt erfuhr, wie es manchen Freunden und Bekannten ergangen war, dann dankte er insgeheim seinem guten Stern, der ihn die Kriegszeiten hatte heil überstehen lassen.

So nach und nach stellte Arndt seiner Frau seine alten Hamburger Freunde vor. Viele stammten aus Arndts geliebtem Tennis- und Hockey-Club von Horn und Hamm. Sie waren allesamt Sportkameraden und hatten in Friedenszeiten so manches Match miteinander ausgefochten. Nun freuten sie sich über das Wiedersehen mit jedem, der den Krieg überstanden hatte.

Natürlich kannten alle Rolf Roderich, der auch zu ihrer Sports-Clique gehört hatte. Als Arndt erzählte, wie es ihm und seiner Frau in der Villa der Roderichs ergangen war, reagierten alle bestürzt und empört. Sie konnten Rolfs und Veras Verhalten überhaupt nicht verstehen. So ging man doch nicht mit Freunden um! Schon gar nicht, wenn diese sich in einer Notlage befanden, und man selber lebte in Hülle und Fülle!

Rolfs und Veras Ansehen bei den Sportsfreunden sank beträchtlich. Es stellte sich dann heraus, dass Arndt und Anneliese nicht die einzigen waren, die von Rolf und Vera so herablassend behandelt worden waren, als sie sich in einer schwierigen Situation befanden. Auch anderen alten Freunden ging es schlecht, und sie hätten eine kleine Unterstüzung gebraucht. Aber sie hatten vergeblich auf ein Entgegenkommen von Rolf und Vera gehofft. Stattdessen sahen die beiden Roderichs auf sie herab und hielten sich für etwas Besseres.

»Auf so einen Schönwetter-Freund kann man verzichten,« war die einhellige Meinung der Sportsfreunde. »Wenn alles problemlos läuft, ist es leicht, sich als Freund zu bezeichnen. Aber einen wahren Freund erkennt man erst, wenn man in Not ist und Hilfe braucht.«

Man begegnete Roderichs seitdem mit einer gewissen Reserviertheit und war an engen Kontakten mit ihnen nicht mehr interessiert.

Arndt und Anneliese waren sehr kontaktfreudig. Sie lernten schnell mehrere Pärchen kennen, mit denen sie sich öfter trafen, um Karten zu spielen. Da Gesellschaftsspiele kaum vorhanden waren, blieb es meistens bei Kartenspielen. Besonders oft und gern spielte man Doppelkopf.

Anneliese freundete sich mit einer jungen Frau an, die zwar elf Jahre jünger war als sie, mit der sie sich aber sehr gut verstand. Die kleine Tochter der Frau war drei Monate jünger als Hanns-Jörn. Anneliese fand das Kind ganz entzückend. Immer wenn sie die Kleine sah, stellte sie sich vor, wie schön es wäre, wenn sie selbst wieder ein Baby hätte.

Ihr Wunsch sollte bald in Erfüllung gehen. Sie merkte, dass sie wieder schwanger war. Die Anzeichen einer beginnenden Schwangerschaft waren ihr noch gut in Erinnerung. Schon einen Tag nach dem Ausbleiben der Regel verspürte sie heftige Spannungen in der Brust, Übelkeit und mächtigen Hunger. Das konnte nur eins bedeuten: Sie würde wieder ein Kind bekommen. Anneliese war überglücklich.

Arndt freute sich ebenfalls auf das Baby, auch wenn die Versorgung einer dreiköpfigen Familie nicht einfach sein würde. Aber andere Leute hatten das geschafft, und das würden er und seine Frau auch schaffen.

Die Versorgung der Bevölkerung mit Lebensmitteln war ein großes Problem. Man musste immer noch mit Lebensmittelkarten einkaufen, so wie es in den Kriegsjahren üblich gewesen war. Aber die Rationen waren sehr knapp bemessen, und die Geschäfte hatten viele Waren nicht vorrätig. So bildeten sich jeden Tag lange Warteschlangen vor den Geschäften.

Für das Besorgen der Lebensmittel musste man viel Zeit aufbringen. Es geschah nicht selten, dass man stundenlang in der Warteschlange gestanden hatte, und wenn man dann endlich an die Reihe kam, war das Gewünschte schon ausverkauft.

Wie alle anderen Menschen verbrachte auch Anneliese viel Zeit mit dem Besorgen der Lebensmittel. Sie ging oft in die Wandsbeker Chaussee zum Einkaufen, weil dort die Auswahl an Geschäften groß war. Häufig traf sie dort immer wieder mit denselben Menschen zusammen, die ebenfalls ihre Besorgungen erledigten, und in den Warteschlangen ausharrten.

Da Anneliese sehr kontaktfreudig war, kam sie schnell mit anderen Wartenden ins Gespräch. Ein kleines Gespräch hier und da verkürzte die Wartezeit vor den Geschäften. Außerdem erfuhr sie dabei oft ganz nützliche Informationen, z.B. wo und wann es bestimmte Lebensmittel oder andere Dinge zu kaufen gab.

Als ihre Schwangerschaft deutlich wurde und nicht mehr zu übersehen war, unterhielt sie sich besonders gerne mit jungen Müttern oder mit Frauen, die ebenfalls ein Kind erwarteten. Sie hörte von den Frauen, wie schwierig es war, eine Ausstattung für ein Baby zu bekommen. Babywäsche und Windeln waren Mangelware, sie waren in den Geschäften kaum vorhanden. Deshalb versuchte Anneliese schon Monate vor dem Entbindungstermin möglichst viele Babysachen zu besorgen. Trotz aller Bemühungen gelang es ihr aber nicht, mehr als drei Windeln zu ergattern.

Im Herbst trat ein weiteres großes Problem auf. Die kalte Jahreszeit stand bevor, wie würde die Versorgung mit Heizmaterial funktionieren?

Auf den Bezugsscheinen gab es fast nichts. Die Menschen mussten sich selbst helfen. Aber wie und woher sollte man in einer Großstadt etwas Brennbares bekommen?

Arndt versuchte im Herbst und im Winter alles, um Material zum Heizen aufzutreiben. Wie viele andere Menschen auch, so schlich er sich nachts heimlich zu den Zügen mit den Kohlewaggons. Wenn die Züge etwas langsamer fuhren, sprang er auf einen Waggon und raffte so viel Kohle zusammen, wie er tragen und fortschaffen konnte.

Es war nicht ungefährlich, mit der schweren Beute von den fahrenden Zügen wieder abzuspringen. Man sah nicht, wo man landen würde und konnte sich leicht verletzen. Aber Arndt hatte immer Glück, wenn er in dunklen Nächten als »Kohlenklau« unterwegs war. Er sah zwar etwas schwarz und verschmutzt aus, aber er kam jedes Mal wieder heil und unverletzt bei seiner Frau an.

Die frierenden Hamburger machten auch vor den Bäumen in Parks und Straßen nicht halt. So mancher Baum wurde nachts heimlich abgesägt, um verfeuert zu werden. Sogar Bahnschwellen wurden von den verzweifelten Menschen abgebaut und landeten klein gehackt im Ofen.

Die Not zwang die Menschen dazu, Dinge zu tun, die sie unter normalen Umständen niemals in Erwägung gezogen hätten.

Trotz aller Bemühungen reichte das Brennmaterial an vielen Tagen nicht aus. Arndt und Anneliese froren, wie die meisten Menschen in diesem Winter. Außerdem litten sie großen Hunger. Die Lebensmittel reichten überhaupt nicht aus. Anneliese stand zwar eine etwas größere Ration zu, weil sie schwanger war, aber es war trotzdem viel zu wenig, um satt zu werden.

Als der Winter zu Ende ging und die Frühlingstage etwas Wärme brachten, rückte auch der Termin für die Entbindung näher. Trotz aller Bemühungen war es Anneliese nicht gelungen, mehr als drei Windeln und zwei Garnituren Babywäsche aufzutreiben. Wenn man in einem normalen Krankenhaus entbinden wollte, musste man damals mindestens vier Windeln mitbringen. Drei Windeln waren zu wenig, um aufgenommen zu werden.

Die Frauenklinik Finkenau machte glücklicherweise eine Ausnahme für die Mütter, die nicht so viele Windeln mitbringen konnten. Also meldete sich Anneliese in der Finkenau zur Entbindung an.

Am Dienstag, dem 21. Mai 1946, war es dann so weit.

Morgens verspürte Anneliese leichte Wehen, aber sie wartete erst einmal bis zum Mittag ab. Als erfahrene Krankenschwester wusste sie, dass sie nichts überstürzen musste. Das Krankenhaus war nicht weit entfernt, und als die Wehen heftiger wurden und in kürzeren Abständen auftraten, begab sie sich ins Krankenhaus.

Die Geburt verlief dieses Mal etwas schwerer, als damals bei Hanns-Jörn. Ihr zweites Kind war größer, als es ihr Sohn bei seiner Geburt gewesen war.

Um 17.45 Uhr brachte Anneliese ein gesundes Mädchen zur Welt. Es sollte Helga heißen, den Namen hatten sich Arndt und Anneliese ausgesucht, falls das Baby ein Mädchen sein würde. Sie mochten den Namen gern, und sie machten mit der Namensgebung Arndts Mutter eine Freude. Mutti hatte sich immer ein Mädchen gewünscht, das sie dann »Helga« genannt hätte. Nun bekam sie eine kleine Enkelin mit ihrem Wunschnamen. Helgas zweiter Name war »Margret«, in Erinnerung an Annelieses so früh verstorbene Mutter Margarete.

Anneliese war überglücklich, wieder ein eigenes, gesundes Kind in ihren Armen halten zu können. Trotz aller Entbehrungen, die sie während der Schwangerschaft hatte durchmachen müssen, war ihr Baby kräftig und wohlbehalten auf die Welt gekommen. Helga hatte viele schwarze Haare, dunkle Augenbrauen und einen ausgesprochen frischen Teint. Sie war der Star auf der Säuglings-Station. Nicht alle Babys sahen so wohl und gesund aus wie Helga.

Es war üblich, dass die Frauen nach der Entbindung noch vierzehn Tage im Krankenhaus blieben. Danach konnten Mutter und Kind das Krankenhaus verlassen.

In dem kleinen Zimmer oben in der Roderichschen Villa wurde es nun etwas enger, denn Helga bekam ein eigenes kleines Bett. Wenn Helga schlafen sollte, spannte Anneliese ein altes, löcheriges Bettlaken über das Babybett, um Helga abzuschirmen und um ihr Ruhe zu vermitteln. Die kleine Helga entdeckte sehr schnell die Löcher in dem Laken und steckte ihre Fingerchen hindurch. Wenn Anneliese die kleinen Finger sah, wusste sie, dass ihre Tochter wach war.

Während der Sommerzeit kam Anneliese mit den drei Windeln ganz gut aus. Natürlich wäre es angenehmer gewesen, wenn sie noch mehr Windeln gehabt hätte. Aber sie kam auch so zurecht.

Ihre große Sorge war es, dass die kleine Helga erkranken könnte und dass auch ihr etwas Schlimmes passieren würde, so wie es bei Hanns-Jörn geschehen war. Der Verlust ihres Sohnes war ihr immer gegenwärtig und ließ sie im Umgang mit ihrem Kind aufmerksam und vorsichtig sein.

Eine große Hilfe für sie war die Kinderärztin Frau Dr. Poppe, die in der Papenhuder Straße praktizierte. Die beiden Frauen waren beim Anstehen vor den Geschäften ins Gespräch gekommen und hatten sich so kennengelernt. Sie waren sich auf Anhieb sympathisch gewesen und mochten sich gut leiden.

Frau Dr. Poppe hatte viel Verständnis für Anneliese und war beeindruckt von ihrem großen medizinischen Wissen. Es machte ihr Spaß, mit der jungen Frau Heinrich ein bisschen zu fachsimpeln und sie bei der Pflege ihres Babys zu beraten. Sie gab ihr sogar ihre private Telefonnummer, falls ein Notfall eintreten sollte.

Obwohl die allgemeine Versorgungslage sehr schlecht war, beschlossen Anneliese und Arndt, möglichst schnell noch ein zweites Kind zu bekommen.

Im Dezember wusste Anneliese, dass sie wieder schwanger war. Sie hoffte sehr, einen kleinen Sohn zu bekommen. Auch wenn die Geburt von Helga sie glücklich gemacht und getröstet hatte, so schmerzte Hanns-Jörns Tod immer noch. Zu gern wollte sie ihrem Mann einen Stammhalter präsentieren. Vielleicht war ja dieses Mal wieder ein Söhnchen unterwegs.

Der vorige Winter war schon kalt gewesen und hatte viele Schwierigkeiten mit sich gebracht. Aber der Winter 46/47 wurde noch schlimmer. Bereits im November setzen eisige Temperaturen ein, die erst Ende März endeten. Es war der kälteste Winter des 20. Jahrhunderts. Die Menschen nannten ihn den »Hungerwinter«, und unter diesem Namen ging er in die Geschichte ein.

Es war so kalt, dass sogar große Ströme wie Rhein und Elbe auf lange Strecken zufroren. Die Versorgungslage der Bevölkerung war katastrophal. Da viele Verkehrswege unterbrochen waren, brach die Versorgung mit Nahrungsmitteln fast völlig zusammen. Vor allem in den Großstädten starben Hunderttausende Menschen an mangelnder Ernährung, viele erfroren. Es gab kaum Vorräte, da die Ernte im vergangenen Sommer wegen der Hitze und der Trockenheit sehr schlecht ausgefallen war.

Von den alliierten Besatzungstruppen gab es direkt nach Kriegsende keinerlei Hilfe für die notleidende Bevölkerung, ja, es bestand sogar ein Verbot, Hilfslieferungen nach Deutschland zu senden.

Als die Versorgungslage der Bevölkerung immer katastrophaler wurde, hob man im Dezember 1945 das Verbot auf. Amerikanische Hilfsorganisationen gründeten CARE, eine Organisation, die dafür sorgte, dass

Hilfspakete an die Not leidende Bevölkerung geschickt wurden: die Care-Pakete.

Im August 1946 traf im Hafen von Bremen das erste Schiff mit Care-Paketen ein. Die meisten Pakete waren von US-Bürgern an ihre deutschen Verwandten geschickt worden. Sie halfen daher nur einem kleinen Teil der Bevölkerung.

Im März 1947 ging CARE dazu über, den Inhalt der Pakete selbst zusammenzustellen. Wichtig waren vor allem Fleisch, Fette und Kohlenhydrate. Der Nährwert eines Care-Paketes entsprach etwa 40.000 Kilokalorien. Davon konnte eine kleine Familie drei bis vier Wochen lang leben. Der Inhalt eines Care-Paketes hatte damals einen Wert von ungefähr 15 US-Dollar.

Im Laufe der Jahre wurden 100 Millionen Care-Pakete in Europa verteilt; fast 10 Millionen Pakete mit Lebensmitteln, Kleidung, Werkzeugen und ähnlichen praktischen Dingen kamen in Deutschland an.

So retteten die Care-Pakete viele Menschenleben. Ob Annelieses kleine Familie auch zu den glücklichen Empfängern von Care-Paketen gehörte, ist leider nicht überliefert.

Wer es möglich machen konnte, ging auf Hamsterfahrt in die ländlichen Gebiete. Dort versuchte man, Wertgegenstände gegen etwas Essbares einzutauschen. Manch einer trennte sich schweren Herzens von liebgewordenen Erinnerungsstücken und altem Familienschmuck, wenn er dafür ein paar Lebensmittel nach Hause tragen konnte.

Arndt schrieb damals Bittbriefe an den Bürgermeister:

Der Herr Bürgermeister möge doch dafür sorgen, dass wenigstens Heizmaterial an die frierenden Menschen ausgeteilt würde.

Die kleine Helga erkrankte in diesem Winter. Sie bekam eine starke Erkältung, die nicht ausheilen wollte und immer schlimmer wurde. Aus der schweren Erkältung drohte sogar eine Lungenentzündung zu werden.

Anneliese war verzweifelt. In ihrem Zimmer war es so kalt, dass sie tatsächlich überlegte, ob sie die Kleine zum Windelwechseln überhaupt ausziehen sollte, oder ob sie sie lieber nass liegen lassen sollte, auch wenn Helga davon wund würde.

In dieser schwierigen Situation half ihr Frau Dr. Poppe mit Rat und Tat, so gut es ging. Helgas Erkältung wurde nicht besser, und Helga zog sich tatsächlich eine Lungenentzündung zu. Wer weiß, ob die Kleine ohne Frau Dr. Poppes Hilfe die schwere Erkrankung überlebt hätte.

Trotz aller Schwierigkeiten waren Arndt und Anneliese glücklich. Endlich lebten sie wieder zusammen, hatten eine kleine Tochter und waren gesund. Das wussten sie zu schätzen.

Mit der allgemeinen schwierigen Lage hatten fast alle Menschen zu kämpfen, nicht nur die beiden Heinrichs. Sie sahen jedoch mit Optimismus in die Zukunft. Irgendwann würde es ihnen wieder besser gehen, Arndts guter Stern würde schon dafür sorgen. Bis dahin ließen sie sich nicht unterkriegen; sie freuten sich über jede kleine Verbesserung und über jeden kleinen Fortschritt.

Inzwischen war Günter gesund aus der Gefangenschaft zurück gekommen, zur großen Freude seiner Mutter. Er sorgte auch noch für ein weiteres Ereignis, mit dem er Mutti hoch erfreute. Aber erst einmal lernte er nun endlich seine Schwägerin Anneliese kennen und Helga, seine kleine Nichte.

Bei Familie Jensen hörte man auch mit Freude die Nachricht von Günters Rückkehr. Dass Aline Jensen, die Schwester seines besten Freundes, sehr an Günter interessiert war, wussten ja alle. Daraus hatte niemand ein Geheimnis gemacht, am wenigsten Aline.

Die Frage war nun, wie würde Günter auf Alines Avancen reagieren und auf die deutlichen Anspielungen ihrer Familie? Würde er darauf eingehen oder würde er sich reserviert zurückziehen, weil er sich überrumpelt fühlte? Hatte er überhaupt Interesse an einer festen Bindung?

Ein Treffen wurde arrangiert, und alle warteten gespannt darauf, wie es ausgehen würde.

»Der Günter hat ja in diesen Dingen noch nie zu den Schnellsten gehört,« lästerte Arndt fröhlich grinsend. »Hoffentlich lässt er nicht zu viel Zeit ins Land gehen und entscheidet sich noch, bevor Aline alt und grau geworden ist.«

Günters Entscheidungsfreude übertraf dann alle Erwartungen. Es dauerte nicht lange, und Aline und er wurden ein Ehepaar.

Nun waren Jensens und Heinrichs nicht nur befreundet, sondern richtig miteinander verwandt. Nun gehörten die beiden Familien zusammen, und es war selbstverständlich, dass man sich gegenseitig half.

Man wollte Mutti nicht länger in dem Zimmer bei Frau Schaper wohnen lassen, wo sie allerlei Repressalien über sich ergehen lassen musste. Sie bekam eine Unterkunft im Haus der Familie Jensen. Das war für Mutti eine große Erleichterung.

So allmählich entstand auch wieder ein geselliges Miteinander. Alte Freundschaften wurden aufgefrischt, und neue Freundschaften entstanden. Von Arndts Seite waren es vor allem die Freunde von früher, mit denen er sich ab und zu traf. Aber auch Anneliese fand in Hamburg recht bald nette Kontakte. Sie wurde zu Kaffeekränzchen eingeladen und auch zu den Geburtstagen der neuen Jensen-Verwandtschaft.

Die kleine Helga war immer mit dabei. Anneliese nahm sie zu ihren Verabredungen mit; denn sie konnte ihr Kind ja nicht allein zurücklassen. Auf Veras Hilfe durfte sie nicht hoffen; denn Vera hatte ihr deutlich gesagt, dass sie für eine Kinderbetreuung nicht zur Verfügung stand.

Helga war der Mittelpunkt jeder Gesellschaft. Sie war zwar ziemlich klein, sah aber entzückend aus. Sie konnte sehr früh laufen und begann auch früh zu sprechen. Außerdem fremdelte sie überhaupt nicht und ging vertrauensvoll auf die anwesenden Kränzchen-Damen zu. Schnell wurde sie von jedermann »Püppi« genannt, auch ihre Eltern nannten sie bald so.

Es erfüllte Anneliese mit Freude und Stolz, wenn sie sah, wie begeistert alle auf ihre kleine Tochter reagierten. Manchmal befiel sie in diesen Situationen allerdings eine tiefe Wehmut, weil sie daran denken musste, wie ihr Söhnchen einst die Liegnitzer Verwandtschaft erfreut hatte. Sie hatte die kleine Helga unendlich lieb, aber ihr Hanns-Jörn würde auch immer einen Platz in ihrem Herzen haben.

Wenn man bedenkt, wie schwierig es damals war, genügend Windeln für die Babys zu bekommen und die Windeln immer sauber und einsatzbereit zu haben, dann kann man verstehen, dass die Frauen alles daran setzten, damit ihre Babys möglichst schnell sauber wurden und ohne Windeln auskamen.

Anneliese würde die drei Windeln dringend für das Baby brauchen, das sie im August erwartete. Deshalb war es für sie besonders wichtig, dass Helga so bald wie möglich sauber wurde. Dazu wurde die Kleine regelmäßig auf das Töpfchen gesetzt. Wenn sie ihre Geschäfte erledigt hatte, guckte Anneliese immer begeistert in den Topf und rief laut:

»Ooooh, wie schön!«

Helga freute sich darüber, sie ging gerne auf das Töpfchen. Sie fand es herrlich, wenn sie etwas gemacht hatte, worüber sich ihre Mutter so sehr freute. Bald stand sie nach vollbrachter Tat von selber auf und rief laut:

»Ooooh!«

Bis zur Geburt des zweiten Babys war Helga sauber.

Zur Entbindung meldete sich Anneliese wieder in der Finkenau an. Die Frauenklinik Finkenau war immer noch das einzige Hamburger Krankenhaus, das Frauen zur Entbindung aufnahm, auch wenn sie nur drei Windeln mitbringen konnten. In allen anderen Hamburger Krankenhäusern wurden weiterhin mindestens vier Windeln verlangt.

Am Mittwoch, dem 13. August 1947, war es dann so weit. Am Vormittag setzten die ersten Wehen ein. Als sie heftiger wurden und in kürzeren Abständen auftraten, begab sich Anneliese in die Klinik.

Um 22.05 Uhr wurde Jutta geboren. Sie war noch größer und schwerer, als Helga es bei ihrer Geburt gewesen war. Entsprechend mühsam und schwierig verlief Juttas Geburt. Aber sie war gesund, und das war die Hauptsache.

»Und dann sagt man immer, die erste Geburt ist am schwierigsten, danach wird es einfacher. Bei mir scheint es genau umgekehrt zu sein,« seufzte Anneliese, als man ihr das Neugeborene in den Arm legte. »Jedes Mal ist es schwieriger geworden, und die Babys wurden auch immer größer und schwerer.«

Anneliese blieb vierzehn Tage in der Klinik, so wie es damals üblich war, dann wurde sie mit ihrer Tochter entlassen.

Arndt war gekommen, um Mutter und Kind abzuholen. Der Arzt, der auch bei der Entbindung dabei gewesen war, bat Arndt und Anneliese noch zu einer kurzen Besprechung in sein Zimmer. Er fragte, ob die beiden noch weitere Kinderwünsche hätten.

»Mit den beiden Mädchen sind wir zufrieden. Und was unsere Kinderplanung betrifft: Mit den zwei Kindern ist sie abgeschlossen. Wir haben zwei gesunde Kinder, die müssen wir jetzt erst einmal groß kriegen,« meinte Arndt.

»Dann bin ich ja beruhigt,« sagte der Arzt und nickte Anneliese zu. »Aus ärztlicher Sicht würde ich Ihnen, Frau Heinrich, dringend davon abraten, weitere Kinder zu bekommen. Ihr Körper ist insgesamt sehr geschwächt. Sie haben als Krankenschwester schwere körperliche Arbeit verrichtet. Davon ist Ihre Hüfte wahrscheinlich stark geschädigt worden. Das könnte einmal ein großes Problem für Sie werden.

Dann folgten drei Schwangerschaften ziemlich kurz nacheinander. Sie haben während der Zeit gehungert und gefroren, und die Kinder haben Sie viel Kraft und Substanz gekostet. Sie dürfen Ihren Körper nicht mehr mit einer weiteren Schwangerschaft belasten.«

Der Arzt reichte Ihnen die Hand zum Abschied:

»Bitte nehmen Sie meinen Hinweis ernst. Aber jetzt wünsche ich Ihnen und Ihrer Familie alles Gute.«

Arndt und Anneliese bedankten sich für das Gespräch und verließen die Finkenau.

Nun wohnten sie zu viert in dem kleinen Zimmer oben in der Villa der Roderichs.

Helga war von ihrer kleinen Schwester begeistert. Sie zeigte keine Eifersucht, wenn ihre Mutter sich um das Schwesterchen kümmerte. Immer war sie an Annelieses Seite und schaute genau zu, was ihre Mutter mit dem Baby machte. Wenn Anneliese Jutta stillte, legte sich Helga sofort zu ihnen.

Anneliese genoss es sehr, wieder einen kleinen Säugling zu haben, auch wenn es ein Mädchen war und kein Junge. Wenn sie so innig mit ihren beiden Töchtern zusammen war, dachte sie daran, wie sehr sie sich als Kind eine Schwester gewünscht hatte. Nun hatte sich ihr Kindertraum wenigstens für ihre Töchter erfüllt, sie würden nicht als Einzelkinder aufwachsen. In diesen Momenten fühlte sie sich besonders glücklich und zufrieden.

Ihre Schwiegermutter kam regelmäßig, um im Haushalt zu helfen. Als sie eines Tages sah, wie ihre Schwiegertochter so ruhig und entspannt mit ihren beiden kleinen Töchtern da saß, musste ihr irgend etwas bei diesem Anblick missfallen haben. Sie störte die Idylle, indem sie Anneliese anraunzte:

»Bekomm nun bloß nicht ein Kind nach dem anderen, nur weil du Babys so niedlich findest! Und dann das alles in diesem einen Zimmer!«

Damit riss sie Anneliese aus ihren Träumereien und beendete die schöne, heimelige Situation.

Anneliese war gekränkt, aber ihr lag nichts daran, sich mit ihrer Schwiegermutter zu streiten. Bei einer passenden Gelegenheit würde sie ein paar entsprechende Worte sagen, nahm sie sich vor. Jetzt war sie nur froh darüber, dass Mutti ihr half und ihr so manche Arbeit abnahm.

Aber am Abend erzählte sie ihrem Mann von dem Vorfall.

»Du kennst doch meine Mutter, so ist sie leider manchmal. Die ändern wir bestimmt nicht mehr. Wir müssen sie so nehmen, wie sie ist. Ich danke dir jedenfalls, mein Herzel, dass du ruhig geblieben bist und keinen Streit gemacht hast«, tröstete Arndt seine Frau.

Die Zeiten waren hart, Wohnraum war knapp, und trotz aller Bemühungen gelang es Arndt und Anneliese nicht, eine größere Bleibe zu finden. Aber die beiden waren glücklich und ließen sich nicht beirren, weder durch Muttis spitze Bemerkungen noch durch Roderichs ablehnende Behandlung.

Am 21. Juni 1948 trat die Währungsreform in Kraft. Wie durch ein Wunder waren die Geschäfte über Nacht gut gefüllt mit allen erdenklichen

Waren. Man konnte endlich wieder Dinge kaufen, die man monatelang nicht zu Gesicht bekommen hatte. Die alte Reichs-Mark wurde abgeschafft, in ihre Stelle trat die Deutsche Mark, die D-Mark.

Jeder erhielt 40,00 D-Mark Startgeld.

Anneliese war froh, dass sie nun nicht mehr so lange beim Einkaufen anstehen musste. Sie hatte schließlich zwei kleine Kinder zu versorgen, das brauchte seine Zeit. In den Geschäften bekam sie zwar alles, was sie haben wollte, aber leider verteuerten sich die Waren schnell. Sie musste ihre Einkäufe sehr genau planen und gut überlegen, wofür sie ihr Geld ausgeben konnte. Denn das Geld war knapp.

Zu den normalen Kosten, die im Haushalt anfielen, kam noch eine gewisse Sonderausgabe hinzu. Sie betraf ihre Schwiegermutter. Arndt und sein Bruder Günter unterstützten ihre Mutter finanziell. Das sollte Mutti aber nicht erfahren. Ihre Söhne überwiesen monatlich einen bestimmten Betrag an die ehemalige Firma ihres verstorbenen Vaters. Das Geld wurde Mutti dann als kleine »Betriebsrente« ausbezahlt.

Arndts Vater hatte nämlich leider überhaupt nicht geklebt. Er hatte keinerlei Vorsorge für sein Alter getroffen oder eine finanzielle Absicherung für seine Frau abgeschlossen. Diese bittere Erkenntnis wollten die Söhne ihrer Mutter ersparen. Mutti wusste nichts von dem Arrangement, das ihre Söhne mit der Firmenleitung getroffen hatten. Sie lebte in dem Glauben, ihr Mann hätte alles richtig gemacht und hätte sie mit der Rente versorgt.

Zu Annelieses großer Freude fand sie wieder Kontakt zu ihren beiden Freundinnen Magda und Klärchen, die während des Krieges immer zusammen mit ihr und mit Arndt versetzt worden waren. Die beiden waren unverheiratet. Magda arbeitete als DRK-Schwester im DRK-Krankenhaus am Schlump. Klärchen war Gemeindeschwester in Balje, einem kleinen Ort an der Elbe.

Jetzt, da sie sich wiedergefunden hatten, trafen sie sich öfter. Sie hatten so vieles gemeinsam erlebt, und es tat den drei Frauen gut, von den vergangenen Zeiten zu erzählen und die Erinnerung daran wieder aufleben zu lassen.

Natürlich nahm Anneliese ihre Kinder mit zu den Treffen. Magda und Klärchen beglückwünschten Anneliese zu ihren reizenden Töchtern. Sie spielten gern mit den Kleinen und hatten viel Spaß an den lebhaften, aufgeweckten Mädchen.

Im Sommer 1948 litt Anneliese öfter unter Problemen mit ihrer Hüfte. Sie verspürte starke Schmerzen, ähnlich wie damals in La Rochelle, als sie bei der Versorguung der schwerverletzen Soldaten zusammengebrochen war. Die Schmerzen tauchten plötzlich auf, und sie hielten lange Zeit an. Es war nie abzusehen, wann sie nachlassen oder aufhören würden.

Anneliese musste an die Worte des Arztes denken, der nach Juttas Geburt darauf hingewiesen hatte, dass sie eines Tages Probleme mit ihrer Hüfte bekommen könne.

Hoffentlich ist es noch nicht so weit, dachte sie.

Im Herbst 1948 kamen zu den Schmerzen in der Hüfte noch fürchterliche Rückenschmerzen hinzu. Anneliese konnte sich kaum bewegen.

Als keine Besserung eintrat, bat sie Frau Dr. Poppe um Hilfe. Die Ärztin konnte ihr aber nicht helfen und schickte sie zu einem Facharzt. Auch der Facharzt fand keine Lösung und überwies seine Patientin zu einem weiteren Kollegen.

Viele Wochen lang quälte sich Anneliese mit den Schmerzen, schleppte sich von Arzt zu Arzt, ohne wirkliche Hilfe zu erfahren. Bei jedem Arztbesuch musste die Schwiegermutter einspringen, um die kleinen Töchter zu betreuen. Manchmal nahm Mutti die Kinder mit zu sich in das Haus der Jensens. Alines Schwägerin hatte auch ein kleines Kind und freute sich über den Besuch der beiden Mädchen.

Eines Tages hatte Anneliese einen Termin bei einem Arzt, der in dem Ruf stand, auch aussichtslose Fälle heilen zu können.

Die Schwiegermutter erschien, um auf die beiden Mädchen aufzupassen. Sie wollte die Kleinen mit zu Jensens zu nehmen.

»Lass dich gut auskurieren! Und lass dir Zeit, erhole dich. Ich bringe die Kinder erst abends zurück«, meinte sie zu Anneliese.

Voller Hoffnungen fuhr Anneliese zu ihrem Arzttermin. Die ständigen

Schmerzen waren zermürbend und zehrten an ihren Kräften. Sie wollte sich so gern einmal wieder bewegen können, ohne dass die Schmerzen sie zerrissen.

Vielleicht würde sie dieses Mal zumindest eine Linderung der Schmerzen erfahren. Sie machte sich einerseits keine allzu großen Hoffnungen, damit sie hinterher nicht so enttäuscht war, wenn die Behandlung nichts gebracht hatte. Andererseits sagte sie sich, dass sie jede Möglichkeit wahrnehmen musste, um geheilt zu werden.

Der Arzt vollbrachte ein Wunder, so erschien es Anneliese. Er drückte nur an verschiedenen Stellen herum, er zog hieran und daran, so als wollte er etwas einrenken, und sagte dann:

»So, Frau Heinrich, nun stehen Sie mal auf. Bewegen Sie sich, gehen Sie hier entlang, bücken Sie sich auch mal. Na, wie fühlen Sie sich?«

Anneliese konnte es kaum glauben. Sie bewegte sich anfangs sehr vorsichtig, weil sie damit rechnete, dass die Schmerzen in jedem Augenblicklich wieder auftreten würden. Aber sie blieb schmerzfrei, auch als sie sich etwas mutiger bewegte. Sie konnte sich drehen, sie konnte sich bücken und in die Knie gehen, alles ohne Schmerzen.

Der Arzt hatte sie geheilt, sie war wieder gesund! Sie war überglücklich.

Nachdem sie sich bei dem Arzt bedankt hatte, eilte sie nach Hause. Zu ihrer großen Freude war Arndt schon von der Arbeit zurückgekommen. Er sah sie erwartungsvoll an, als sie ins Zimmer trat:

»Na, wie war es? Konnte der Arzt dir helfen?«

»Ich habe keine Schmerzen mehr, ich kann mich wieder richtig bewegen!« jubelte Anneliese.

Arndt strahlte und nahm sie in die Arme.

»Du jammerst ja gar nicht, wenn ich dich drücke! Wie schön! Und nun, mein Herzel, müssen wir mal sehen, ob du dich wirklich wieder so gut bewegen kannst wie früher,« lachte Arndt. »Ich denke, wir überprüfen das mit einen ganz bestimmten Test. Das Bäumchen möchte ihn zu gern machen, es hat schon so lange darauf gewartet!«

Die beiden ließen sich aufs Bett fallen. Nach langer Zeit konnten sie endlich wieder zusammen sein. In der Zeit, als Anneliese so sehr von den Schmerzen geplagt wurde, hatten sie daran gar nicht zu denken gewagt. Nun waren die Schmerzen verschwunden, und niemand würde sie stören.

Sie genossen ihr Zusammensein so sehr, dass sie keinen Gedanken an eine Verhütung verschwendeten. Das Bäumchen und das Grübchen blieben von jeglicher Aufpasserei verschont.

»Na, wie war der Test?« neckte Anneliese ihren Mann.

»Der Test war positiv, mit Bravour bestanden!« flachste Arndt zurück und küsste seine Frau.

Schon nach kurzer Zeit merkte Anneliese, dass auch eine andere Sache positiv ausfiel:

Sie war wieder schwanger. Ihre Regel blieb aus, und die typischen Anzeichen für eine Schwangerschaft traten ein und ließen keinen Zweifel an ihrem Zustand aufkommen.

Anneliese war entsetzt, sie konnte es nicht fassen. Das durfte nicht wahr sein! Nicht schon wieder ein Kind! Nicht jetzt!

Wie abwesend bewegte sie sich bei ihrer täglichen Arbeit, dabei schwirrte ihr der Kopf, wenn sie an die Zukunft dachte:

Ein drittes Kind in dieser Situation! Dann wären sie zu fünft! Wo sollte man das Kind denn überhaupt unterbringen in dem einen kleinen Zimmer?! Wie würde sie eine erneute Schwangerschaft überstehen? Wovon sollten sie leben? Was würde Arndt sagen? Würde sein Gehalt ausreichen? Was würde ihre Schwiegermutter sagen?

Anneliese konnte keinen klaren Gedanken fassen. Noch hatte sie ihre Vermutung für sich behalten. Aber Arndt sah ihr an, dass irgend etwas nicht stimmte.

»Was ist los, mein Herzel? Du siehst so bedrückt aus. Stimmt etwas nicht? Komm her und erzähle es mir.«

Anneliese redete nicht lange um die Sache herum:

»Ich bin wieder schwanger, Arndt. Meine Regel ist ausgeblieben.«

Nun war es heraus.

Arndt war alles andere als begeistert. Damit hatte er nicht gerechnet. Aber er sah, wie verzweifelt seine Frau war. Sie würde ja bei einer erneuten Schwangerschaft die Hauptlast tragen müssen, im wahrsten Sinne des Wortes. Deshalb legte er seinen Arm um Anneliese und tröstete sie: »Wir werden eine Lösung finden, mein Herz! Lass den Kopf nicht hängen! Wir werden alles in Ruhe überlegen.«

Während Arndt aus Rücksicht auf seine Frau noch recht verhalten reagierte, ließ Mutti ihrem Entsetzen freien Lauf. Sie machte ihrer Schwiegertochter schwere Vorhaltungen:

Schon wieder ein Kind! Musste das schon wieder sein?! Konnte man sich nicht ein bisschen beherrschen?! Wo sollte dieses zügellose Vermehren denn noch hinführen! Hätte sie nicht wenigstens aufpassen können?!

Da reichte es Anneliese. Diese Vorwürfe wollte sie sich nicht gefallen lassen.

»Warum erzählst du *mir* das alles?« fuhr sie ihre Schwiegermutter an. »Erzähl das mal deinem Sohn! Gib mal lieber deinem Sohn Bescheid! Du weißt ja sicher, dass ich die Kinder schließlich nicht alleine machen kann!«

Mutti blickte zornig vor sich hin, sagte aber nichts mehr. Vorläufig jedenfalls. Anneliese schwieg auch. Sie wollte den Streit nicht ausweiten und womöglich ein richtiges Zerwürfnis hervorrufen. Es hatte ihr aber trotzdem gut getan, der Schwiegermutter deutlich ihre Meinung zu sagen, und die Vorwürfe nicht auf sich sitzen zu lassen.

Aber ihr Problem war damit nicht gelöst.

In den folgenden Tagen führten Arndt und Anneliese lange Gespräche. Schließlich waren sie sich einig:

Die Schwangerschaft sollte abgebrochen werden, Anneliese sollte das Kind nicht austragen.

Mutti war erleichtert, als sie von dem Entschluss hörte:

»Das ist das einzig Vernünftige, was ihr machen könnt,« kommentierte sie die Entscheidung der beiden Eheleute. Sie fragte nicht danach, ob ihnen der Entschluss vielleicht schwer gefallen war. Hauptsache, es würde kein drittes Kind geben.

Nun musste man einen Arzt finden, der bereit war, die Schwangerschaft abzubrechen. Das war gar nicht so einfach.

Wie der Arzt gefunden wurde, von wem Anneliese Namen und Adresse erhielt, ist nicht bekannt. Darüber schwieg Anneliese, sie hat es nie jemandem erzählt, auch Jahre später nicht.

Man könnte höchstens Vermutungen darüber anstellen, wer ihr die Adresse vermittelt haben könnte. Fest steht, dass sie einen Arzt fand, der bereit war, ihr zu helfen, das Kind nicht austragen zu müssen.

Der Arzt sah, in welcher Notlage sich Anneliese befand. Sie war körperlich noch sehr geschwächt von den drei Schwangerschaften. Das Hüftleiden mit den ständigen Rückenschmerzen hatte ihr auch sehr zugesetzt. Und wie sollte ein weiteres Kind in den beengten Verhältnissen aufwachsen! In dem einen Zimmer, in dem man nicht einmal richtig kochen konnte!

Der Arzt reagierte sehr verständnisvoll.

Als Termin für die Abtreibung wurde einer der nächsten Tage vereinbart. Je eher der Eingriff stattfand, um so einfacher würde alles verlaufen. Wartete man zu lange, würde der Eingriff schwieriger werden.

Anneliese bedankte sich und verließ die Praxis.

Sie war erleichtert. Ihr Problem schien gelöst zu sein. Trotzdem fühlte sie sich irgendwie bedrückt.

»Glaub mir, mein Herzel, es ist im Moment die beste Lösung«, meinte Arndt, als er von dem Termin für die Abtreibung erfuhr.

Muttis Kommentar war weniger feinfühlig:

»Etwas anderes sollte auch gar nicht in Frage kommen! Das ist die einzig vernünftige Lösung, das sagte ich ja schon. Ein drittes Kind! Das wäre der reinste Wahnsinn! Das kann man doch gar nicht in Erwägung ziehen!«

Arndts Mutter versprach, auf die beiden Mädchen aufzupassen, wenn Anneliese ihren Arzttermin hatte.

In der Nacht vor dem Termin konnte Anneliese kaum schlafen. Eigentlich hätte sie ganz beruhigt sein können. Ihr Problem würde gelöst werden, sie müsste sich keine Sorgen wegen des dritten Kindes machen. Eigentlich müsste ihr vor Erleichterung ein Stein von der Seele fallen. Aber sie war seltsam unruhig. Ihr gingen viele Gedanken durch den Kopf.

Am nächsten Morgen erschien ihre Schwiegermutter sehr früh, noch vor der verabredeten Zeit. Das passte Anneliese recht gut. So konnte sie auch früher als geplant das Haus verlassen und noch ein wenig an der frischen Luft spazieren gehen. Sie brauchte jetzt etwas Zeit für sich. Sie musste noch einmal alles überdenken und sich über einiges klar werden, allein und in Ruhe. Das spürte sie ganz deutlich.

Wenn sie an die bevorstehende Abtreibung dachte, kamen ihr große Zweifel, ob ihre Entscheidung wirklich richtig war.

Das Kind in ihr lebte, es würde ungefähr zum selben Zeitpunkt im September geboren werden, so wie damals Hanns-Jörn.

Und wenn es wieder ein Söhnchen war, wie ihr Erstgeborener?

Nein, dachte sie, ich kann es nicht machen. Ein Kind habe ich verloren, Gott hat es mir genommen. Jetzt schickt er mir wieder ein Kind, vielleicht ein neues Söhnchen, so eines wie Hanns-Jörn. Und dieses Kind will ich umbringen, denn etwas anderes ist diese Abtreibung ja nicht.

Sie sah ihren kleinen Hanns-Jörn vor sich, wie er tot und mit gebrochenen Beinchen in den Sarg gezwängt werden musste. Die Erinnerung schmerzte wie am ersten Tag.

Und nun sollte wieder eines ihrer Kinder sterben, dieses Mal sogar durch ihren Willen.

Zwei tote Kinder! Nein, das konnte sie nicht zulassen!

Ihr Entschluss stand fest, sie wusste, was sie machen würde:

Sie würde dieses Kind nicht abtreiben lassen. Irgendwie würde sie es schaffen, das Kind auszutragen und großzuziehen.

Trotz aller Schwierigkeiten.

Hanns-Jörn war tot, daran ließ sich nichts mehr ändern. Aber wenn sie diesem Kind nicht die Möglichkeit zum Leben gab, würde sie sich ständig fragen:

Was wäre gewesen, wenn ... Was hätte mein Kind alles getan ... Wie hätte es ausgesehen... Was würde es jetzt wohl tun ...Wäre es ein Junge geworden? Oder ein Mädchen?

Ständig hätte sie diese Fragen mit sich herumgetragen und sich Vorwürfe gemacht.

Hanns-Jörn war ihr genommen worden, das hatte nicht in ihrer Hand gelegen. Aber für den Tod dieses Kindes wäre sie verantwortlich gewesen. Diesen Gedanken hätte sie nicht ertragen, sie hätte keine Ruhe gefunden.

Wie verabredet klopfte sie bei dem Arzt an die Tür. Er öffnete ihr und bat sie herein. Sie sagte ihm, dass sie sich entschlossen hatte, das Kind nicht abtreiben zu lassen.

Der Arzt drücke ihr die Hand:
»Frau Heinrich, ich beglückwünsche Sie zu Ihrem Entschluss. Sie werden sehen, dass es richtig war, sich so zu entscheiden. Es wird nicht einfach für Sie werden, das ist klar. Aber ich bin mir sicher, dass sie an diesem Kind einmal Ihre ganz besondere Freude haben werden. Die Zeiten werden sich bessern, und dann wird es für Sie und für Ihre Familie auch einfacher werden. Ich wünsche Ihnen und ganz besonders diesem Kind alles erdenklich Gute.«

Anneliese dankte dem Arzt für seine Worte und machte sich auf den Heimweg.

Die kommenden Monate würden nicht einfach werden, das wusste sie. Die erste Schwierigkeit stand ihr schon in wenigen Minuten bevor. Sie musste Arndt und ihrer Schwiegermutter mitteilen, dass sie ihre Meinung geändert hatte.

Wie würden die beiden reagieren? Sie wusste, dass sie bei ihrer Schwiegermutter nicht mit Verständnis rechnen konnte.

So war es dann auch.

Mutti, die auf die beiden Mädchen aufgepasst hatte, war mehr als entsetzt:

Wie konnte man diese Möglichkeit nicht nutzen! Wie konnte man nur so verbohrt und uneinsichtig sein!

Sie machte ihrer Schwiegertochter die heftigsten Vorwürfe. Anneliese wandte sich ab, sie antwortete nicht auf die lautstarken Schimpf-Tiraden ihrer Schwiegermutter und ließ alles erst einmal an sich abgleiten. Irgendwann würde sich Mutti beruhigen, auch wenn es im Augenblick nicht danach aussah.

Ihre Schwiegermutter war außer sich.

Da öffnete sich die Tür, und Arndt trat ins Zimmer.
»Was ist denn hier los? Was soll denn das laute Spektakel?«
Arndt blickte fragend zu den beiden Frauen. Bevor seine Mutter etwas sagen konnte, ging Anneliese zu ihm hin, umfasste seinen Arm und lehnte ihren Kopf an seine Schulter.
»Ich werde das Kind bekommen. Die Abtreibung habe ich abgesagt. Ich konnte es einfach nicht machen lassen. Es ging nicht! Ich hätte damit nicht leben können.«
Arndt zog seine Frau an sich und strich ihr über das Haar.
»Ich verstehe dich, mein Herzel. Es ist alles gut so. Wir werden das schon schaffen. Wo Viere satt werden, werden auch Fünfe satt.«
Dann wandte er sich an seine Mutter:
»Mutti, du wirst unsere Entscheidung akzeptieren müssen. Das ist nicht nur Annelieses Entscheidung, sondern jetzt auch meine. Es wird nicht einfach werden, das weiß ich. Aber verschone uns bitte mit Vorwürfen. Ich habe meine Freude daran, wenn ich sehe, wie die Kleinen aufwachsen und wie sie sich weiterentwickeln. Das bringt mir so viel Spaß und macht mich glücklich. So solltest du das auch sehen. Mach uns bitte keine Vorhaltungen mehr! Und habe Achtung vor unserer Entscheidung!«
Vor Arndts Worten hatte Mutti offensichtlich Respekt. Sie gab keine Widerworte, zuckte nur mit den Schultern und meinte:
»Na gut.«
Ganz ohne zusätzlichen Kommentar mochte sich Mutti aber doch nicht geschlagen geben:
»Ihr müsst ja wissen, was ihr macht! Man kann schweigen, aber denken kann man, was man will!«
Darauf ging Arndt nicht ein.
»Wir sind dir natürlich für deine Hilfe immer sehr dankbar. Gerade jetzt würden wir glücklich sein, wenn du auch weiterhin kommst. Das wäre für Anneliese eine große Entlastung.«
»Natürlich mache ich das,« war Muttis knappe Entgegnung
An diesem Tag verabschiedete sie sich rasch und ging früh nach Hause.

Am nächsten Tag kam sie wie üblich, um Anneliese einige Arbeiten abzunehmen. Auch in den folgenden Wochen erschien sie wie verabredet. Sie hielt sich an ihr Versprechen, sagte nichts zu Annelieses erneuter Schwangerschaft und verkniff sich kritische Bemerkungen. Aber ihre Augen sprachen Bände. So manches Mal blickte sie missbilligend auf den Babybauch, der bald nicht mehr zu übersehen war, dann holte sie tief Luft und seufzte vernehmlich.

Anneliese ließ sich von solchen Mätzchen nicht irritieren. Sie stand über den Dingen und tat so, als würde sie die Anspielungen ihrer Schwiegermutter nicht bemerken.

Aber wenn Arndt von der Arbeit kam, erzählte ihm Anneliese davon, dass Mutti ihr Missfallen wieder deutlich gemacht hatte:

»Stell dir vor, Mutti hat wieder einmal ihre »Augenpfeile« auf meinen Babybauch abgeschossen. Dabei hat sie so laut geseufzt, dass sie einem richtig leid tun konnte. Beinahe hätte ich sie gefragt, ob ich ihr helfen könnte. Aber dann habe ich lieber so getan, als hätte ich nichts bemerkt.«

»Das hast du richtig gemacht, mein Herzel,« lachte Arndt und drückte seine Frau an sich. »Es bringt ja nichts, mit Mutti zu streiten. Lass sie seufzen, so laut sie will, und lass ihre Seufzer und Augenpfeile einfach an dir abprallen! Immerhin hält sie sich an ihr Versprechen, nichts Negatives zu dem dritten Kind zu sagen. Pass auf, wir schaffen das alles. Das hat mir mein guter Stern verraten.«

Anneliese war ihrem Arndt dankbar für sein Verständnis und für seinen Optimismus. Er hatte seinen guten Stern, der über ihn und über seine Familie wachte, und sie hatte ihr sonniges, fröhliches Gemüt, das sie immer positiv in die Zukunft schauen ließ.

Sie waren ein gutes Team, sie gaben sich gegenseitig Kraft. Gemeinsam würden sie mit allen Schwierigkeiten fertig werden.

Arndts Bruder Günter arbeitete wieder in seinem Beruf als Lehrer. Er war Mitglied bei der neu entstandenen Lehrer-Baugenossenschaft, und er riet seinem Bruder, ebenfalls in die Genossenschaft einzutreten und Anteile zu kaufen, auch wenn er kein Lehrer war. Die Genossenschaft hatte nämlich begonnen, in Hamm die ersten Häuser zu bauen. Die Wohnungen würden an Mitglieder der Genossenschaft vermietet werden.

Das war eine Chance, aus dem Zimmer bei Roderichs herauszukommen und in eine eigene Wohnung zu ziehen.

So wurde Arndt Mitglied in der Genossenschaft.

Nun hatte Annelieses Schwangerschaft doch noch etwas Gutes: Denn weil das dritte Kind unterwegs war, erhielten Heinrichs einen Dringlichkeits-Schein. Ihnen wurde eine Wohnung zum Ende des Jahres 1949 zugesagt. Das war ein richtiger Lichtblick, darauf freuten sich alle.

Das dritte Kind wurde am Freitag, dem 23.9.1949, um 6.05 Uhr, geboren.

Anneliese war fest davon überzeugt, dieses Mal einen Sohn zu bekommen. Er sollte Carsten heißen.

Die Geburt war wieder sehr schwer, schwerer als die voran gegangenen Geburten. Das Baby war noch größer als seine Geschwister bei ihrer Geburt gewesen waren. Die Hebamme vermutete sogar, dass Zwillinge geboren würden.

Die Geburt kam ins Stocken, denn das Baby hing im Geburtskanal fest. Anneliese ging es richtig schlecht. Sie musste einiges aushalten. Als dann eine Zeitlang keine Herztöne von dem Baby zu hören waren, war die Sorge groß.

Endlich kam das Baby zur Welt, blau und ohne jegliches Lebenszeichen. Es war ein ungewöhnlich großes Baby, 59 cm lang und 10 Pfund schwer.

Zu Annelieses großer Enttäuschung war es wieder ein Mädchen. Sie hatte ganz fest mit einem Stammhalter gerechnet, statt dessen bekam sie ein drittes Mädchen.

Wie sollte sie Arndt unter die Augen treten und ihm schon wieder ein Mädchen präsentieren?!

Sie dachte plötzlich an die Zeit, in der sie damals als junge Krankenschwester auf der Entbindungs-Station Dienst getan hatte. Wie oft hatte sie die Mütter trösten müssen, wenn sie keinen Stammhalter geboren hatten, sondern nur ein Mädchen. Nun durchlebte sie selbst so eine Situation.

Aber sie schob den Gedanken daran schnell beiseite; denn jetzt gab es erst einmal ein ganz anderes Problem: Das Neugeborene wollte nicht atmen.

Anneliese sah, wie die Hebamme und die Krankenschwestern um das kleine Mädchen kämpften. Da vergaß sie ihre Enttäuschung und zitterte um das Leben der Kleinen. Sie wollte unbedingt, dass ihre Tochter den Schritt ins Leben schaffte.

Die Hebamme gab nicht auf, und endlich begann das kleine Mädchen zu atmen und stieß die ersten zaghaften Schreie aus. Nun war es geschafft! Das Baby atmete und lebte.

Glücklich nahm Anneliese ihre neugeborene Tochter in den Arm.

Später kam Arndt ins Krankenhaus, um zu sehen, wie es seiner Frau und dem Neugeborenen ging. Anneliese war etwas unsicher, weil sie nicht wusste, wie Arndt auf eine dritte Tochter reagieren würde.

Aber zu ihrer Überraschung war Arndt ganz begeistert. Er gratulierte ihr zu dem Baby, gab ihr einen Kuss und sagte:

»Das hast du großartig gemacht!«

Die kleine Tochter bekam den Namen »Annegret«: »Anne« von ihrer Mutter Anneliese, »Gret« von der Großmutter Margarete. Ihr zweiter Name war »Marie-Louise«; das war der Vorname von Arndts Mutter.

Die Namensgebung war Arndts Idee gewesen. Er hoffte, seiner Mutter damit eine Freude zu machen und sie dem Neugeborenen gegenüber versöhnlich zu stimmen. Anneliese hätte ihre Tochter gerne Corinna genannt, aber Arndt zu Liebe stimmte sie seinem Vorschlag zu. Annegret klang ja auch sehr schön.

Nachdem Anneliese mit ihrem Baby zwei Wochen im Krankenhaus verbracht hatte, wurde sie nach Hause entlassen. Sie freute sich schon darauf, ihre beiden Töchter wiederzusehen. Helga war drei Jahre alt, Jutta war zwei Jahre alt. Die Schwiegermutter hatte die Mädchen während Annelieses Abwesenheit zu sich genommen und betreut.

Was würden die beiden wohl zu dem neuen Schwesterchen sagen?

Als Anneliese ihre Mädchen erblickte, erschrak sie. Helga und Jutta machten keinen gesunden Eindruck. Sie waren sehr blass und husteten stark. Zwischen jedem Hustenanfall zogen sie mühsam die Luft ein und röchelten. Manchmal überkam sie ein Würgen, wenn sie zu heftig husten mussten.

Das sah überhaupt nicht gut aus. Anneliese ließ die Mädchen gar nicht erst an das Neugeborene heran. Sie vermutete, dass die beiden Keuchhusten hatten, die äußeren Anzeichen deuteten darauf hin. Ihre Schwiegermutter, in deren Obhut sich die Kinder befunden hatten, hatte von dem kritischen Zustand ihrer Enkelinnen nichts bemerkt. Das sagte sie jedenfalls.

Wie konnte man so etwas übersehen?! Anneliese mochte es nicht glauben.

Aber Vorwürfe nutzten jetzt niemandem etwas, es musste schnellsten gehandelt werden. Das kleine Neugeborene hatte keinen Schutz gegen den Keuchhusten, eine Ansteckung wäre lebensbedrohlich gewesen.

Frau Dr. Poppe kam umgehend und bestätigte Annelieses Verdacht: Helga und Jutta hatten Keuchhusten. Die Geschwister mussten sofort von dem Baby getrennt werden, die beiden erkrankten Kinder durften auf gar keinen Fall Kontakt zu dem neuen Schwesterchen haben.

Was sollte man tun?

Am einfachsten wäre es gewesen, wenn man die kleine Annegret wieder zurück ins Krankenhaus hätte bringen können. Aber kein Krankenhaus war bereit, ein einmal entlassenes Neugeborenes wieder aufzunehmen, obwohl Frau Dr. Poppe sich persönlich darum bemühte.

So waren damals die Bestimmungen.

Schweren Herzens musste sich Anneliese deshalb von ihren beiden großen Mädchen trennen. Helga und Jutta wurden in ein Krankenhaus eingeliefert. Dort brachte man sie auf einer Isolierstation unter. Bis zur völligen Ausheilung des Keuchhustens würden sie im Krankenhaus bleiben. Nur so konnte die kleine Annegret vor einer Ansteckung geschützt werden.

So oft es ging, besuchte Anneliese ihre Kinder. Ein direkter Kontakt war ihr natürlich nicht erlaubt, sie sah ihre Mädchen nur durch eine Glasscheibe hindurch.

Sie winkte ihnen zu, und Helga winkte immer begeistert zurück. Aber Jutta benahm sich von Mal zu Mal merkwürdiger, sie wirkte immer bedrückter. Sie schien sich nicht zu freuen, wenn sie ihre Mutter sah. Eines Tages begann sie, ihr Gesicht unter ihrem Rock zu verstecken, sobald Anneliese an der Fensterscheibe erschien. Sie blickte nicht mehr auf und sah ihre Mutter nicht an.

Anneliese war sehr beunruhigt. Sie konnte sich Juttas Verhalten nicht erklären, und akzeptieren konnte sie es überhaupt nicht. Mit Jutta stimmte etwas nicht.

Es gab damals in den Krankenhäusern strenge Vorschriften, die den Besuchern, auch den Eltern, den direkten Kontakt zu dem Pflegepersonal untersagten.

Aber Anneliese sah, dass Jutta an irgend etwas litt. Ihr Benehmen war nicht normal. Das war nicht mehr ihre fröhliche, lebhafte Tochter. Sie musste die Ursache für Juttas Verhalten finden und dem Kind helfen.

Deshalb setzte sich Anneliese über alle Verbote hinweg und verschaffte sich Zugang zu den Personen, die ihr Informationen geben konnten. So bekam sie heraus, warum sich Jutta so merkwürdig verhielt.

Anneliese hatte immer sehr viel Wert darauf gelegt, dass ihre Kinder früh sauber wurden und verlässlich aufs Töpfchen gingen. Nach einem erfolgreichen Geschäft hatte sie die beiden jedes Mal sehr gelobt.

Nun erfuhr sie, dass man im Krankenhaus keine Lust oder keine Zeit hatte, um der kleinen Jutta beim Gang aufs Töpfchen zu helfen. Die Mühe wollte sich niemand machen. Statt dessen bekam Jutta eine Windel umgebunden. Sie musste in die Windel machen. Darüber schämte sich die Kleine entsetzlich. Sie mochte ihrer Mutter nicht mehr in die Augen sehen und versteckte ihr Gesicht unter ihrem Rock.

Als Anneliese den Grund für Juttas Verhalten erfahren hatte, bestand sie darauf, dass ihre Tochter nicht mehr gewindelt werden sollte. Statt dessen sollte sie zu bestimmten Zeiten auf das Töpfchen gesetzt werden. Die etwas ältere Helga machte das schon selbständig.

Nachdem Jutta keine Windeln mehr bekam, lernte sie ganz schnell wieder, das Töpfchen zu benutzen. Sie blühte förmlich auf und benahm sich wieder so fröhlich wie früher. Gemeinsam winkten Helga und Jutta ihrer Mutter zu, wenn diese an dem Besucherfenster erschien.

Es war für Anneliese jedes Mal eine große Erleichterung, wenn sie sah, dass ihre Mädchen munter und wohlbehalten waren. So konnte sie beruhigt nach Hause fahren.

Es dauerte einige Wochen, bis die beiden Mädchen entlassen werden konnten; denn der Keuchhusten musste völlig ausgeheilt sein.

Obwohl Anneliese ihre Mädchen vermisste, war es doch eine gewisse Erleichterung, erst einmal nur für das neugeborene Baby sorgen zu müssen.

Als Helga und Jutta dann zurückkamen, wurde es wieder deutlich enger in dem einen Zimmer. Arndt und Anneliese holten ihre Töchter ab. Die beiden Mädchen waren glücklich, dass sie nach all den Wochen wieder nach Hause kamen.

Arndts Mutter hatte zur Begrüßung einen Kuchen gebacken. Darüber freuten sich die Mädchen natürlich sehr. Aber noch interessanter fanden sie ihr neues Schwesterchen, das sie jetzt kennenlernen konnten. Sie durften die Kleine auf den Arm nehmen und trugen sie vorsichtig hin und her.

»Sie ist wie ein Baby-Püppchen, aber sie ist größer, und sie ist richtig lebendig«, freute sich Helga.

Anneliese und Arndt mit Helga

Helga, Jutta und Annegret, die drei Heinrich-Mädchen

Arndt bei der Büroarbeit

Das Leben normalisiert sich – Es geht aufwärts!

Kurz vor Weihnachten, im Dezember 1949, war es endlich so weit: Die Zwei-Zimmer-Wohnung im Stadtteil Hamburg-Hamm war bezugsfertig. Der Umzug in den Perthesweg konnte stattfinden.

Nun konnten Heinrichs das kleine Zimmer in der Roderich-Villa verlassen und in eine eigene Wohnung ziehen. Zwei Zimmer mit Küche und Bad, das war schon ein richtiger Luxus, verglichen mit dem einen Zimmer, in dem sie zuletzt mit fünf Personen gewohnt hatten.

Es gab zwar noch nicht für alle Wohnungen die Gasherde, die zur Ausstattung gehörten, aber Heinrichs hatten ja noch den kleinen Gaskocher aus der Richardstraße. Er hatte den Umzug in die neue Wohnung mitgemacht, und nun machte er sich wieder nützlich.

Nur wenn Anneliese etwas backen wollte, oder wenn sie einen Festtagsbraten plante, musste sie sich auf den Weg zum Gemeinschafts-Backofen machen. Dazu musste sie von ihrer Wohnung in der zweiten Etage in den Keller gehen, dort mehrere Türen öffnen und wieder schließen, um endlich durch einen langen Gang zu dem Raum mit dem Backofen zu gelangen.

Das war jedes Mal sehr beschwerlich, besonders wenn man bedenkt, dass sie dabei noch die heiße gusseiserne Pfanne transportieren musste. Helga und Jutta begleiteten sie dabei gerne und liefen neben ihr her.

Im März 1950 hatte diese Plackerei aber ein Ende; denn endlich bekam Anneliese den lange ersehnten eigenen Gasherd mit Backofen.

Arndt und Anneliese hatten zwei Klappbetten erstanden, die tagsüber hoch geklappt wurden. So konnten sie ein Zimmer als Wohn-Schlaf-Esszimmer nutzen. Die Kinder bekamen das zweite Zimmer, jedes Kind hatte sein eigenes Bett. Wenn die kleine Annegret schlafen sollte, schob man sie ins Badezimmer. Dort wurde sie nicht von ihren spielenden Schwestern gestört und hatte ihre Ruhe.

Zum Einkaufen nahm Anneliese ihre beiden großen Mädchen mit. Das

Baby blieb in der Wohnung, da es zu mühsam war, den Kinderwagen von der zweiten Etage hinabzutragen. Bei ihrer Rückkehr hätte sie den Wagen zusammen mit ihren Einkäufen wieder hinauf bugsieren müssen. Das hätte viel Kraft und Zeit gekostet. Deshalb wurde die kleine Annegret während der Wintermonate und bei schlechtem Wetter selten nach draußen gebracht.

Nach und nach wurden die Wohnungen in den Neubauten bezogen, und man lernte die Nachbarn kennen. Zu dem Wohnungskomplex gehörte ein Innenhof, in dem alle Kinder spielen konnten. Helga und Jutta hielten sich dort oft auf und spielten mit den Nachbarkindern.

Erst im Frühsommer bemerkten die Nachbarn, dass es bei Familie Heinrich noch ein drittes Mädchen gab. Vorher hatten sie die kleine Annegret gar nicht gesehen, weil sie meistens in der Wohnung geblieben war.

Natürlich wusste Anneliese, dass das Baby auch an die frische Luft gebracht werden musste. Deshalb hatte sie im Frühsommer die 16jährige Nachbarstochter Jule engagiert, sie sollte die Kleine im Kinderwagen spazieren fahren. So kam das Kind nach draußen an die frische Luft und hielt sich nicht nur in der Wohnung auf.

Jule übernahm diese Aufgabe gerne. Sie kam nachmittags, wenn der Unterricht vorüber war, und verdiente sich noch ein bisschen Taschengeld hinzu, indem sie das Baby ausfuhr. Meistens nahm sie den Weg durch den Hammer Park, denn ansonsten waren kilometerweit nur Trümmerlandschaften zu sehen. Hamm war im Krieg stark bombardiert worden, und das Aufräumen und der Wiederaufbau gingen hier anfangs nur schleppend voran. Die Zeichen des Krieges waren noch lange zu sehen.

Für die Betreuung von Helga und Jutta vermittelte Frau Dr. Poppe ein 19jähriges Mädchen, das mehrmals in der Woche erschien und sich um die beiden älteren Schwestern kümmerte. Das Mädchen hieß Gisela und wollte gern ein Praktikum in einer Familie mit kleinen Kindern machen. Da war sie bei den Heinrichs genau richtig.

Es war eine große Entlastung für Anneliese, wenn Jule und Gisela ihr bei der Betreuung der Kinder halfen; natürlich wurden sie für ihre Arbeit entlohnt.

Gisela hatte keine Eltern mehr, zumindest hatte sie keinen Kontakt zu ihnen. Sie wusste nicht, wo sich ihre Eltern befanden, oder ob sie überhaupt noch lebten. Das erinnerte Anneliese an ihre jungen Jahre, als sie selbst ohne ihre Mutter und ohne eine richtige Familie aufgewachsen war. Sie konnte nachempfinden, wie Gisela zumute sein musste, wenn sie so ganz auf sich allein gestellt war, ohne die Hilfe ihrer Eltern oder anderer Verwandten.

Viele Menschen hatten damals ein ähnliches Schicksal erlitten; ihre Familien waren durch die Flucht oder durch die Kriegsereignisse auseinander gerissen worden. Sie wussten nichts über den Verbleib ihrer Angehörigen und machten sich große Sorgen. Diese Ungewissheit war sehr bedrückend und belastend. Oft dauerte es Jahre, bis Familien wieder zueinander fanden. Besonders viele Kinder waren in den Wirren der Flucht von ihren Familien getrennt worden.

Der Suchdienst des Deutschen Roten Kreuzes sammelte Informationen über den Verbleib verloren gegangener Menschen. Nach Kriegsende wurden noch jahrelang Suchaktionen und Nachforschungen nach vermissten Soldaten und nach verschollenen Privatpersonen durchgeführt. So konnte manches Schicksal doch noch geklärt werden.

Anneliese freute sich jedes Mal, wenn Gisela kam. Sie sah, wie engagiert und wie fröhlich sie mit den beiden Mädchen umging. Auch die Kinder freuten sich, wenn Gisela sich um sie kümmerte. Das gefiel Anneliese. Schon bald gehörte Gisela zur Familie, und sie wurde von den Heinrichs wie ein Familienmitglied behandelt.

Arndt und Anneliese waren glücklich in ihrer neuen Wohnung. Endlich wohnten sie nicht mehr so beengt wie in dem einen Zimmer bei Roderichs. Sie luden Freunde ein und waren ausgesprochen gesellig und gastfreundlich. Alle vierzehn Tage spielten sie mit Günter und Aline Doppelkopf, ebenso mit Charly und Oda. Charly war einer von Arndts alten Hockey-Freunden von Horn Hamm. Nach dem Krieg spielte er aber kaum noch Hockey. Arndt und Anneliese verstanden sich richtig gut mit Oda und Charly, sie mochten die beiden sehr gern. So entstand zwischen den Ehepaaren eine lebenslange Freundschaft.

Das gesellige Leben mit den kleinen oder großen Feiern beschränkte sich nicht nur auf die Welt der Erwachsenen. Anneliese sorgte dafür, dass es auch für die kleinen Leute, für die Kinder, etwas zum Feiern gab. Sie organisierte Kinderfeste und sorgte für Spaß und Abwechslung. Zur Faschingsfeier lud sie sämtliche Nachbarskinder ein. Natürlich wurde jedes Kind auch richtig verkleidet. Das war immer ein großes Ereignis für alle Kinder.

Noch Jahre später erzählten die Nachbarskinder von den schönen Feiern bei Familie Heinrich.

Da Helga und Jutta oft mit vielen Kindern im Innenhof spielten, brachten sie sämtliche Kinderkrankheiten mit nach Hause, die in der Nachbarschaft grassierten.

Es blieb nicht aus, dass sich die Geschwister gegenseitig ansteckten. Anneliese hatte viel zu tun, wenn die drei Mädchen krank waren.

Besonders heftig musste die kleine Annegret unter den Kinderkrankheiten leiden. Sie war ja noch so jung und hatte nur wenige Abwehrkräfte. Alle waren in großer Sorge um die Kleine, wenn sie krank war. An ihrem Bett wurde immer Wache gehalten.

Sogar die Schwiegermutter wachte an Annegrets Bettchen, obwohl sie insgeheim immer noch darüber grollte, dass dieses dritte Kind überhaupt geboren worden war. Das verzieh sie der Kleinen nie. Ihre Enkelinnen Jutta und Helga hatte sie in ihr Herz geschlossen, aber zu ihrer jüngsten Enkelin wollte ihr eine liebevolle Zuneigung nicht so recht gelingen. Irgend etwas sperrte sich in ihr, das kleine Wesen mit der gleichen Liebe zu akzeptieren, die sie für Helga und Jutta empfand.

Trotzdem war es für sie selbstverständlich, ihre Schwiegertochter bei der Pflege des kranken Kindes zu unterstützen.

Wenn die Heinrich-Kinder krank waren, stand Frau Dr. Poppe stets bereit, um zu helfen. Oft kam sie in einer Notlage angeeilt, oft ging es ab zu ihr in die Praxis. In all den Jahren war sie Anneliese eine große Hilfe.

Da ungewöhnlich viele Fälle von Tuberkulose aufgetreten waren, riet Frau Dr. Poppe dazu, die Kinder dagegen impfen zu lassen. Anneliese befolgte ihren Rat. Helga und Jutta überstanden die Impfung trotz einiger negativer Auswirkungen ganz gut. Aber die kleine Annegret war wohl noch zu jung für die Impfung gewesen. Sie erkrankte schwer. Man stellte eine TBC fest, die höchstwahrscheinlich durch die Impfung ausgelöst worden war.

Anneliese war außer sich vor Sorge. Sie machte sich schwere Vorwürfe, weil sie ihre Jüngste hatte impfen lassen. Es dauerte lange, bis die kleine Annegret das Schlimmste überstanden hatte und sich auf dem Weg der Besserung befand.

Der Schrecken über die negativen Auswirkungen der Impfung saß tief. Noch Jahrzehnte später riet Anneliese ihrer Tochter dringend davon ab, ihren Sohn impfen zu lassen. Sie befürchtete, dass ihr Enkel genau so schwer erkranken würde wie damals ihre jüngste Tochter.

Für Frau Dr. Poppe stand fest, dass das jüngste Heinrich-Kind viel mehr Zeit an der frischen Luft verbringen musste, um die Abwehrkräfte zu stärken. Ein kurzer Spaziergang am Tag war längst nicht ausreichend. Das bestätigte sie in einem ausführlichen Bericht.

Daraufhin erhielt die Familie Heinrichs erneut einen Dringlichkeits-Schein. So bald wie möglich sollte die Famile eine größere Wohnung mit Balkon bekommen, damit das geschwächte Kind auf dem Balkon an der frischen Luft liegen konnte.

Im Frühjahr 1951 fand dann der Umzug statt. Heinrichs zogen um in den Horner Weg. Die neue Wohnung hatte zwei große Zimmer, zwei halbe Zimmer, Küche und Bad. Aber das Schönste war, es gab zwei Balkons. Nun konnte Anneliese ihre Jüngste jederzeit an die frische Luft stellen.

Das Leben in der geräumigen Wohnung war für die fünfköpfige Familie sehr angenehm. Die Zwei-Zimmer-Wohnung war schon eine große Verbesserung gewesen, aber die neue Wohnung bot für alle noch mehr Platz und Lebensraum.

Natürlich hatte Anneliese alle Hände voll zu tun, um ihre große Familie zu versorgen. Deshalb bekam sie zwei Mal in der Woche Hilfe von ihrer Schwiegermutter. Arndts Mutter erschien jeden Mittwoch und jeden Sonntag, um Anneliese zu helfen. Das tat sie, solange sie lebte.

Die Hilfe wurde jedoch im Laufe der Jahre etwas einseitig, denn die alte Dame wollte immer nur bügeln, andere Hausarbeiten mochte sie nicht mehr so gern übernehmen. Die Wäsche musste jedes Mal bügelfertig gewaschen und getrocknet sein. Bei einem Fünf-Personen-Haushalt mit drei kleinen Kindern fiel immer eine große Menge Wäsche an.

Eine Waschmaschine gab es damals noch nicht, die Wäsche wurde in der Küche auf dem Herd gekocht. Anschließend musste sie noch mit der Hand auf dem Waschbrett bearbeitet werden. Das war immer ein recht anstrengendes Unterfangen.

Einerseits war Anneliese froh darüber, dass ihr die lästige Bügelei abgenommen wurde. Andererseits stand sie aber unter dem Druck, jeden Mittwoch und jeden Sonntag immer genug Bügelwäsche vorrätig zu haben, damit ihre Schwiegermutter ausreichend beschäftigt war. Anneliese wusste, dass ihre Schwiegermutter nur wenig Verständnis dafür gehabt hätte, wenn einmal nicht genügend Bügelwäsche bereit stehen würde. Also sorgte sie dafür, dass es immer ausreichend Wäsche zum Bügeln gab, denn sie wusste die Hilfe ihrer Schwiegermutter durchaus zu schätzen.

In den folgenden Jahren schritt der Wiederaufbau voran. Die zerstörten Häuserzeilen und die Trümmerlandschaften wurden nach und nach beseitigt, und an vielen Orten entstanden neue Häuser.

Die Lehrer-Baugenossenschaft ließ auch in Hamm noch weitere Häuser bauen. Wie man sich denken kann, wohnten hauptsächlich Lehrer mit ihren Familien in der großen Wohnanlage. Die Heinrichs gehörten zu den wenigen Ausnahmen.

Damals konnte sich kaum jemand ein Auto leisten. Deshalb ließ die Genossenschaft auch nur drei Garagen bauen. Eine davon konnte Arndt für sich mieten. Er gehörte zu den wenigen, die sich ein Auto angeschafft hatten. Der Weg zu seiner Arbeitsstelle war immer sehr umständlich und zeitraubend gewesen. Mit dem Auto ging jetzt alles schneller und einfacher.

Arndts erstes Auto war ein alter Wagen der Marke Adler. Das gute Stück war schon etwas in die Jahre gekommen und hatte seine Eigenheiten. Die Batterie befand sich unter der hinteren Sitzbank. Nach einer längeren Fahrt begann sie immer heftig zu qualmen.

An den Wochenenden machte Arndt gern eine Ausfahrt mit seiner Familie. Er ließ die Stadt hinter sich, und es ging ab »ins Grüne«. Seine Frau saß vorne neben ihm, die drei Mädchen auf der Rückbank.

»Vati, Vati, fahr mal schnell rechts ran, es geht wieder los! Es fängt an zu qualmen!« riefen die Kinder, sobald sich der erste Qualm bemerkbar machte.

Alle mussten schnell aus dem Auto springen, damit Arndt die Batterie unter der Sitzbank hervor ziehen konnte, um sie abzukühlen. Nach einer angemessenen Pause ging es dann weiter, bis die Batterie wieder zu qualmen begann. Arndt fuhr wieder rechts an die Seite, die Kinder sprangen aus dem Auto und sahen zu, wie ihr Vater die Batterie kühlte. Danach wurde die Fahrt fortgesetzt.

Arndt wusste natürlich, dass so eine qualmende Batterie kein Dauerzustand sein konnte. Der Schaden musste schnellstens behoben werden.

Für die Mädchen waren die Ausflüge mit dem Auto jedes Mal ein Riesenspaß, ob mit oder ohne qualmende Batterie. Sie waren ganz begeistert und voller Vorfreude, wenn ihr Vater die Autoschlüssel hoch hielt und mit ihnen klapperte. Dann wussten sie, es ging wieder los.

Ihre Großmutter wäre auch zu gerne einmal mitgefahren, aber für sie war kein Platz mehr im Auto. Denn den dritten Sitz auf der Rückbank nahm ihre jüngste Enkelin ein. Das war für Mutti wieder ein Grund mehr, dieses Kind nicht in ihr Herz zu schließen. Deshalb war Mutti von den sonntäglichen Ausfahrten der Familie gar nicht begeistert.

Auch wenn sie keine besondere Zuneigung zu der kleinen Annegret empfand, so muss man Mutti doch zugute halten, dass sie der Kleinen beistand, wenn ihr Unrecht geschah.

Als Anneliese eines Tages ihre Jüngste bestrafen wollte, weil sie glaubte, dass Annegret für ein Malheur verantwortlich war, griff Mutti ein. Sie hatte die Situation miterlebt und stellte den Sachverhalt klar. Nicht die kleine Annegret war die Schuldige gewesen, sondern Helga, Großmuttis Liebling. Was Recht war, musste in Muttis Augen auch Recht bleiben, ohne Ansehen der Person.

Mutti mochte es nicht leiden, wenn man sie »Oma« nannte. Sie bestand darauf, von ihren Enkelinnen mit »Großmutti« angeredet zu werden. Auch wenn sie sich um die Mädchen kümmerte, so bestand doch immer eine gewisse Distanz zu der Großmutti.

Die kleine Annegret spürte, dass es die liebe Großmutti besonders ihr gegenüber an spontaner Wärme und Herzlichkeit fehlen ließ. Zum Glück gab es eine ältere Nachbarin, die sich immer freundlich und liebevoll mit dem Kind beschäftigte. Für Annegret war sie »die Oma«. Zu ihr fühlte sie sich hingezogen, bei ihr fühlte sie sich wohl und geborgen. Ganz selbstverständlich redete sie die alte Nachbarin mit »Oma« an. Die alte Dame schien das gern zu hören.

Ab und zu verabredeten sich Heinrichs mit Charly und Oda zu den Ausflügen ins Grüne. Die beiden waren ebenfalls schon stolze Autobesitzer. Am Zielort angekommen, machte man es sich gemütlich. Dazu wurden die Sitze aus den Autos ausgebaut und um einen kleinen Tisch herum gestellt. Alle konnten bequem sitzen, und die Erwachsenen spielten Doppelkopf. Die Kinder erkundeten unterdessen die Umgebung und spielten in der Natur.

Der Besitz eines Autos war damals ein gewisser Luxus, selbst wenn es ein altes Auto war, das einige Schwachpunkte hatte. Irgendwann schaffte sich Arndt ein anderes Auto an, das auch bei längeren Fahrten nicht anfing zu qualmen oder andere Mängel aufwies. Aber vorläufig tat der Adler noch seinen Dienst, und Arndt kam gut mit dem alten Auto zurecht.

Er chauffierte seine Familie öfter zu Klärchen, die in Balje als Gemeindeschwester arbeitete. Bei Tante Klärchen im Gemeindehaus war genug Platz für Gäste. Anneliese und die Mädchen verlebten dort herrliche Urlaubstage. Sie wurden von Klärchen immer sehr herzlich aufgenommen und verwöhnt.

An den Wochenenden kam Arndt zu Besuch. Er und Klärchen kannten sich noch aus der Kriegszeit. Wie oft war Arndt gemeinsam mit Anneliese, Klärchen und Magda zu den Lazaretten an unterschiedliche Orte versetzt worden! Daran erinnerten sich alle immer wieder. Sie verstanden sich gut und freuten sich jedes Mal, wenn sie sich trafen.

Klärchen war 15 Jahre älter als Anneliese, aber trotz des Altersunterschiedes bestand zwischen den beiden Frauen eine enge Freundschaft und ein tiefes Verständnis für einander. Klärchen war für Anneliese wie eine ältere Schwester und wie eine mütterliche Freundin.

Zu Klärchens Arbeit in der Gemeinde gehörte auch die Betreuung einer todkranken Frau. Klärchen übernahm die Führung des Haushalts, so weit es ihr möglich war. Aber trotz aller Fürsorge verstarb die Frau. Der Witwer, Herr Beinsen, und Klärchen kamen sich danach näher und wurden ein Paar. Als sie 1956 heirateten, war Klärchen schon 59 Jahre alt, ihr Mann war zehn Jahre jünger. Später verließen beide den kleinen Ort Balje und zogen nach Achim.

Arndt und Anneliese verstanden sich auch mit Herrn Beinsen sehr gut. Beide Ehepaare waren miteinander befreundet. Beinsens hatten keine eigenen Kinder, aber sie mochten Kinder gern um sich haben. Zu den drei Heinrich-Mädchen waren sie immer ganz reizend, und die Mädchen liebten die Besuche bei den Beinsens.

Als Arndt und Anneliese eine Reise nach Frankreich planten, boten Beinsens an, die Kinder während der Abwesenheit ihrer Eltern zu betreuen. Es war für sie ganz selbstverständlich, ihren Freunden zu helfen. Außerdem freuten sie sich darauf, für die drei Mädchen einmal die Elternrolle zu übernehmen.

Jetzt, mehr als zehn Jahre nach dem Ende des schrecklichen Krieges, wollten Heinrichs zu gern noch einmal die Orte wiedersehen, mit denen sie so viele Erinnerungen verbanden. Schon seit langer Zeit verspürten beide, Anneliese und auch Arndt, den großen Wunsch, die alten Erinnerungs-Orte noch einmal aufzusuchen. Dort hatten sie sich ineinander verliebt und waren glücklich gewesen, trotz des Krieges. Damals begann ihr gemeinsames Leben, und sie wussten, dass sie zu einander gehörten.

Sie wollten allein fahren, ohne die Kinder. Dazu bot sich nun die Möglichkeit an, denn sie wussten, dass die Kinder bei Beinsens gut aufgehoben waren. Auch die Kinder freuten sich schon auf Tante Klärchen und auf ihren Mann.

So fuhren Beinsens zur Kinderbetreuung nach Hamburg, und Heinrichs traten ihre Frankreich-Reise an. Sie fuhren 14 Tage lang durchs Land und besuchten Cherbourg, La Rochelle und all die Orte, an denen sie während des Krieges eingesetzt gewesen waren.

Die Reise war zwar sehr interessant, aber die Eindrücke, die sie gewannen, waren mitunter auch schmerzlich. Vieles hatte sich verändert, und manche Orte erkannten sie nicht wieder.

Jetzt im Nachhinein, mit den Erfahrungen, die sie gemacht hatten, und mit den Erlebnissen, die der Krieg mit sich gebracht hatte, sahen sie ihre gemeinsame Zeit in Frankreich aus einem anderen Blickwinkel. Damals waren sie frisch verliebt und glücklich gewesen. Trotz der Kriegsereignisse lebten sie beide wie in einem sicheren Kokon, in den die schlimmen Ereignisse nicht eindringen konnten. Sie hatten ja sich und ihre Liebe. Alles andere konnte ihnen nichts anhaben. Sie glaubten fest an ihr Glück und an ihre gemeinsame Zukunft.

Nun hatten sie erlebt, wie schnell alles Glück zerbrechen konnte, und wie viel Zerstörung, Leid und Tod dieser Krieg gebracht hatte.

Die Orte, an denen sie so glückliche Zeiten verlebt hatten, riefen nicht nur schöne Erinnerungen wach. Den beiden wurden auch viele Erlebnisse wieder bewusst, die sehr schmerzlich gewesen waren, und die sie sehr nachdenklich und wehmütig stimmten.

Einerseits waren Arndt und Anneliese froh, diese Reise zu den wichtigen Orten in ihrem Leben gemacht zu haben; aber sie verspürten andererseits nicht das Bedürfnis zu einer weiteren Reise in die Vergangenheit. Sie reisten nie wieder dort hin.

Arndts Mutter hatte ebenfalls eine Wohnung in dem Lehrer-Wohnblock bekommen, eine kleine Ein-Zimmer-Wohnung gleich um die Ecke herum. Für die Kinderbetreuung während Arndts und Annelieses Abwesenheit hatte man Muttis Hilfe aber nicht in Erwägung gezogen, weil man ihr die Versorgung der dreiköpfigen Rasselbande nicht mehr zumuten wollte.

Das sah Mutti mit gemischten Gefühlen. Sie fühlte sich übergangen. So einfach wollte sie nicht aufs Abstellgleis geschoben werden. Es hielt sie nichts davon ab, mehrmals in der Wohnung ihres Sohnes aufzutauchen, um unauffällig nach dem Rechten zu sehen. Immer fand sie allerlei Vorwände für ihr Erscheinen. Es war offensichtlich, dass sie den Aufenthalt der Beinsens neugierig und eifersüchtig beäugte.

Was stellten diese fremden Leute hier in der Wohnung an? Wie erging es den Kindern? Wie kam Helga, ihr kleiner Liebling, mit der fremden Betreuung zurecht? War sie, die liebe Großmutti, plötzlich abgemeldet?

Beinsens durchschauten natürlich Muttis Absichten schnell. Aber sie betrachteten ihre Kontrollbesuche mit Gelassenheit und mit Humor.

Man empfing sie freundlich, bot ihr eine Tasse Kaffee an und führte ein nettes, kleines Gespräch, in der Hoffnung, dass man Muttis Sorgen und Bedenken zerstreuen konnte.

Als Arndt und Anneliese von ihrer Reise zurückkamen und Beinsens abgereist waren, normalisierte sich Muttis Leben wieder, und sie erschien wie üblich jeden Mittwoch und jeden Sonntag.

Zu Dr. Meyer pflegten Anneliese und Arndt auch nach dem Krieg freundschaftliche Kontakte. Er hatte den Krieg überlebt, kehrte aber nicht nach Plauen zurück, sondern ließ sich als Zahnarzt in Bremerhaven nieder. Ende der fünfziger Jahre informierte er Anneliese in einem Brief, dass er nun wieder heiraten würde, und zwar eine Frau, die wesentlich jünger war als er.

Anneliese war darüber alles andere als begeistert. Obwohl sie selbst seit Jahren glücklich verheiratet war, reagierte sie eher empört auf die Nachricht von Dr. Meyers Heirat, nach dem Motto:

Wie kann er mir das antun!

Eines Tages lernte sie die junge Frau Meyer dann persönlich kennen; sie fand sie danach doch ganz nett und akzeptabel.

Aber eine Sache kränkte und beleidigte Anneliese tief:

Als Dr. Meyer gestorben war, erhielt sie keine Nachricht von seinem Tod. Erst viele Monate später, nachdem sie auf ihren letzten Brief lange keine Antwort erhalten hatte, fragte sie nach und erfuhr, dass Dr. Meyer schon vor längerer Zeit gestorben war.

Sie war erschüttert von Dr. Meyers Tod und von dem Verhalten seiner Witwe ihr gegenüber. Sie empfand es als herzlos.

Den Kontakt zu der Witwe brach sie ab; ihr lag nichts daran, ihn aufrecht zu halten.

Zu Annelieses befreundeter Kollegin Magda, die während des Krieges immer gleichzeitig mit Anneliese, Klärchen und Arndt versetzt worden war, bestand auch ein enger Kontakt. Magda arbeitete am Schlump als Krankenschwester im DRK-Krankenhaus. Sie blieb unverheiratet und war Zeit ihres Lebens eine treue Freundin der Familie Heinrich.

Jedes Jahr am Heiligabend fuhr Arndt vormittags mit seinen drei Mädchen zum Schlump, um Magda zu besuchen und um ihr ein Geschenk zu überreichen.

Magda hatte für jedes Familienmitglied ebenfalls schöne Geschenke besorgt. Das war immer eine tolle Überraschung, besonders für die Kinder.

Anneliese war stets sehr viel daran gelegen, die Kontakte zu Freunden und Verwandten aufrecht zu halten. Auch mit einigen ehemaligen Patientinnen blieb sie in Verbindung. Sie führte einen regen Briefwechsel und griff auch oft und gern zum Telefon, um die Beziehungen zu pflegen und um Neuigkeiten auszutauschen.

So bestand auch wieder ein regelmäßiger Briefwechsel mit ihrer Berliner Tante Lucie, die ihr vor Jahren so schöne Päckchen nach Droyßig geschickt hatte. Tante Lucie schickte jetzt ihre wunderbaren Päckchen an Annelieses Mädchen. Sie schien auch diesmal genau zu wissen, womit sie den Kindern eine Freude machen konnte. Die Mädchen freuten sich jedes Mal riesig, wenn ein Paket von Tante Lucie eintraf.

Leider erkrankte Tante Lucie in späteren Jahren. Sie verlor zuerst das Gehör und dann auch noch ihr Augenlicht. Anneliese war erschüttert über das schwere Schicksal ihrer geliebten Tante.

Aber Tante Lucie fand einen Weg, der ihr das Leben etwas erleichterte, und der sie noch an vielem teilhaben ließ:

Sie hatte eine Betreuerin, die ihr Morsezeichen in die Hand morste, so dass sie mit Anneliese und mit anderen Menschen Kontakt halten konnte.

Die Wohnung am Horner Weg bot ausreichend Platz für Annelieses fünfköpfige Familie. Anneliese fühlte sich dort sehr wohl. Nach ihren Erfahrungen in den engen Ein-Zimmer-Wohnungen, in denen sie jahrelang mit ihrer Schwiegermutter und dann mit ihrer Familie leben musste, wusste sie nun die Annehmlichkeiten dieser Wohnung beonders zu schätzen. Es gab ausreichend Einkaufsmöglichkeiten, die Kinder hatten Platz zum Spielen, und die Miete war erschwinglich. Dank des alten Adlers war es für Arndt kein Problem, seine Arbeitsstelle zu erreichen.

Anneliese war ihrem Mann dankbar dafür, dass er ihr und den Kindern die finanzielle Sicherheit und ein geregeltes Leben bot. Sie bemerkte aber bald, dass sie und ihre Familie von den Nachbarn mitunter etwas neidvoll betrachtetet wurden. Die Lehrer verdienten damals nicht sehr viel Geld und konnten sich kein Auto und kein Telefon leisten. Da fielen die Heinrichs in dem Lehrer-Wohnblock etwas aus dem Rahmen, obwohl sie überhaupt nicht mit irgendwelchen Errungenschaften angaben. Denn Arndt achtete darauf, dass das Geld immer straff zusammen gehalten wurde und nicht für unnötige Kinkerlitzchen ausgegeben wurde.

Das erinnerte Anneliese manchmal an ihre Zeit als Stationsleiterin im Krieg, wenn der Zahlmeister Arndt Heinrich die Bedarfslisten rigoros zusammenstrich und alle möglichen Anschaffungen verweigerte. Wenn sie jetzt ihren Mann um Geld für neue Kleidungsstücke für die Kinder bat, z.B. für neue Pullover, sagte er gerne:

»Sie haben doch einen Pullover, wozu brauchen sie denn noch einen?«

Arndt blieb der alte Zahlmeister, der das Geld zusammenhielt. Aber Anneliese kannte die Kämpfe mit ihm aus ihrer Schwesternarbeit und setzte ihre Bedürfnisse energisch durch.

Wenn Arndt für die Steuererklärung die Unterschrift seiner Frau benötigte, wollte er immer, dass sie nur schnell die letzte Seite unterschrieb. Aber das kam für Anneliese gar nicht in Frage. Sie las sich die gesamte Steuererklärung durch, um genau zu wissen, was ihr Mann verdiente, bevor sie ihre Unterschrift unter das Dokument setzte. In der damaligen Zeit war ihr Verhalten eher ungewöhnlich, denn die meisten Frauen hätten sich nicht in die finanziellen Belange ihrer Ehemänner eingemischt.

Mit der Wahl seines Arbeitsplatzes hatte Arndt einen guten Griff getan. Sein Freund hatte mit seiner damaligen Prognose Recht behalten: Der wirtschaftliche Aufschwung setzte ein, und die Firma expandierte. Am Ende der 50er Jahre und zu Beginn der 60er Jahre machte es sich für Arndt bezahlt, dass er in den schwierigen Anfangsjahren bei der Firma geblieben war und durchgehalten hatte. Die Geschäfte liefen gut und entsprechend gut verdiente Arndt.

Bei der Zuteilung des Haushaltsgeldes und dem Geld für Anschaffungen war er nun deutlich großzügiger. Anneliese konnte mit ihrem Haushaltsgeld so schalten und walten, wie sie es für richtig hielt. Niemals fragte Arndt nach, wofür sie das Geld ausgegeben hatte. Er war sich ganz sicher, dass seine Anneliese alles richtig machen würde.

Aber selbst wenn die Geschäfte gut liefen, blieb Arndt immer ein vorsichtiger Geschäftsmann, der unnötige Risiken vermied. Auch als er sich eines Tages selbstständig machte, achtete er stets darauf, dass seine Geschäftsabschlüsse auf einer soliden Grundlage beruhten. Er sorgte dafür, dass seine Familie ein sicheres Einkommen hatte und sich keine finanziellen Sorgen machen musste.

In seiner Freizeit an den Wochenenden ging Arndt gern in seinen Sportverein, um Tennis oder Hockey zu spielen. Das nahm immer viel Zeit in Anspruch, aber Anneliese hatte Verständnis für Arndts Hobby. Sie selbst hielt sich aus den Club-Aktivitäten heraus. Für die »Vereins-Meierei«, wie sie es nannte, und für die »Cliquen-Wirtschaft« der Tennis- und Hockey-Damen hatte sie nichts übrig.

Ihre Schwiegermutter betrachtete Arndts sportliche Aktivitäten sehr kritisch. Sie warf Anneliese vor, zu großzügig zu sein und ihrem Mann zu viele Aktivitäten zu erlauben, die nichts mit seinem Familienleben zu tun hatten. Aber das sah Anneliese nicht so eng.

»Du hast ihm das früher doch auch immer erlaubt«, wandte sie ein.

»Das kann man doch gar nicht mehr mit heute vergleichen«, rechtfertigte sich Mutti. »Damals war er ja noch ledig und hatte keine Familie, auf die er Rücksicht nehmen musste.«

Anneliese ließ sich von ihrer Schwiegermutter nicht beeinflussen. Sie gönnte ihrem Mann seinen sportlichen Zeitvertreib und die Geselligkeit mit seinen Vereinskameraden.

Als Arndt dann später nicht mehr aktiv in den Mannschaften mitspielte, tat er viel für die Jugendarbeit. Es war ihm wichtig, die jungen Leute für den Sport zu begeistern und sie auf ihrem sportlichen Werdegang zu betreuen und zu unterstützen.

Seinen drei Mädchen vermittelte er ebenfalls die Begeisterung für den Hockey- und Tennissport. Zu Arndts großer Freude waren alle drei sehr sportlich. Jahrelang waren sie Mitglieder in »seinem« Verein und spielten Hockey in den Mannschaften der Mädchen und der Damen.

Während Arndt an den Wochenenden oder nach Feierabend in seinen Sportverein ging, traf sich Anneliese gern mit ihren Damen-Zirkeln, oder sie unternahm einen Bummel durch die Großstadt. Wenn irgendwo eine größere Geschäftseröffnung stattfand, war sie mit Begeisterung dabei. Immer wieder nahm sie an Französisch-Kursen teil, um beim Sprechen der französischen Sprache nicht aus der Übung zu kommen. Aus den geselligen Veranstaltungen in Arndts Sportverein hielt sie sich aber stets heraus. Dafür konnte sie sich nicht erwärmen.

Durch die Kriegswirren hatte Anneliese die Kontakte zu ihren ehemaligen Mitschülerinnen verloren. Bei einem Treffen mit einigen Bekannten, es war gegen Ende der 50er Jahre in Hamburg, erzählte

sie von ihrer Zeit in Droyßig. Da sagte Anneliese Sievers, eine der anwesenden Damen:
»Ich kenne auch jemanden, der in Droyßig war. Ich habe sogar die Telefonnummer.«
Anneliese erhielt die Nummer und rief bei Brigitte Maladinsky an, die noch Kontakte zu drei weiteren Ehemaligen hatte. Es waren Karla Dewerny, Erna Peters und Lieselotte Köster.
Für alle war es eine große Freude, sich nach so langer Zeit wieder gefunden zu haben. Sie telefonierten oft stundenlang miteinander. Alle lebten in Hamburg, so dass sie sich regelmäßig treffen konnten. In ihren Gesprächen ließen sie die Erinnerung an die alten Droyßiger Zeiten wieder aufleben.

Eines Tages erhielt Anneliese einen Brief von ihrer Halbschwester. Sie wusste nicht, wie die Frau ihren Namen und ihre Hamburger Adresse ausfindig gemacht hatte. Die Frau schrieb, dass sie sich in einer bedrückenden Notlage befand und bat Anneliese, ihr mit einem größeren Geldbetrag zu helfen.
Anneliese wandte sich mit dem Schreiben an Arndt und fragte ihn um Rat. Sie schilderte ihm die Situation von damals, als sie die Frau getroffen hatte, und als sie erfahren hatte, dass diese Frau ihre Halbschwester war.
Wie sollte man auf den Brief reagieren?
Arndt war der einzige Verdiener in der jungen Familie. Sie hatten drei kleine Kinder zu ernähren und versuchten, sich eine eigene Existenz aufzubauen. Sie mussten selbst immer sehen, dass sie mit ihrem Geld auskamen.
Trotzdem beschlossen sie, der Halbschwester eine größere Summe zukommen zu lassen, und zwar als Darlehen, nicht als Geschenk.
Arndt setzte einen Vertrag auf, in dem die Formalitäten für die Rückzahlung geklärt wurden. Die Halbschwester war mit den Bedingungen einverstanden und schickte den unterschriebenen Vertrag zurück. Daraufhin erhielt sie das Geld.
Nun hörten Anneliese und Arndt lange Zeit nichts mehr von der Halb-

schwester. Sie erhielten allerdings auch nicht die vereinbarten Rückzahlungen. Keine einzige D-Mark zahlte die Frau zurück.

Stattdessen traf ein weiterer Bettelbrief ein. Die Dame brauchte wieder Geld.

Da reichte es Arndt. Er setzte ihr ein letztes Zahlungsziel. Als das ergebnislos verstrich, schaltete er einen Anwalt ein, der die Klärung des Falles übernahm.

Die Halbschwester leistete keine Zahlungen und reagierte nicht auf die Schreiben des Anwalts. Daraufhin erhielt sie eine Anzeige wegen Betruges. Sie ließ nie wieder etwas von sich hören.

Anneliese hatte kein Verlangen danach, jemals wieder in irgend einen Kontakt zu ihrer Halbschwester zu treten oder Einzelheiten aus deren Leben zu erfahren. Sie hatte innerlich einen Schluss-Strich unter die Sache gezogen, und der war endgültig.

Im Jahr 1961 wurde Anneliese davon benachrichtigt, dass das Anrecht auf die Grabstelle ihres Vaters in Berlin ablaufen würde. Es hätte für eine Verlängerung wieder neu gekauft werden müssen.

Anneliese lag nichts daran, die Grabstelle noch weiter zu erhalten. Sie lebte mit ihrer Familie in Hamburg, und hier würde sie auch bleiben. Was sollte sie also mit einer Grabstelle in Berlin anfangen?

Aber sie erinnerte sich an das Gespräch mit Fräulein Hermann, damals am Grab ihres Vaters.

Sie schrieb Fräulein Hermann und fragte, ob sie die Rechte an der Grabstelle und die Pflege des Grabes übernehmen wollte.

Fräulein Hermann sagte sofort zu.

So wurde das Anrecht auf die Grabstelle an Elsa Hermann übertragen.

Einige Jahre später starb Fräulein Hermann. Sie wurde neben der Liebe ihres Lebens beigesetzt, so wie es ihr Wunsch gewesen war.

Fräulein Hermann hat nie einen anderen Mann geheiratet und war mit keinem anderen Mann befreundet. Sie war ihrem Walter treu geblieben, sogar über seinen Tod hinaus.

So gern Anneliese auch in dem Wohnblock am Horner Weg wohnte, so war sie doch vorsichtig in der Wahl ihrer Bekannten. Sie war immer sehr freundlich und aufgeschlossen im Umgang mit ihren Mitmenschen. Aber sie hielt sich bewusst aus den Tratschereien mit den Nachbarinnen heraus. Es blieb ja nicht aus, dass man sich im Treppenhaus oder auf dem Gelände des Wohnblocks begegnete. An dem Gerede im Treppenhaus nahm sie nicht teil. Ein freundlicher Gruß, ein Kopfnicken und ein Lächeln mussten manchmal ausreichen.

Dabei war Anneliese keineswegs abweisend zu ihren Nachbarn. Sie war immer sehr kontaktfreudig und an ihren Mitmenschen interessiert. Auf ein kleines Gespräch ließ sie sich gerne einmal ein. Manchmal erkundigte sie sich auch nach dem Befinden eines Nachbarn, wenn sie wusste, dass es ihm nicht so gut ging. Aber wenn sie bemerkte, dass jemand anfing, über andere Mitbewohner herzuziehen, fand sie schnell einen Grund, um das Gespräch mit dem Hinweis auf eine dringende Angelegenheit abzubrechen. Mit der »Schluderei im Treppenhaus« wollte sie nichts zu tun haben.

Mit einigen Nachbarinnen hatte sie allerdings einen engeren Kontakt. Es waren unter anderem zwei hilfsbedürftige Frauen, um die sie sich kümmerte. So gab es in ihrem Block zwei Lehrerinnen, die ihre Männer im Krieg verloren hatten. Nun lebten sie mit ihren alten, gebrechlichen Müttern jeweils in einer Ein-Zimmer-Wohnung. Für die berufstätigen Frauen war es oft sehr schwierig, ihre kranken Mütter angemessen zu betreuen. Hier half Anneliese dabei, die Mütter zu versorgen. Sie betreute die alten Damen bis zu ihrem Tode, so dass beide Frauen zu Hause sterben konnten.

Die Kinder aus der Nachbarschaft fanden bei Anneliese immer ein offenes Ohr, wenn sie Fragen oder Probleme hatten. Damals lebten allein in Heinrichs Treppenhaus 33 Kinder. Durch den Wohnungsmangel und den schleppenden Wiederaufbau wohnten die Menschen oft sehr beengt zusammen. Außerdem waren Familien mit mehreren Kindern keine Seltenheit.

Nicht immer waren die Mütter zu Hause, wenn ihre Kinder aus der

Schule kamen. Einige Kinder gingen dann gern zu Frau Heinrich und verbrachten dort die Wartezeit, bis ihre Mütter zurückkamen.

Die Schüler gingen damals zu unterschiedlichen Zeiten in die Schule, zum »Schichtunterricht«. Viele Schulgebäude waren im Krieg zerstört worden, und es gab nicht genug Klassenräume. Deshalb fand der Schulbesuch schichtweise statt. In einer Woche gingen die Kinder von 8.00 Uhr bis 12.30 Uhr zum Unterricht, in der folgenden Woche von 13.00 Uhr bis 17.30 Uhr.

Auf Geschwisterkinder wurde dabei keine Rücksicht genommen. So kam es oft vor, dass Geschwister zu unterschiedlichen Zeiten zum Unterricht gingen. Anneliese musste acht Jahre lang den Schichtunterricht ihrer Kinder hinnehmen.

Für viele Mütter war es nicht einfach, ihre Kinder immer zu wechselnden Zeiten mit warmen Mahlzeiten zu versorgen, besonders wenn die Mütter berufstätig waren. Damit sich die Kinder der berufstätigen Mütter nach Schulschluss nicht auf der Straße herumtreiben mussten, bekamen sie ein Band um den Hals gehängt, mit dem Wohnungsschlüssel daran. So konnten sich die »Schlüssel-Kinder« zumindest in der Wohnung aufhalten, wenn ihre Mütter bei der Arbeit waren.

Anneliese hatte großes Verständnis dafür, wenn ihre Mädchen nicht alles essen mochten. Sie dachte dann daran, wie sie selbst im Internat und später als Krankenschwester immer das essen musste, was auf den Tisch kam, auch wenn sie es nicht mochte. So sollte es ihren Kindern nicht ergehen; sie sollten das essen, was sie gerne mochten. Deshalb kochte Anneliese manchmal drei verschiedene Gerichte am Tag, damit jedes Kind das bekam, was es gerne aß.

Sie hatte ihren Spaß daran, ihre Mädchen zu verwöhnen. Sie wusste aber auch, dass Arndt für dreierlei Essen kein Verständnis gehabt hätte. Um unnötige Diskussionen zu vermeiden, kochte sie also an den Tagen, an denen Arndt gemeinsam mit seiner Familie aß, ein Gericht, das alle mochten.

Die Geburtstage ihrer Kinder wurden immer groß gefeiert. Sie waren für alle Kinder ein Erlebnis, an das sie sich noch lange erinnerten. Meistens waren 14 bis 16 kleine Gäste zum Feiern eingeladen.

Die Nachbarskinder kamen immer gerne zu Besuch, auch wenn keine Geburtstage gefeiert wurden. Die Kinder liebten es, sich zu verkleiden. Deshalb hatte Anneliese eine »Verkleidungs-Kiste« eingerichtet, aus der sich alle Kinder begeistert bedienten. Bei ihren Verkleidungsspielen entwickelten die Kinder viel Fantasie. Sie dachten sich kleine Geschichten aus, die sie dann vorspielten. Die Eltern und die Großmutti waren begeisterte Zuschauer.

Immer wieder kam es vor, dass Anneliese unter unerträglichen Schmerzen im Hüftbereich litt. Sie konnte dann nicht sitzen und nicht laufen, und sie hoffte nur, dass die Schmerzen irgendwann wieder aufhörten. Leider fand sie keinen Arzt, der ihr wirklich helfen konnte. Künstliche Hüftgelenke, wie man sie heute kennt, gab es damals noch nicht.

Am Anfang des Jahres 1963 grassierte in Hamburg eine gefährliche Grippewelle. Anneliese, Arndt und alle drei Kinder erkrankten und mussten das Bett hüten. Ganz selbstverständlich kam die Schwiegermutter und half bei der Versorgung der Kranken. Sie führte den Haushalt, als ihre Schwiegertochter zu schwach war, um aufzustehen.

Die Erwachsenen und die Mädchen erholten sich wieder, aber Mutti steckte sich an. Sie wurde schwer krank und brauchte nun selbst Hilfe.

Am Sonntag, dem 17. Februar, ging Anneliese wie üblich zu ihrer Schwiegermutter, um sie zu versorgen. Sie sah sofort, dass sich Muttis Zustand dramatisch verschlechtert hatte. Sie wirkte kraftlos und apathisch und verlor teilweise das Bewusstsein. Ihr Leben neigte sich dem Ende zu.

Anneliese blieb bei ihrer Schwiegermutter und ließ Arndt benachrichtigen. Er kam noch rechtzeitig, um von seiner Mutter Abschied nehmen zu können. Es war für Arndt und Anneliese tröstlich, dass sie Mutti in ihren letzten Stunden begleiten konnten und bis zum Schluss bei ihr waren.

Muttis Tod erschütterte Anneliese sehr. Sie dachte daran, wie vieles sie gemeinsam mit ihrer Schwiegermutter durchlebt hatte. Gewiss hatte es angespannte Situationen gegeben, denn Mutti hatte durchaus ihre »Ecken

und Kanten« gehabt, wie Arndt zu sagen pflegte. Aber sie war auch eine aufrechte, ehrliche Frau gewesen, die ihre eigene Meinung vertrat, und auf deren Hilfe sich Anneliese immer verlassen konnte. Sie hatte viele Jahre lang zu ihrer Familie und zu ihrem Leben gehört.
Nun musste das Leben ohne Mutti weitergehen.

Nach dem Tod seiner Mutter hielt Arndt nichts mehr in Hamm. Er hatte schon seit längerem mit dem Gedanken gespielt, ein eigenes Haus für seine Familie zu erwerben. Aber aus Rücksicht auf seine Mutter war er noch in ihrer Nähe geblieben. Jetzt konnte er gezielt nach einem Haus suchen und ohne schlechtes Gewissen aus Hamm fortziehen.
Arndt entschied sich für den Bau eines Reihen-Endhauses in Volksdorf. Das Haus lag in einer ruhigen Straße, es war hell und geräumig, es hatte eine Garage und einen Garten. Zum Ortsmittelpunkt mit den Geschäften und zu der Verkehrsanbindung in die Innenstadt waren es nur ein paar Minuten zu gehen.
Im Sommer des Jahres 1965 zog die Familie in ihr eigenes Haus nach Hamburg-Volksdorf.
Anneliese hätte zwar zu gern in dem Stadtteil Eppendorf gewohnt, denn dort ging es lebhafter zu, es war mehr los, was Geschäfte und Lokale betraf. Aber sie akzeptierte Arndts Entscheidung für das geruhsame Volksdorf. Wenn es ihr dort zu »gemütlich« wurde, fuhr sie schnell einmal in die Stadt, um das Flair und die Betriebsamkeit der Großstadt zu genießen.
Arndt war als selbstständiger Geschäftsmann vorsichtig und auf Sicherheit bedacht. Er wollte mit seiner Frau eine Gütertrennung vereinbaren, für alle Fälle, man wusste ja nie, was kommen würde. Anneliese stimmte der Gütertrennung aber erst zu, nachdem das Haus fertig war, und nachdem ihr Mann es auf ihren Namen überschrieben hatte.
Was die finanziellen Aspekte in ihrer Ehe betraf, so setzte Anneliese ihre eigenen Ansichten durch. Trotzdem führten Arndt und Anneliese eine glückliche, liebevolle Ehe.

Die drei Heinrich-Kinder wuchsen heran und entwickelten sich zu hübschen, lebhaften, jungen Mädchen. Sie waren altersmäßig nicht sehr weit auseinander, so dass es ihrer Mutter vorkam, als wären sie fast gleichzeitig in die Pubertät gekommen. Nur die kleine Annegret hinkte als jüngstes Kind etwas hinterher.

Häufig wurden die drei von unerklärlichen Lachanfällen gepackt. Es reichte, wenn sie sich nur ansahen, und schon ging das Gekicher los. Anneliese fand die Situation oft so komisch, dass sie sich von der Kicherei anstecken ließ und sich vor Lachen auch nicht mehr halten konnte.

Diese ausufernden Lachanfälle geschahen natürlich auch beim gemeinsamen Abendessen, an dem Arndt teilnahm, wenn er von der Arbeit kam. Er war ja selbst ein ganz fröhlicher Mann, der nichts dagegen hatte, wenn in seinem Hause gelacht wurde. Aber die ständigen grundlosen Lachereien bei Tische gingen ihm nach einer Weile doch auf die Nerven, und er reagierte recht sauer. Er fand seine vier kichernden Frauensleute unerträglich.

Als er das sagte, reizte es die Vier nur zu erneuten Lachanfällen.

Was sollte man tun? Das Lachen ließ sich ja leider nicht verhindern oder gar verbieten.

Also machte Anneliese den Vorschlag, dass Arndt beim täglichen Abendbrot nun im Wohnzimmer vor dem Fernseher allein essen sollte. Damit war Arndt einverstanden. Er hatte dort seine Ruhe, ließ sich vom Fernseh-Programm unterhalten und musste nun das Gekicher seiner vier Frauensleute nur noch an den Wochenenden aushalten.

Aber glücklicherweise fand das grundlose Gekicher doch irgendwann ein Ende, und es kehrten wieder normale Gewohnheiten ein.

Bei drei lebhaften, temperamentvollen Töchtern blieb es nicht aus, dass es manchmal zu Auseinandersetzungen und Meinungsverschiedenheiten kam. Jede fühlte sich im Recht und verteidigte ihren Standpunkt lautstark.

Nachdem Anneliese bei den beiden älteren Mädchen für Ruhe und Frieden gesorgt hatte, ging die Auseinandersetzung mit ihrer Jüngsten los. Da reichte es Anneliese. Für heute hatte sie genug Ärger und Streit erlebt.

Ohne lange zu überlegen, machte sie ihrem Ärger Luft, und sie fuhr ihre Tochter an:

»Warum hat mich der Herrgott bloß mit drei Töchtern gestraft?!«

Annegret fühlte sich zutiefst gekränkt. So eine Beleidigung ließ sie nicht auf sich sitzen.

»Das sagst du nicht noch einmal!« blaffte sie zurück. »Wenn du das noch einmal sagst, dann bist du mich los!«

Mutter und Tochter sahen sich zornig an und schwiegen. Dann gingen sie wortlos auseinander.

Ein paar Tage später erzählte Anneliese ihrer jüngsten Tochter von dem Besuch bei einer Freundin, die drei Jungen hatte:

»Danach habe ich so richtig gemerkt, wie gut ich es mit meinen drei Mädchen getroffen habe. Das, was ich neulich gesagt habe, nimm bitte nicht wörtlich! Es ist mir nur vor lauter Ärger herausgerutscht. Ich habe es nicht böse gemeint. Natürlich bin ich froh, dass es euch gibt, auch wenn ihr drei manchmal ganz schön anstrengend sein könnt!«

Die Verstimmungen hielten nie lange an. Schnell kehrte wieder eine entspannte Atmosphäre ein.

Bei der Ausstattung des neuen Hauses hatte Arndt seiner Frau in vielen Dingen freie Hand gelassen. Natürlich sprachen sie größere Anschaffungen miteinander ab. Aber ansonsten vertraute Arndt darauf, dass seine Frau alles richtig machen würde, und dass sie auch in seinem Sinne handeln würde.

Wenn die Möbel erst einmal da waren, war Arndt damit zufrieden, wie sie standen, und wo sie standen. Für ihn hatten die Standorte der Möbel etwas Endgültiges.

Das war bei Anneliese anders. Sie stellte sich gerne vor, wie ein Zimmer aussehen würde, wenn die Möbel anders angeordnet wären. Sie liebte es, die Möbel umzustellen, so dass das Zimmer ein neues Aussehen erhielt.

Dafür konnte sie ihren Mann gar nicht begeistern. Er mochte die Umstellerei nicht leiden, und er war auch nicht bereit, dabei zu helfen.

Die Möbel sollten gefälligst da bleiben, wo sie standen. Das war in Ordnung so, und damit basta!

Mit diesen Worten war das Thema für Arndt abgeschlossen.

Nicht aber für seine Frau. Wenn sie sich etwas in den Kopf gesetzt hatte, konnte sie sehr beharrlich sein.

Sie nahm Arndts Meinung erst einmal kommentarlos zur Kenntnis; von ihm war also keine Hilfe zu erwarten.

Aber zum Glück gab es noch andere kräftige Männer. Sie sah, wie die Müllmänner vor ihrem Grundstück die schweren Mülltonnen hochwuchteten, als wären sie federleicht.

Das brachte Anneliese auf eine Idee, und sie lief zu den Müllmännern hinaus.

»Guten Tag, meine Herren! Darf ich Sie mal kurz stören? Ich habe ein Problem! Ob Sie mir vielleicht helfen können? Sie müssten nur schnell etwas mit anfassen. Könnten Sie das tun? Es soll Ihr Schaden nicht sein!«

Bei ihren Worten wedelte Anneliese diskret mit einem 50-D-Mark-Schein in der Hand.

Die »Herren Müllmänner« waren sofort bereit, »schnell mit anzufassen« und stellten die Möbel nach Annelieses Wünschen um.

Als Arndt abends nach Hause kam, guckte er verblüfft auf die veränderte Inneneinrichtung:

Was war denn hier passiert? Wie konnte das denn geschehen?! Wie hatte Anneliese so etwas überhaupt fertiggebracht?

Sollte er sich jetzt aufregen und Streit anfangen? Nur weil seine Frau eine eigenmächtige Entscheidung getroffen hatte?

Natürlich fühlte er sich als Herr des Hauses übergangen und ärgerte sich. Aber nicht lange; denn insgeheim amüsierte er sich auch darüber, wie seine Frau es wieder hingekriegt hatte, ihren Kopf durchzusetzen. Und wenn er die Sache in Ruhe betrachtete, so musste er zugeben, dass die neue Anordnung der Möbel richtig gut aussah. Dass dabei ein 50-D-Mark-Schein im Spiel gewesen war, fand Anneliese nicht erwähnenswert. Diese Tatsache behielt sie lieber für sich.

Arndt und Anneliese hatten viele gemeinsame Interessen und unternahmen vieles zusammen. Andererseits ließen sie sich aber auch gegenseitige Freiheiten. Anneliese hatte nichts dagegen, wenn sich Arndt in seinem Sportverein engagierte, und Arndt gönnte seiner Frau die Zusammenkünfte mit ihren Freundinnen, ihre Begeisterung für die Französisch-Kurse, die stundenlangen Telefonate und ihre Bummel durch die Einkaufszentren.

Aber beide hatten auch einen großen gemeinsamen Freundeskreis und führten ein gastfreundliches Haus. Besucher waren bei ihnen jederzeit willkommen.

Arndt war ein erfolgreicher Geschäftsmann geworden, der für die finanzielle Sicherheit seiner Familie sorgte. Es ging ihnen gut, und sie konnten sorgenfrei leben. Sie hatten ein schönes Zuhause, und ihre drei hübschen Töchter wuchsen gesund und fröhlich heran.

Die Mädchen trieben Sport, machten ihre Schulabschlüsse und arbeiteten in unterschiedlichen Berufen. Eines Tages zogen sie aus und führten ihr eigenes Leben. Nun wohnten Arndt und Anneliese allein in ihrem Haus, aber ihre Töchter hielten immer noch engen Kontakt zu ihnen.

Die beiden vergaßen nie die Jahre voller Entbehrungen, in denen sie sich nur mit Mühe über Wasser halten konnten. Sie waren dankbar für das, was sie hatten, und nahmen es nicht als Selbstverständlichkeit hin, dass es ihnen nun gut ging. Deshalb engagierten sie sich in verschiedenen sozialen Einrichtungen. So konnten sie dazu beitragen Menschen zu helfen, denen es nicht so gut ging, und die in Not geraten waren.

Helgas Erkrankung kam überraschend, wie aus heiterem Himmel. In den Jahren 1987 und 1988 gab es zwar schon einige Ereignisse, die durchaus ernst zu nehmen waren, die aber noch nicht bedrohlich wirkten:

Eine Bronchitis wollte nicht ausheilen.

Helga hatte stark zugenommen, und innerhalb von vier Monaten reduzierte sie ihr Gewicht um 50 Pfund.

In einer stressigen Situation brach sie in der Firma zusammen.

Mit dem Verdacht auf einen Herzinfarkt wurde sie ins Krankenhaus gebracht und gründlich untersucht.

Ein Herzinfarkt konnte zwar ausgeschlossen werden, aber irgend etwas stimmte nicht mit Helga. Deshalb wurden verschiedene Untersuchungen angestellt.

Noch ahnte niemand, wie schwer Helga tatsächlich erkrankt war.

Die Diagnose kam unerwartet und klang zunächst rätselhaft.

Wer kannte denn eine Krankheit, die »Lupus erythematodes« hieß?

Wer konnte wissen, wie ernst diese Krankheit war und welche schlimmen Folgen sie mit sich bringen würde?

Nach einigen Wochen stand fest, dass es keine Heilung für Helga geben würde.

Sie starb am 10.1.89. Sie war nur 42 Jahre alt geworden.

Arndt und Anneliese litten sehr unter dem Tode ihrer ältesten Tochter.

Anneliese hatte am 4. Januar gerade wieder eine Operation an ihrer Hüfte überstanden und befand sich noch im Krankenhaus. Sie war sehr geschwächt, und es ging ihr gar nicht gut. Nach der Trauerfeier musste sie sofort wieder ins Krankenhaus gebracht werden.

Ein kleiner Trost war es für Anneliese, dass Helga nun nicht mehr leiden musste, denn die letzten Tage waren für ihre Tochter sehr beschwerlich und äußerst qualvoll gewesen.

Für Arndt kamen zu der Trauer um Helgas Tod noch die Ängste um seine Frau hinzu. Er sah, wie schlecht es ihr ging, und wie sie unter den Schmerzen litt. Anneliese war im Krankenhaus, und Arndt war allein zu Hause, so dass sie nicht gemeinsam um ihre Tochter trauern konnten oder sich gegenseitig trösten konnten. Es war eine schwere Zeit für beide.

Annelieses Hüftleiden verschlimmerte sich im Laufe der Jahre. Es gab immer Zeiten, die sie zu Hause verbringen konnte, gefolgt von langen Wochen, die sie im Krankenhaus sein musste. Immer wieder wurde ihre Hüfte operiert, aber die Operationen brachten keine endgültige Heilung.

Irgendwann war es offensichtlich, dass Arndt und seine Frau ihren Haushalt nicht mehr ohne eine Hilfe führen konnten. Es reichte nicht aus, wenn ab und zu jemand kam und nach dem Rechten sah. Eine dauerhafte Betreuung musste gefunden werden.

Deshalb beschlossen Annegret und ihr Mann, die alten Eltern zu sich in ihr Haus zu holen. So waren Arndt und Anneliese gut versorgt. Sie befanden sich nicht in einer fremden Umgebung, sie blieben zusammen und waren nun ein Teil von Annegrets Familie.

Arndt, Anneliese und die drei Mädchen bei einem Ausflug

Ausklang

Ihre letzten Lebensjahre verbrachten Anneliese und Arndt im Hause ihrer jüngsten Tochter. Dort fanden sie eine liebevolle Aufnahme, als sie sich aus eigener Kraft nicht mehr selbst versorgen konnten. Sie gehörten nun zu Annegrets Familie. Schwiegersohn Jan und Enkel Stefan fanden es ganz selbstverständlich, dass Annegrets alte Eltern bei ihnen wohnten.

Zu den Dingen, die Anneliese unbedingt ins Haus ihrer Tochter mitnehmen wollte, gehörte ihr alter brauner Koffer. Das Leder war im Laufe der Jahre an einigen Stellen schon recht spröde geworden, der Griff war beschädigt, und die Beschläge und Verschlüsse hatten ihren Glanz verloren.

»Ach, Mama, was willst du denn mit dem alten Koffer?« wunderte sich Annegret. »Ist denn etwas Wichtiges darin?«

»Der Koffer hat mich seit meiner Kindheit begleitet. Er hat so vieles mitgemacht, und ich hänge an ihm. Er birgt viele Erinnerungen an Dinge und Ereignisse, die für mich wichtig waren. Eines Tages bin ich nicht mehr auf dieser Welt, dann kannst du dir den Inhalt ja einmal durchlesen – wenn du Zeit und Lust dazu hast«, antwortete Anneliese.

»Bis dahin wollen wir uns aber noch recht viel Zeit lassen«, entgegnete Annegret.

Annegret kümmerte sich fürsorglich um ihre Eltern. Ihr Vater baute körperlich sehr ab, er wurde zunehmend hinfälliger und hilfsbedürftiger. Auch seine geistigen Fähigkeiten ließen immer mehr nach. Manchmal war er verwirrt und konnte nicht mehr klar denken. Das lag an einer nicht erkannten Unterzuckerung.

Aber was ihm stets bewusst war, war seine Sorge um Anneliese und seine Liebe zu ihr. Wenn seine Frau wieder einmal im Krankenhaus war, schrieb er ihr oft kleine Mitteilungen, mit zitteriger, kaum lesbarer Schrift. Wenn es mit dem Schreiben nicht mehr klappen wollte, diktierte er seiner Tochter eine Nachricht, die sie ihrer Mutter ins Krankenhaus brachte.

Arndt starb am 1. November 1993, in seinem 79. Lebensjahr.

Anneliese befand sich zu diesem Zeitpunkt wegen einer erneuten Operation im Krankenhaus. Sie konnte nicht von ihrem Mann Abschied nehmen; sie war auch zu schwach, um an der Trauerfeier teilnehmen zu können.
Natürlich war sie sehr betroffen und tief betrübt, aber sie hatte ja auch gesehen, in welch geschwächtem, kritischem Zustand sich ihr Mann seit vielen Monaten befunden hatte. Es gab keine Hoffnung mehr auf eine Besserung, und so musste sie ihn schweren Herzens gehen lassen.
Sie dachte mit Dankbarkeit und Liebe an die Jahre zurück, die sie mit ihrem Büberchen verbracht hatte.
»Wenn Arndt von dieser Welt gehen musste, dann war es besser so, dass er vor mir gegangen ist. Wäre ich vor ihm gestorben, hätte er das nicht verkraftet,« meinte Annelieses eines Tages.
»Ich hatte das große Glück, einen Mann gehabt zu haben, der mich sehr geliebt hat, der mir treu war, und der für seine Familie gesorgt hat und mit ihr glücklich war. Das findet man nicht so oft.«
Mit einem kleinen, verschmitzten Lächeln meinte sie dann zu ihrer Tochter:
»Vielleicht hat er mich sogar noch ein bisschen mehr geliebt als ich ihn! Es ist gar nicht so verkehrt, wenn ein Mann seine Frau etwas mehr liebt als sie ihn.«
»Mutti, du gibst ja tolle Ratschläge,« lachte ihre Tochter.
»Lass man gut sein, mein Mädchen. Es war schon alles in Ordnung mit deinem Vater und mir. Wir wussten es beide zu schätzen, was wir aneinander hatten.«

Annelieses Hüftleiden hatte sich im Laufe der Jahre stark verschlimmert. Bei einer Operation, die ihr eigentlich Linderung von ihren Schmerzen hätte bringen sollen, waren Bakterien in die Wunde geraten, sie verursachten Entzündungen und breiteten sich aus. Immer wieder litt Anneliese unter unerträglichen Schmerzen. An die fünfzig Operationen musste sie über sich ergehen lassen. Die Ärzte versuchten ihr zu helfen, aber gegen die Bakterien waren sie letzten Endes machtlos.

Bei einem ihrer Krankenhausaufenthalte war Anneliese zusammen mit drei anderen Frauen in einem Zimmer untergebracht. Die vier Frauen unterhielten sich und erzählten aus ihren Leben.

Dabei stießen sie auf ungewöhnliche Gemeinsamkeiten, die mit der Zahl Vier zusammenhingen:

Sie lagen zu viert in einem Zimmer;

jede der vier Frauen hatte vier Kinder geboren;

bei allen vier Frauen war das vierte Kind unerwünscht gewesen und sollte eigentlich gar nicht auf die Welt kommen;

alle vier Frauen lebten jetzt im Alter bei ihren »unerwünschten« Kindern und wurden von ihnen betreut.

Diese erstaunlichen Zufälle amüsierten die Frauen und trugen viel zu einer entspannten, guten Atmosphäre im Krankenzimmer bei.

Während Arndt gegen Ende seines Lebens manchmal etwas verwirrt war, blieb seine Frau geistig ganz klar. Trotz ihrer Schmerzen und der eingeschränkten Beweglichkeit liebte sie die Geselligkeit und hatte gern Leute um sich herum.

Sie genoss aber auch die ruhigen Momente mit ihrer Tochter. Ihre Gedanken schweiften dann zurück in vergangene Zeiten; alles hatte sie wieder vor Augen, und sie erzählte und erzählte. Immer wieder fielen ihr weitere Einzelheiten ein.

Eines Tages schüttelte ihre Tochter die Kissen auf und richtete sie so, wie ihre Mutter es gerne haben wollte. Anneliese lehnte sich zurück und legte ihre Hände auf die Bettdecke. Ihre Tochter strich die Decke glatt und blickte dabei auf die Hände ihrer Mutter und auf ihre eigenen. Sie sahen mittlerweile auch nicht mehr ganz so glatt und rosig aus wie in früheren Zeiten. Man sah ihnen einige arbeitsreiche Jahre an.

»Guck mal, Mutti, wie unsere Hände aussehen! Sie sind ja total ähnlich! Ich habe dieselben Finger wie du,« lachte ihre Tochter.

Sie glaubte, sie hätte etwas Amüsantes gesagt, etwas, worüber sich ihre Mutter freuen würde. Aber Anneliese reagierte unerwartet schroff:

»Lass das sofort sein! Nimm deine Hände weg! Was soll diese Finger-Guckerei! Ich mag das nicht haben!« Anneliese zog ihre Hände zurück und versteckte sie unter der Bettdecke.

Ihre Tochter war verblüfft. Es passte nicht zum Wesen ihrer Mutter, so hart auf eine harmlose Bemerkung zu reagieren. Deshalb hakte sie nach: »Was ist los, Mutti? Was war denn so schlimm an dem, was ich gesagt habe?«

Ihre Mutter fand schnell wieder zu ihrem freundlichen Umgangston zurück.

»Ach, weißt du, das hat nichts mit dir zu tun. Mich hat es an eine ganz alte Geschichte erinnert. Seitdem mag ich nicht mehr gerne die Hände betrachten und schon gar nicht Vergleiche anstellen. Es ist mir einfach unangenehm, weil es mich immer an eine alte Sache erinnert.«

Dann erzählte Anneliese die Geschichte von ihrer Halbschwester, von deren Existenz sie jahrelang nichts geahnt hatte.

Annegret hörte ihr gern zu, sie interessierte sich für die alten Geschichten. Vor Jahren, als sie noch jünger war, hatte sie den Erzählungen ihrer Mutter nicht so viel Interesse entgegen gebracht. Aber nun fand sie es höchst interessant, was ihre Mutter alles von früher zu berichten wusste. Manchmal unterbrach sie ihre Mutter und fragte nach Einzelheiten. So erfuhr sie viele Ereignisse aus dem Leben ihrer Mutter, von denen sie bis dahin nichts geahnt hatte.

»Meine arme Großmutter ist verblutet! Ob das wohl Fehlgeburten waren, die sie so geschwächt haben?« fragte sich Annegret.

»Das habe ich später auch oft gedacht, als ich Krankenschwester war. Aber als Kind hatte ich von diesen Dingen keine Ahnung. Ich war nur zutiefst erschrocken, als meine Mutter die Bettdecke hob, und als ich sah, dass alles voller Blut war,« antwortete ihre Mutter.

Noch nach all den Jahren war zu spüren, wie nahe Anneliese diese Situation gegangen war.

»Damals sprach man ja nicht offen über solche Dinge wie Fehlgeburten, schon gar nicht zu einem Kind. Es würde aber die unstillbaren Blutungen erklären und auch das sporadische Kränkeln, gefolgt von Zeiten, in denen alles wieder in Ordnung schien. Aber das ist nur eine Vermutung; eine

Gewissheit wird es nicht geben. Es gibt ja auch noch andere schlimme Krankheiten, die eine Unterleibsblutung hervorrufen können,« schloss Anneliese ihren Bericht.

Als sie dann noch erzählte, wie sich ihr Vater am Sterbetag seiner Frau und am Tag der Beisetzung verhalten hatte, war ihre Tochter empört:

»Mein Großvater war ja ein eigenartiger Mensch, wenn man es nett ausdrücken will! Nicht gerade ein Opa zum Gernhaben. So ein Verhalten kann ich überhaupt nicht verstehen. Ich finde es brutal und unverzeihlich, wie er mit dir umgegangen ist,« kommentierte Annegret das Verhalten ihres Großvaters.

»Ja, er war schon sehr merkwürdig,« bestätigte ihre Mutter. »Wie froh bin ich darüber, dass ich so einen guten, treuen Mann hatte. Mein Vater hat ja ein richtiges Doppelleben geführt. Ob meine Mutter davon wohl etwas gewusst oder geahnt hat? Das lässt sich heute nicht mehr herausfinden«, seufzte Anneliese. »Auf manche Fragen gibt es im Leben keine Antworten. Und manches möchte ich auch gar nicht mehr wissen.«

»Was denn zum Beispiel?« hakte Annegret nach.

»Zum Beispiel die Geschichte mit meiner Halbschwester. Ich will gar nicht wissen, wie sie gelebt hat, was sie jetzt macht, wie sie mich in Hamburg ausfindig gemacht hat, oder ob es sie noch gibt. Ob sie wohl Kontakte zur Familie meines Vaters gehabt hat? Es interessiert mich überhaupt nicht. Ich will mit ihr nie wieder etwas zu tun haben.«

»Wie seid ihr eigentlich mit Roderichs verblieben?« wollte Annegret wissen.

»Ach, die Freundschaft, wenn man es so nennen will, ist eingeschlafen. Arndt war doch sehr enttäuscht von seinem besten Freund. Er hat andere Freunde gefunden, bessere als Rolf. Wenn er Rolf einmal beim Sport getroffen hat, haben die beiden sich gegrüßt, und das war es dann. Mir tat nur die kleine Christa leid, die in dieser unglücklichen Ehe aufwachsen musste.«

Anneliese sah ihre Tochter an.

»Natürlich gibt es auch noch andere Fragen, die mich beschäftigen: Welche Krankheit war es, die den kleinen Hanns-Jörn innerhalb weniger Stunden sterben ließ? Ein Verwandter, der ebenfalls aus Schlesien flüchten musste, erzählte mir Jahre später, dass kein Kind, das jünger war als 15 Monate, die Flucht aus Schlesien überlebt hatte. Die Kleinen steckten sich unglaublich schnell an und starben innerhalb kürzester Zeit.

Eine Situation von damals ist mir in Erinnerung geblieben: Als ich am 26. Januar 1945 mit Schwiegermutter und Kind auf dem überfüllten Liegnitzer Bahnhof eintraf, beugte sich eine Frau über den Kinderwagen, um das Baby anzuschauen. Sie sagte, dass ihr eigenes Kind kurz zuvor gestorben war.

Ob diese Frau vielleicht die tödliche Krankheit übertragen hat? Das ging mir oft durch den Kopf. Aber eine Gewissheit wird es nicht geben; sie hätte den Kleinen auch nicht wieder lebendig gemacht.«

Anneliese schwieg einen Moment und atmete tief ein.

»Es gibt so viele Warums. Warum wurde die fröhliche, starke Helga von so einer schrecklichen Krankheit befallen? Sie war doch erst zweiundvierzig Jahre alt. Warum gab es keine Rettung für sie?

Warum war mein Vater zu mir so kühl und lieblos? Er war doch sonst zu Frauen und Mädchen ausgesprochen charmant und zuvorkommend. Lag es vielleicht daran, dass ich nicht der ersehnte Stammhalter war? Aber daran trägt ein Kind doch keine Schuld!

Auf diese Fragen hätte ich schon gern eine Antwort bekommen. Aber das ist ja leider nicht möglich.«

Anneliese fand immer schnell wieder aus ihren grüblerischen Überlegungen heraus.

Was sie stets erheiterte, war der Gedanke, dass sie zwar verwitwet war, aber sie war keine allein lebende Witwe, wie so viele Frauen ihres Alters. Sie lebte in ihrer Familie, zusammen mit den Menschen, die sie kannte und liebte. Nach dem Tod ihrer Mutter musste sie als Kind viele Jahre in einem Internat verbringen. Sie litt damals sehr darunter, keine richtige Familie zu haben, in der sie aufwachsen konnte. Seitdem hatte das Familienleben für sie immer einen großen Wert gehabt. Im Schoße ihrer Familie fühlte sie sich glücklich und geborgen.

Anneliese liebte die entspannten, ruhigen Stunden, in denen ihre jüngste Tochter bei ihr war und sie umsorgte. Die Gespräche mit Annegret taten ihr gut. So konnte sie Rückschau halten auf ihr Leben, und Annegret war eine dankbare Zuhörerin. All die kleinen und großen Ereignisse und Geschichten konnten so an die nächste Generation weitergegeben werden.

Wenn Anneliese sah, wie gut sie bei ihrer jüngsten Tochter aufgehoben war, musste sie unwillkürlich an die Worte des Arztes denken, der vor vielen Jahren zu ihr gesagt hatte:

»Frau Heinrich, an diesem Kind werden Sie bestimmt noch viel Freude haben.«

Wie recht er doch damals gehabt hatte! Was täte sie heute ohne ihre Jüngste! Es hätte nicht viel gefehlt, und dieses Kind hätte es gar nicht gegeben.

Ein unvorstellbarer Gedanke!

»Du guckst so erschrocken, Mutti. Was ist los?« fragte Annegret, als sie bemerkte, wie sich der Gesichtsausdruck ihrer Mutter verändert hatte.

»Ach, ich habe nur an frühere Zeiten gedacht, an eine ganz schwierige Situation.«

Anneliese machte eine kleine Pause und sah ihre Tochter an:

»Ich werde dir erzählen, was damals geschah«, beschloss sie. »Du sollst die alte Geschichte erfahren.«

Und dann erzählte sie, wie sie zum ersten Male wochenlang von ihren furchtbaren Schmerzen geplagt worden war, von ihrer spontanen Heilung und von dem glücklichen Zusammensein mit ihrem Mann.

»Dabei bist du entstanden. Aber ich war völlig entsetzt über die erneute Schwangerschaft. Zu fünft in dem einen kleinen Zimmer! Wie sollte das gehen? Nicht auszudenken! Dieses Kind durfte es nicht geben. Das hatten dein Vater und ich nach langem Überlegen fest beschlossen.«

Anneliese hielt inne und sah ihre Tochter an:

»Das ging nicht gegen dich, meine Kleine. Dich gab es ja noch gar nicht. Es lag nur an der schwierigen Situation von damals. Aber letztendlich konnte ich das Kind nicht abtreiben lassen. Ich hätte es nicht übers Herz gebracht. Es ging einfach nicht. Ich musste an so vieles denken. Immer wieder sah ich meinen kleinen Hanns-Jörn vor mir. Wie fröhlich war er immer gewesen. Dann sein plötzlicher Tod. Wir mussten ihm die Beinchen brechen, damit er in den kleinen Sarg gelegt werden konnte. Ich habe den Termin für den Abbruch der Schwangerschaft abgesagt. So bist du dann zu uns gekommen. Und das war gut so.«

»Na, da habe ich ja richtiges Glück gehabt! Daddy hat einmal zu mir im Spaß gesagt: ›Du warst mein bester Fehltritt!‹ Jetzt weiß ich, wie er das gemeint hat!« lachte Annegret.

»Dein Vater und ich, wir haben uns immer sehr gut verstanden. Natürlich hatten wir auch unsere Meinungsverschiedenheiten. Aber wir liebten uns, und wir mochten einfach gern zusammen sein. So etwas wie »Geschlechtstage« gab es bei uns nicht. Wir konnten uns nur wundern, wenn wir das von anderen Leuten hörten.«

Durch die vielen Gespräche über vergangene Zeiten erkannte Annegret, welche Bedeutung der kleine Sohn für ihre Mutter gehabt hatte. Sie begriff nun, wie sehr ihre Mutter unter dem Verlust des Sohnes gelitten hatte, und dass sie Zeit ihres Lebens immer wieder an ihn denken musste.

Annegret hatte zwar gewusst, dass es einmal, vor langer Zeit, einen Hanns-Jörn gegeben hatte. Aber ihr wurde erst jetzt so richtig bewusst, dass dieser kleine Junge ja ihr Bruder gewesen war und zu ihrer Familie gehörte.

Sie hätte einen großen Bruder gehabt, wenn Hanns-Jörn gesund geblieben wäre! Sein kleines Grab war nun wohl für alle Zeiten unauffindbar und unerreichbar.

Als hätte Anneliese ihre Gedanken erraten, sagte sie:

»Ich habe nie wieder Hanns-Jörns Grab besuchen können. Er sollte einen Gedenkstein bekommen, das hatten wir uns damals ganz fest vorgenommen. Aber das ließ sich nicht machen. Deswegen haben wir seine Lebensdaten auf Helgas Grab mit aufführen lassen.«

Zu ihrem Enkelsohn Stefan und zu ihrem Schwiegersohn Jan hatte Anneliese eine besonders herzliche Beziehung. Jans fürsorgliche Art bereitete ihr immer wieder große Freude. Die Tatsache, dass Jan nur sieben Monate jünger war als ihr unvergessener Hanns-Jörn, erschien ihr wie eine schicksalhafte Wiedergutmachung für den Verlust ihres Sohnes. Ihr ganzer Stolz war ihr Enkelsohn Stefan, der sich ebenfalls liebevoll um seine Oma kümmerte.

Aus den Erzählungen seiner Schwiegermutter wusste Jan, wie gern sie als Kind auf Rügen Urlaub gemacht hatte. Nach dem tragischen Tod ihres Cousins Hanns-Hennings war sie nie wieder auf ihrer Lieblingsinsel gewesen.

Nun plante Jan eine Überraschung:

Seine Schwiegermutter sollte noch einmal Urlaub auf Rügen machen. Es war ihm gelungen, eine Wohnung ausfindig zu machen, in der Anneliese mit ihrem Rollstuhl zurechtkommen würde.

Zu viert fuhren sie im Jahr 1994 für eine Woche nach Rügen: Anneliese, ihre Töchter Jutta und Annegret und Jan. Dort feierten sie Annelieses 81. Geburtstag. Es war ihre letzte Geburtstagsfeier, aber das wusste man damals noch nicht.

Ihre Kinder schoben Anneliese mit ihrem Rollstuhl zu den Plätzen, die sie gern aufsuchen wollte. Anneliese war dankbar und glücklich darüber, dass sie ihr geliebtes Rügen noch einmal wiedersehen konnte.

Zu ihrer langjährigen Freundin Magda hielt Anneliese all die Jahre einen engen Kontakt. Magda verbrachte ihre letzten Lebensjahre in einem DRK-Altenheim. Dort war sie oft bedrückt und hatte eigentlich keine Lust und keinen Mut mehr, weiterzuleben. Aus heutiger Sicht würde man sagen, dass sie wahrscheinlich an Alters-Depressionen litt. Sie telefonierte dann mit ihrer Freundin Anneliese. So manches Mal erzählte sie, dass sie ihr Leben am liebsten beenden wollte. Anneliese unterhielt sich lange mit ihr und brachte sie jedes Mal von ihrem traurigen Vorhaben ab.

Magda überlebte ihre Freundin Anneliese um einige Jahre und starb eines natürlichen Todes.

Immer wieder musste Anneliese wegen der Schmerzen in ihrer Hüfte operiert werden. Die Bakterien, die bei einer der ersten Operationen eingedrungen waren, konnten nie endgültig entfernt werden. Sie breiteten sich immer mehr aus und zerstörten die inneren Organe.

Anneliese wurde schwächer, aber sie ertrug ihre Krankheit geduldig und mit einer bewundernswerten, optimistischen Haltung:

»Ich mochte schon als Kind lieber fröhlich und neugierig in die Zukunft schauen, als traurig herumhocken und über Vergangenes grübeln und jammern. Das lag wohl an dem sonnigen Gemüt, das mir der liebe Gott mitgegeben hat. Es hat mir immer wieder im Leben geholfen, schwierige Situationen zu ertragen und nach vorne zu schauen.«

Am 23. März 1995 starb Anneliese nach ihrer 51. Operation. Sie wurde neben ihrem geliebten Arndt in der Familiengrabstelle in Hamburg beigesetzt.

Annelieses 70. Geburtstag

Arndts Mitteilungen an Anneliese

Danksagungen

Wir danken allen, die uns bei der Entstehung dieses Buches begleitet und unterstützt haben. Wir haben viel positiven Zuspruch erhalten, das hat uns zum Weitermachen ermutigt. Das Thema des Buches stieß bei denen, die von unserem Vorhaben erfuhren, auf großes Interesse.

Ein Dankeschön an alle, die uns darin bestärkt haben, die alten Geschichten aufzuschreiben und in Buchform zu fassen!

Ganz konkrete Hilfe erhielten wir beim Korrektur-Lesen von Beate, Angela, Anne, Julia und Barbara. Ein großes Dankeschön für die Hilfe bei schwierigen Formulierungen und für das Erkennen von Fehlern, die sich vor den Autoren ja immer geschickt verbergen. Die eigenen Fehler übersieht man bekanntlich gern.

Julias Anregungen zu inhaltlichen Korrekturen waren sehr hilfreich.

Beate half u.a. bei der wichtigen Namensfindung.

Anne war stets bereit, bei Fragen zur Gestaltung des Manuskripts zu helfen.

Barbara fordete uns nach dem Lesen der ersten Kapitel auf, unbedingt weiter zu schreiben.

Für Angelas akribische Schluss-Korrektur sind wir sehr dankbar.

Christel Riepe und Annegret Eggers, im Oktober 2016